U0560883

河南大学哲学社会科学优秀成果文库 / 展龙　主编

Masada Myth and the Shaping of Israel's Collective Memory

艾仁贵——著

马萨达神话与以色列集体记忆塑造

社会科学文献出版社
SOCIAL SCIENCES ACADEMIC PRESS (CHINA)

河南大学哲学社会科学优秀成果文库
总　序

“这是一个需要理论而且一定能够产生理论的时代，这是一个需要思想而且一定能够产生思想的时代。”当代中国广泛而深刻的社会变革、宏大而独特的实践创新，为哲学社会科学的理论探索、学术繁荣提供了强大动力和广阔空间，一些传统学科焕发新的活力、形成新的优势，一些具有重大现实意义的新兴学科和交叉学科日益勃兴，一些冷门“绝学”得以传承和发展。新时代加快构建中国特色哲学社会科学体系，就是要不断推进哲学社会科学的学科建设和学术创新，深入研究和回答重大理论与现实问题，推出一大批重要学术成果，努力构建中国特色哲学社会科学学科体系、学术体系和话语体系。

高校是思想最为活跃的地方，做好高校哲学社会科学工作，必须坚持马克思主义的指导地位，明确哲学社会科学的发展方向，解放思想，实事求是，以高度的政治责任感和历史使命感，自觉肩负起学习、研究和宣传习近平新时代中国特色社会主义思想的使命任务，从改革发展的伟大实践中挖掘新材料、发现新问题、提炼新观点、提出新概念、构建新理论；从当代中国的伟大创造中规划创作主题，捕捉创新灵感，深刻反映新时代的历史巨变，描绘新时代的精神图谱，努力做到立时代之潮头、发时代之先声，为树立中国形象、宣讲中国故事、传播中国声音做出高校哲学社会科学的应有贡献。

河南大学人文社科历史悠久，积淀丰厚。1912 年，以林伯襄为代表的河南仁人先贤，在欧风美雨和辛亥革命胜利的曙光中，创办了“河南留学欧美预备学校”。后经中州大学、国立第五中山大学、省立河南大学等阶段，1942 年改为国立河南大学，成为当时学术实力雄厚、享誉海内外的综合性大学，聚集了范文澜、冯友兰、董作宾、萧一山、罗章龙、郭绍虞、姜亮夫、嵇文甫、高亨、张邃青、朱芳圃、缪钺、蒙文通、赵纪彬、关梦觉、王毅斋、徐旭生、张长弓、罗廷光、毛礼锐、江绍原、杨亮功、余家菊、陈仲凡、杜元载、罗梦册、李秉德等著名学者，开辟了河南大学哲学、法学、文学、经济学、历史学、考古学、语言学、教育学、心理学等学科领域。新中国成立后，经院系调整，学校成为一所以文见长的师范院校，李嘉言、任访秋、于安澜、孙作云、孙海波、李白凤、高文、胡思庸、华仲彦、赵俪生、郭人民、张明旭、凌培炎、杨震华、沙瑞辰、胡雄定、王寿庭等前辈学者在此执教，马佩、朱绍侯、李润田、吴祖谋、周守正、王汉澜、黄魁吾、张振犁、王云海、周宝珠、张今、刘炳善、刘增杰、刘思谦等后进学者承续薪火，致力于政治经济学、逻辑哲学、古典文献学、中国近现代文学、先秦秦汉史、宋史、中国近现代史、英语语言文学、教育学原理、民俗文化、人文地理、法理学等研究领域。1984 年，学校复名“河南大学”，自此步入了快速发展的时期。2008 年以来，河南大学先后跻身省部共建高校和国家“双一流”建设高校行列，办学层次整体提升，文科特色更趋鲜明，逐渐形成王立群等古典文献学研究团队，关爱和等中国近现代文学研究团队，王蕴智等古文字研究团队，梁工等圣经文学研究团队，李伟昉等比较文学研究团队，李振宏等史学理论研究团队，李玉洁等先秦史研究团队，程民生等宋史研究团队，张宝明等中国近现代史研究团队，阎照祥等区域与国别史研究团队，吕世荣等马克思主义哲学研究团队，李小建等农区发展研究团队，耿明斋等区域经济研究团队，苗长虹等人文地理研究团队，李申申等教育史研究团队，刘志军等课程与教学论研究团队，张大新等地方戏剧研究团队，赵振乾等书法艺术研究团队，牛保义等英语语言文学研究团队，栗胜夫等武术文化研究团队，程遂营等文化旅游研究团队……一代代学人，以三尺讲台、一方天地，焚膏油以继晷，恒兀兀以穷年，于中原沃土、大河之南修文治学、口授心传，承续百年文脉，引领学林之先，探求民生大计，才夯实了河南大学哲学社会科学的学科基础，奠定了河南大学哲学社会科学的发展格局。

回首百年，河南大学作为中国近现代高等教育的先驱，始终坚持“植根中原文化沃土，打造区域人才高地”的办学目标，心系民族命运，心系国家发展，心系人民福祉，逐渐形成了“明德新民，止于至善”“团结、勤奋、严谨、朴实”的校训校风，铸就了“坚持真理、追求进步，百折不挠、自强不息，兼容并包、海纳百川”的精神气质。五四运动中，冯友兰、嵇文甫等创办《心声》杂志，成为河南传播新思想、新文化的重要阵地；抗日战争中，马可带领“怒吼歌咏队”深入农村宣传抗日；范文澜的名言“板凳宁坐十年冷，文章不写半句空”，是河南大学“铁塔牌”品格的最好注脚；嵇文甫总结的河南精神“明时务，达治体，文而不弱，武而不暴，蹈厉奋进，竭忠尽智，扶危困，振贫民”被融入办学理念；邓拓在河南大学读书期间，便写出了经典著作《中国救荒史》……河南大学先辈学人以一片丹心碧血，负轭前行，臻于至善，用自己的生命和信仰书写着向往真理、追求进步的不朽乐章，是拓植代代河大人恪守本心、守护初心的宝贵精神财富。

近年来，河南大学紧紧围绕“双一流”建设目标和“黄河流域生态保护与高质量发展”国家战略，继往开来，开拓创新，产出了一大批重要学术成果，“河南大学哲学社会科学优秀成果文库”即是其中的优秀代表。“文库”所录成果既有微观的实证探究，也有宏观的理论阐述；既有断代的专题考索，也有通代的整体梳理；既有材料的细致解读，也有观点的深入诠释；既有问题的调研分析，也有对策的实践总结。这些成果一定程度上深化、细化、升华了相关问题的研究，代表着河南大学哲学社会科学研究的新成就、新特点和新趋向，对于促进我校哲学社会科学的繁荣发展，助推“双一流”建设事业，无疑具有十分重要的意义。

新时代开启新征程，河南大学哲学社会科学将行远自迩，踔厉奋发，继续坚持求知笃学、求真拓新、求实致用的学术志趣，在正本清源、守正创新中呈现新担当，在百花齐放、百家争鸣中展现新作为，努力将“河南大学哲学社会科学优秀成果文库”打造成荟萃熠熠思想的人文精粹，展示灼灼真知的学林渊范，切实肩负起繁荣发展哲学社会科学的历史使命，为构建具有中国特色、体现时代特征的哲学社会科学体系做出更多、更大贡献。

展 龙

2020 年 12 月 24 日

目　录

上篇　历史叙述

中篇　神话建构

下篇　回归历史

图目录

绪论　作为国族视觉形象与政治隐喻的马萨达堡

一　问题的提出

19世纪与20世纪之交，犹太世界发生了一场根本性的变革：许多欧洲犹太人在犹太复国主义的号召下，开始集体移居本民族的精神故土——巴勒斯坦。传统犹太流散社会的主要政治单位是社团，主导者是拉比，主要义务是学习《塔木德》。而返回故土的新犹太人，面临的是建立一个与西方国家一样的现代民族国家，要求具有完备的政治、经济、社会组织机构。以追求"正常化"为目标的犹太认同焦点从"宗教性"转向"民族性"，正如雅各·塔尔蒙所说："上帝在18世纪的死亡导致了许多人寻求宗教之外的集体认同焦点……一个重要的替代物就是对于民族的想象。"[①] 对此剧变的调整与适应成为转型时代犹太社会的根本性问题。

作为现代民族主义运动一部分的犹太复国主义兴起后，为将流散中形成的各种不同肤色、不同语言、不同文字的犹太人凝聚成一个新的国族，历史之根在此情况下被当作塑造认同的重要资源，通过对"过去"进行选择、重组、诠释，乃至虚构、误读，从而为当前群体创造共同身份与认同的努力提供一种悠久的传统。据此，得以界定这一新兴群体的本质，确立群体认同的边界，并维系群体内部的凝聚。由于以色列民族国家的构建伴随与阿拉伯人的冲突、战争，这个过程就显得尤为迫切：通过重新发现英雄般的过去，激励当前重建民族国家的努力，并使之转化为一种实实在在的政治资源与精神动力。正如罗伯特·阿尔特所说："以色列孕育于民族

① Jacob Leib Talmon, *The Myth of the Nation and the Vision of Revolution: The Origins of Ideological Polarisation in the Twentieth Century*, Berkeley: University of California Press, 1980, p. 1.

神话之中，如果说赫茨尔与他的早期继承人通过他们的组织与外交活动创造了民族运动的机器，那么锡安的古老神话则为其提供了必要的动力……犹太复国主义者能够创造一种英雄的现在，是因为他们从一开始就发现了一个英雄的过去，以便为犹太人存在的新模式提供心理平台。”[①]

本书旨在探讨犹太社会从流散到返回故土过程中的民族国家构建（nation-state building）问题。在集体记忆研究路径的指引下，通过对“马萨达神话”的建构之分析，重新检视 19 世纪末以来犹太—以色列社会在面临政治文化转型中的各种问题，从而尝试以此折射出国家和社会运用政治符号来塑造群体身份、夺占民众记忆的重要途径。在开展关于马萨达符号的研究之前，必须时刻注意的是，它不仅仅是一个单纯发生于公元 73 年的历史事件，而且是一处承载着文化与历史、地理的记忆之场。诚如法国著名学者皮埃尔·诺拉所说：“记忆之场是根本性的留存，是一种纪念意识的终极体现，它很少存在于某个唤起记忆的历史时代，因为这个时代已经遗弃了它。”[②] 马萨达所具有的地理维度使之得以穿越时间的涤荡与消磨而留存；尽管在一定时期内不为人知，但它的地理实在性却顽固维持。它不仅有一段与之相关的历史可供追忆，更有一处壮观的遗址以资凭吊。

本书所探究的马萨达，在本质上是一个现代政治符号。政治符号（political symbol）是一种与政治权力相结合的工具，它所具有的象征性权力通过权力的运作与思想的操控可以转化为实际性权力。按照拉斯韦尔的界定，符号包括政纲、标语、出版物、政治思想、宪法等，几乎涵盖了思想领域的各个层面。[③] 政治符号的观念古已有之，尽管它的形式在古今有不同的变化，但它的作用，实际上自远古至今都十分重要。特别是伴随现代通信传播技术的发展、宣传教育手段的丰富，人们对政治符号的运用几乎达到一个登峰造极的地步，其对人类生活的影响也达到前所未有的程度。符号挟一系列权力运作的手段无孔不入地进入世界各个角落，现代人无时无刻不处于符号之网的“枷锁”之中。梅里亚姆就认为：“如果认为在现

---

① Robert Alter, “The Masada Complex,” *Commentary*, Vol. 56, No. 1 (July, 1973), p. 20.

② Pierre Nora, “Between Memory and History: *Les Lieux de Mémoire*,” *Representations*, No. 26 (Spring, 1989), p. 12.

③ Harold D. Lasswell & Abraham Kaplan, *Power and Society—A Frame Work for Political Inquiry*, New Haven, Connecticut: Yale University Press, 1963, p. 103.

代形势下，符号已经失去了其应有的重要地位，实在是犯了严重的错误；相反，其对于任何教育体制，恰好有特殊的价值，而且在政治社会中，对于任何控制性的计划，都提供了重要的力量资源。”①

政治符号的形成与创制，很大程度上是社会建构的产物，通过将某种观念或意义强加于其中，并对之进行润饰、扩充，符号得以产生强大的力量。而且，政治符号一旦牢固确立，往往在短期内难以撼动，它内化为人们惯常的思维模式与行动依据。因此，对于政治符号的运用，足以引导或控制大众观念及行为，使之强化对权力主体（如国家、政府）的忠诚意识，愿意为之奉献，乃至为之牺牲。这种效果的出现，必须依靠符号的创制与传播才能达到，特别是借助于宣传，符号的象征性力量可以激发人们的热情与斗志，从而转化为实际力量。具体而言，对内可以使民众更加拥护政府、增强政府合法性，对外则使民众誓死捍卫民族尊严、保卫民族独立。

实际上，符号不仅是知识的工具，更是支配的工具；符号不仅反映社会中的关系，而且能够通过改变世界的表象来改变世界本身。因为符号在制造概念区分时，也制造了社会区分；因而它具有政治性后果，社会区分将符号分类转化为社会权力等级的表达。法国著名学者布尔迪厄就一针见血地指出了符号权力所蕴含的巨大力量：“符号权力不存在于理念的力量中，而存在于它们与社会结构的关系中。符号权力是在实施这个权力的人与接受这个权力的人之间的特定关系中，并通过这种关系得到界定的，也就是说，是在生产并再生产信仰的场域的结构中得到界定的。”②

但是，符号的影响并不是本身就有的，它必须借助于一整套宣传策略以将之落实。“符号”与“宣传”（propaganda）之间存在着极为密切的内在联系，符号为宣传之本、宣传为符号之用；离开了符号的铺垫，宣传就将失去它所应有的意义，而没有宣传的运作，符号就难以发挥应有的作用。《不列颠百科全书》中对宣传的定义就强调了这二者的关系：“宣传是一种借助于符号（文字、手势、旗帜、纪念碑、音乐、服饰、徽章、发型、

① Charles E. Merriam, *Systematic Politics*, Chicago: Chicago University Press, 1947, p. 88.

② Pierre Bourdieu, “Symbolic Power,” in D. Gleeson, ed., *Identity and Structure*, Briffield: Nafferton Books, 1977, p. 117.

硬币图案、邮票等）以求操纵他人信仰、态度或行为的或多或少系统的活动。”[①] 以研究政治宣传而著称的拉斯韦尔甚至认为，宣传必须通过符号才能得到实施：“它（宣传）仅仅指通过重要的符号，或者更具体但是不那么准确地说，就是通过故事、谣言、报道、图片以及社会传播的其他形式，来控制意见。宣传关注的是通过直接操纵社会暗示，而不是通过改变环境中或有机体中的其他条件，来控制公众舆论和态度。”[②]

正是由于政治符号在宣传的作用下对人们具有如此巨大而深刻的影响，因而其成为各种权力集团与社会力量竞相运用、争夺、较量的对象。实际上，符号的争持与博弈是实际权力斗争在另一个领域的延伸与预演，主导的一方可以运用宣传，反对的一方也能运用宣传进行反制。实际上，宣传就是“思想对思想的战争”。[③] 反对派往往创造出另一套符号体系以取代现有的符号霸权，在这种较量中，原有符号的合法性逐渐被侵蚀、瓦解，从而使权威倒向另一边，最终完成符号权力的嬗替更迭。正如拉斯韦尔强调的，“精英集团的支配地位部分依靠于它对环境的成功操纵。操纵的方法包括象征、暴力、物资和实际措施。反动派精英依靠的也是同样的手段……一个公认的精英集团在控制社会的物资、暴力与实际措施方面占有如此优越的地位，以致一个向它发起挑战的精英集团不得不去主要依靠各种象征。不管怎样，象征是不花钱的，又是难以捉摸的。他们可以在警惕性很高的当局眼睛看不到的地方靠口头进行传播。他们可以在不满者中间组织协调一致的行动并且促成其他方法能在其中起作用的危机。任何现行制度都具有一种占统治地位的神话；但是要保护一种对象征的垄断权却不像保护一种对物资和暴力的垄断权那么容易”。[④]

作为历史研究范畴的政治符号，往往与集体记忆塑造有着密切的关系。记忆与历史不尽相同，虽然都以过去的事物为对象，但二者的立意有着根本的不同。集体记忆是社会建构的产物，受到具体社会环境的影响，

---

① *Encyclopedia Britannica*, Vol. 15, Chicago: Encyclopedia Britannica Inc., 1983, p. 36.

② 哈罗德·D. 拉斯韦尔：《世界大战中的宣传技巧》，张洁、田青译，中国人民大学出版社，2003，第22页。

③ 哈罗德·D. 拉斯韦尔：《世界大战中的宣传技巧》，第23页。

④ 哈罗德·D. 拉斯韦尔：《政治学：谁得到什么？何时和如何得到?》，杨昌裕译，商务印书馆，2003，第138页。

往往真假难辨；而历史研究则强调客观真实，必须如实地反映本来之面貌，并在理性的基础上消除虚假的内容。因而，历史研究的深入往往带动由集体记忆建构起来的不实内容之消解与廓清；历史研究的目的就在于纠正记忆背后的谬误、破除记忆助长的“迷思”（myth，也作“神话”之义）。就本书主题而论，马萨达神话作为现代以色列史上的重要现象，围绕它而展开的文化认同与政治运用，是与19世纪末20世纪初以来犹太民族主义者试图再造民族身份和创建现代国家的努力紧紧相连的。在这一从传统走向现代、从流散到回归的历史性时期，犹太复国主义者并非完全反传统，他们是借助比流散更早的“传统”反对流散的“传统”，在此过程中大量前流散时代的历史资源被重新发掘并大量使用，以唤起人们对以色列故土的再度认同。马萨达作为一个现代政治神话的运作，是值得加以深入探讨的典型案例。

本书对马萨达神话的探讨，主要基于以下几方面的考虑。

（1）马萨达事件在漫长的前现代时期几乎一直是被遗忘的，何以被选中剥离出原来的历史脉络而用作现代政治符号，这反映了何种现实需要？

（2）马萨达在成为现代政治神话过程中，经历了怎样的建构和升华？为何能够唤起民众如此深切而热烈的认同？

（3）在马萨达社会化的过程中，各种政治力量和思想派别对它进行了何种不同的阐述与运用？换言之，知识与权力之间存在着何种互动？

（4）马萨达神话何以被解构？这种解构与以色列社会的变迁有何关涉？

（5）记忆与历史有何内在关联及本质区别？为何历史研究的进步往往带来集体记忆的后退？应该如何破除、廓清建基于记忆之上的“迷思”？

对以上问题的回答，正是本书的着力点所在；期待借对此案例的深度分析解开政治神话与国族认同塑造的谜题。

二　马萨达神话的历史隐喻与现实投射

马萨达神话之所以在20世纪出现，有着极为独特的历史背景与社会条件。19世纪末20世纪初，作为现代民族主义运动一部分的犹太复国主义兴起后，力图将流散中形成的多元文化融为一个整体，将有着不同肤色、操不同语言、使用不同文字的犹太人凝聚为一个新的国族。为此，历史之根成为认同的重要资源，通过对“过去”进行选择、重组、诠释，乃至虚构、误读，来为当前群体创造共同身份与认同的努力提供一种悠久的传统。据此，得以界定这一新兴群体的本质，确立群体认同的边界，并维系群体内部的凝聚力。著名作家乔治·奥威尔对此有句名言：谁控制了过去，谁就控制了未来；谁控制了现在，谁就控制了过去。康纳顿也强调过去往往被用于使当下的社会秩序合法化："控制一个社会的记忆，在很大程度上决定了权力等级……我们对现在的体验，大多取决于我们对过去的了解；我们有关过去的形象，通常服务于现存社会秩序的合法化。"[①] 实际上，占有记忆、控制记忆、管理记忆是确立与维护权力合法性的重要体现。

在漫长的流散时期，犹太人往往不反抗、逆来顺受，为对这一形象进行否定，犹太复国主义者力图从流散前的历史中寻找反抗外敌的英雄主义事例，以唤起犹太人奋起追求独立、捍卫自由，甚至不惜为之牺牲的战斗精神。这种选择性利用被玛丽·西尔金（Marie Syrkin）准确地称为"马萨达之惑"："尽管马萨达斗争的最终结果是其守卫者的自杀，但仅有英勇的抵抗场景为以色列人所记住，而不是令人讨厌的非犹太式终曲。然而不合逻辑的是，发生在马萨达的事情渗入以色列的想象之中，作为积极斗争的最终表达，从而颠倒了死亡的接受方式。"[②] 正是对死亡接受方式的颠倒，使马萨达由令人讨厌的集体自杀，转化为争取自由、不惜牺牲的英雄主义神话。

学者西蒙·夏马强调了特定风景与集体记忆之间的密切关联，认为森林、村庄、山脉、河流等都凝聚了深切而独特的历史记忆，对于这些风景的体认势必唤起共同的群体身份。[③] 一般说来，民族主义与自然风景之间存在两种关联：一是自然国族化（nationalization of nature），民族将其历史、神话、记忆与特性投射于一块地理空间之上，从而将民族共同体与其特定疆域联系起来，使后者转化为民族的家园；二是国族自然化（naturalization of the nation），某个地理场所被纳入民族主义的叙述策略之后就具有了某种本真性，它直接影响民族特性的形成，民族被转而视为自然的产物，自然赋予国族以悠久的历史和伟大的力量。总之，在前者的情况中，

① 保罗·康纳顿：《社会如何记忆》，纳日碧力戈译，上海人民出版社，2000，导论，第1~4页。

② Marie Syrkin, "The Paradox of Masada," *Midstream*, Vol. 19, No. 8 (October, 1973), p. 67.

③ Simon Schama, *Landscape and Memory*, New York: Alfred A. Knopf, 1995.

文化形塑了自然；而在后者那里，自然决定了文化。[①] 可以说，马萨达从被遗忘的边缘进入现代犹太集体记忆的中心，经历了一个“自然国族化”的过程。

马萨达作为一个现代政治神话，能够为当代犹太人所深切认同，关键还在于它代表着一种犹太民族以及以色列国家的历史隐喻：与当年的马萨达守卫者一样，今天的以色列人仍处于被包围的马萨达之巅，绝望无助地抵抗着强大凶狠的敌人；因此，马萨达不仅是犹太人的过去，也是他们的现在，更是他们的未来。马萨达就是犹太人的隐喻象征，代表着犹太民族和以色列国对于自身命运及处境的深刻理解，即他们永远拥有一种被包围的感觉，似乎永久地处在马萨达堡的顶部。可以说，马萨达十分形象地展现了历史上犹太人的悲惨遭遇与现实中以色列国的艰难处境，进而成为“国族自然化”的深刻文化表征与独特心理暗示。

在历史上，由于没有自己的国家，犹太人在世界各地都是外来者，普遍地遭到其他民族的憎恨与排斥，其顶点就是20世纪上半叶发生的纳粹大屠杀，而这种迫害的最新表现就是阿拉伯人对犹太人生存的持续威胁。因而，马萨达及其所代表的围困心态成为犹太民族的灵魂缩影，基于此，马萨达守卫者的历史遭遇迅速地为伊休夫和以色列人所接受，他们将自己当前所进行的争取生存的斗争视为马萨达战斗的历史性延续。以至可以说，以色列就是一个扩大了的马萨达堡，每个以色列公民则是马萨达的战士。“在一个它的集体经历经常为战争所打断的社会中，马萨达不再只是一个来自古代的抽象故事，而是一种为当代以色列人提供自身处境之隐喻的鲜活而有力的视觉形象。”[②]

由“围困心态”而来的不安全感，几乎根深蒂固地在犹太民族集体意识中固定下来，成为犹太民族的独特文化基因。犹太人有着被强大敌人包围的漫长历史，而且随时面临被外来力量迫害和排斥的风险，这几乎是犹太人永远无法摆脱的宿命与魔咒。这种孤立和敌对情绪通常又与以色列的

---

① Oliver Zimmer, “In Search of Natural Identity: Alpine Landscape and the Reconstruction of the Swiss Nation,” *Comparative Studies in Society and History*, Vol. 40, No. 4 (October, 1998), pp. 637 - 665.

② Yael Zerubavel, “The Death of Memory and the Memory of Death: Masada and the Holocaust as Historical Metaphors,” *Representations*, No. 45 (Winter, 1994), p. 88.

地缘政治现状紧紧联系起来，并从现状中得到印证："任何以色列人决不会忘记，他们的国家除了一面靠海外，是被阿拉伯国家的辽阔疆域所包围的一个狭小的岛。那种被包围感，人民的马萨达堡心理，是显而易见的。从事实上和心理上来讲，包围状态的存在在以色列是真实的，并且被人们感觉到"。①

神话通常可以分为历史神话和地理神话，前者与某一特定的事件相关联，而后者则与某一特殊的空间相联系。在马萨达的事例中，它既是一个历史神话，与公元73年罗马军队围困马萨达要塞的事件相连，又是一个地理神话，马萨达的壮观地貌吸引了人们的浓厚兴趣。正是这种独特的结合，使马萨达在现代犹太民族国家构建中寻找本真性象征时被强调、放大、凸显。如安德森所言，近代以来的民族乃是一个"想象的共同体"，通过一系列共同的历史记忆和共同的命运意识，一个个民族得以构建，成为联结每个群体和个体的精神纽带和历史线索。近代民族主义理论的集大成者、法国杰出的思想家厄内斯特·勒南在1882年于索邦大学进行的题为"民族是什么?"（"What Is a Nation?"）的著名演讲中，强调了历史资源对于民族认同的巨大作用，号召应对"祖先的崇拜"和"英雄的过去"给予相当的重视：

> 民族是一种灵魂、一种精神原则。实际上，这两样东西是一体的，并共同构成了这个灵魂或精神原则。一个存在于过去，一个就在现实中。一个是共同记忆的丰富遗产的所有物；另一个是当前能够生活在一起的愿望，这种人们以不可分割的形式接受遗产的价值……与个体相似，过去长久的努力、牺牲和奉献的顶点造就了民族。在所有的崇拜中，对祖先的崇拜最具合法性，因为正是我们的祖先造就了我们。英雄的过去、伟大的人物、昔日的荣光（我所理解的真正的荣光），所有这一切都是民族思想所赖以建立的主要基础。拥有过去的共同光荣和拥有现在的共同意志；一起完成伟大的事业并希望完成更伟大的功绩——这些就是形成一个民族的基本条件……这首斯巴达的歌曲——《我们是你们的过去，也是你们的将来》——以其简要的形

① 劳伦斯·迈耶：《今日以色列》，钱乃复等译，新华出版社，1987，第63页。

式成为每个爱国者的缩略版圣歌。①

几乎可以这么说，谁掌握了过去，也就同时掌握了未来。因而处在具体社会情境中的人们常常为了自己的需要，而有意或无意地误会历史（getting history wrong）。

而且，马萨达事件有两大基本来源：一是约瑟夫斯的《犹太战记》，二是考古发掘活动。尽管历史与考古作为现代科学都标榜求真，但在某些特定时期（特别是国家构建初期），往往被用来服务于带有政治功效与社会作用的对象，从而在有意或无意中歪曲、背离了历史的真相，完成了迈克尔·麦杰所谓的"实质被表象掩盖，真理被话语掩盖"② 这一过程。而且，这种被建构的历史认识一旦深深扎根，就难以撼动而为人们接受为理所应当的"真相"。著名学者皮埃尔·纳克特就鲜明地指出："'马萨达'不只是一系列跨越19个世纪的事件，它还是今天的神话甚至可以说是仍在演变的'情结'。它无须进一步的区分，'真相'与'神话'及'情结'并非对立之事。事情并非如此简单。神话并不像错误之于真相那样与现实对立；神话伴随着真相，我敢说，神话包围着真相。"③

然而，政治神话在某些时间与场合可以增强社会凝聚力，同时会随时空的变化而遭到质疑。在马萨达神话的建构过程中，也存在着许多断裂、矛盾，由此充分体现了权力的运作以及反抗。马萨达符号发展的历程表明，政治神话的意义不仅在不同时间里发生变化，而且不同的群体对它所建构出的意义也是极不相同的。长期以来，宗教群体对马萨达神话的建构都持消极态度，认为它们基本上是权力的外在力量；学术群体在追求客观的理性思想引导下，也开始从学理上对马萨达神话的建构本质进行否定。不同群体对马萨达符号的不同态度充分表明，作为国族认同对象的马萨达神话建构存在阶层和文化的差异。实际上，这种差异及其发展也暗含了马

① Ernest Renan, "What Is a Nation?" in Homik Bbabha, ed., *Nation and Narration*, London: Routledge, 1990, p. 19.

② 迈克尔·卡尔文·麦杰：《文本、泛文本与当代文化裂片》，载肯尼斯·博克等《当代西方修辞学：演讲与话语批评》，常昌富等译，中国社会科学出版社，1998，第263页。

③ Pierre Vidal-Naquet, *The Jews: History, Memory, and the Present*, New York: Columbia University Press, 1996, p. 56.

萨达符号回归历史的可能性。

在笔者看来，马萨达的历史叙述与政治运用只是权力与话语中的马萨达，而绝对真实客观的马萨达历史只能是历史学者们追寻的一个难以企及的理想境界，所以在现实政治语境中的马萨达常常遭到人们的曲解和误读，而形成多元化的马萨达叙述。由于没有哪一种叙述是完全符合史实的，对于对话语化的马萨达进行再话语化的我们来说，需要时时刻刻追问马萨达事件的真相。这就要求我们拨开云雾、坚持真实，与各种权力主导下的马萨达叙事保持距离，将各种马萨达叙述去权力化、去话语化，力图还马萨达以本来面目，还具体历史以客观真相。很大程度上，马萨达事件的真相本身或许并不重要，重要的是，它究竟在什么样的情境下、被哪些群体、出于何种目的构建为一个现代的政治神话，对这些因素的追问和探寻有助于理解马萨达神话建构与现代以色列国族认同之间的深刻内在联系。

三　学术史回顾及方法、材料的运用

改革开放以来的四十多年是中国世界史研究的重要突破期，在此时期经过几代学者的艰苦努力，犹太研究领域取得了一系列丰硕的成果，[①] 但客观来看，与国外研究相比还存在诸多不足之处，例如，许多新领域尚未触及、新方法引进滞后、新材料未能利用等。本书的一个重要出发点就是使用“集体记忆”的研究方法，对马萨达从象征、符号、仪式等角度进行深度的发掘，以期借此个案来揭示政治神话与现代以色列民族国家构建之间的关系。

（一）“Zakhor”：历史记忆与犹太研究

记忆联系古与今，记忆承载文与史。记忆自古以来就被人们赋予了极高的地位，在希腊神话中，正是记忆女神摩涅谟辛涅（Mnemosyne，memory 即由该词演变而来）与众神之父宙斯（Zeus）的结合才诞生了九位司掌文化的缪斯女神（Muse），其中为首者就是历史女神克利奥（Clio）。可以说，记忆乃历史之母，没有记忆就没有历史。为此，必须在历史研究中对记忆加以高度重视。当前学界，对于集体记忆的研究主要有三

① 具体成果的总结，参见潘光主编《犹太研究在中国——三十年回顾：1978—2008》，上海社会科学院出版社，2008；张倩红、艾仁贵《犹太史研究入门》，北京大学出版社，2017。

种代表性路径——莫里斯·哈布瓦赫的“记忆框架”（Les Cadres de la Mémoire）、皮埃尔·诺拉的“记忆场所”（Les Lieux de Mémoire）与扬·阿斯曼的“文化记忆”（Kulturelles Gedächtnis），以下将一一进行介绍。

莫里斯·哈布瓦赫是“集体记忆”理论的先驱，他对这一理论的思考受到其老师涂尔干的启发。早在1925年他就发表了《记忆的框架》，率先开启了集体记忆的理论研究，1942年出版《福音书中的传奇地形学》，探究耶稣门徒建构关于耶稣的集体记忆，他逝世后这两本书被整理成《论集体记忆》。哈布瓦赫认为集体记忆的产生与传播是一个社会建构的过程，因而必须对拥有记忆的群体和时间做一具体化的分析，这种建构的过程与记忆群体当时的处境（即“社会框架”）密切相关：“记忆的集体框架不是依循个体记忆的简单加总原则而建构起来的；它们不是一个空洞的形式，由来自别处的记忆填充进去。相反，集体框架恰恰就是一些工具，集体记忆可用以重建关于过去的意象，在每一个时代，这个意象都是与社会的主导思想相一致的。”[①] 集体记忆的建构与传播在很大程度上是为确立和维护群体身份而为，可以说有什么样的记忆就会带来什么样的群体。集体记忆不只是群体所共享的历史知识，也不只是在当下重建过去的经历，而是当下的需要决定了应该记住什么以及如何进行记忆。哈布瓦赫对此有句名言：“过去不是被保留下来的，而是在现在的基础上被重新建构的。”其结果是往往忽略了历史与当下有不同的处境，从而将复杂含糊的历史转变为当下的利用工具。由此观之，集体记忆不仅是非历史的，而且是反历史的。总之，历史是“死”的，只存在于已逝的过去之中；而记忆则是“活”的，它是过去存在于当下的表现。

法国作为集体记忆研究的发源地，新时期学术动力的源泉仍来自于此。年鉴学派第三代重要人物——皮埃尔·诺拉自20世纪80年代初开始，发起了由100多名学者参加的法国记忆工程，其成果就是皇皇七大卷的经典巨作——《记忆之场》（*Les Lieux de Mémoire*）。[②] 诺拉所谓的“记忆场

① 莫里斯·哈布瓦赫：《论集体记忆》，毕然、郭金华译，上海人民出版社，2002，第71页。

② Pierre Nora, ed., *Les Lieux de Mémoire*, Paris: Gallimard, 1984 - 1992. 该书被翻译成英文后，缩编成三卷：Pierre Nora, ed., *Realms of Memory*, 3 vols, New York: Columbia University Press, 1996 - 1998；中文版参见皮埃尔·诺拉主编《记忆之场：法国国民意识的文化社会史》，黄艳红等译，南京大学出版社，2015。

所”即集体记忆的凝聚点，被纳入的有：物质性的对象，诸如疆域、档案馆、博物馆、教堂、宫殿等；象征性的对象，诸如格言、口号、旗帜、标志和纪念碑等；功能性的对象，诸如名人、节日、仪式、葬礼、战争、公墓等。[①] 诺拉通过对一系列记忆场所的研究，力图从中探知该对象所蕴含的法国民族性与独特性，借助重新唤起过往的记忆以重塑法国国民精神。“记忆场所”的提出，立即掀起一股研究与本民族相关的象征物的热潮。在历史与记忆相互关系问题上，诺拉号召要从历史与记忆的分离中解放出来，使记忆再度成为新的历史研究之开路先锋。[②]

进入20世纪90年代以后，德国著名的埃及学家扬·阿斯曼提出了“文化记忆”这一概念，以对哈布瓦赫与诺拉的集体记忆理论进行补充、修正。他认为，哈布瓦赫仅仅提出了集体记忆产生的社会背景，而对其所依赖的文化基础缺乏必要的关注。历史不是自动产生的，而是文化的重构和再现的结果。作为一项社会活动，文化记忆是指“对过去社会的、建构式的理解”[③]。因此，深藏在文化之中的特定动机、期盼、希望与目标往往制约和影响着对过去的认识，而且它还受到现行社会观念的干预。文化记忆不是以遗传的形式复制形成的，而是通过一代代的传承补充形成的。在此过程中，产生了意义的存储、激活和传递，一个群体或社会试图借此获得连续性和认同感。他强调，集体认同的强化往往伴随着文化方面的发明创造：古代文明中文字的发明，古以色列和古希腊的文字和记忆术，古代印度婆罗门的记忆术，都对各自群体的身份认同和集体记忆产生了重要影响。他还专门以摩西形象在西方世界的变迁为例，创造了“记忆历史”（Mnemohistory）这一术语，指出它只关注被记住的过去，并非历史的对立物。[④] 传统上文字这种记忆载体对于文化记忆有着不可替代的重要作用，步入科技时代后收音机、电视、电脑等新媒体的相继出现引起记忆形式的巨大变革，目不暇接的记忆对象使之失去了传统的文化内涵，从而影响到集体的自我

① 参见沈坚《法国史学的新发展》，《史学理论研究》2000年第3期；《记忆与历史的博弈：法国记忆史的建构》，《中国社会科学》2010年第3期。

② Pierre Nora, "Between Memory and History: *Les Lieux de Mémoire*," *Representations*, No. 26 (Spring, 1989), pp. 7 – 24.

③ Jan Assmann, *Das Kulturelles Gedächtnis*, München: Verlag C. H. Beck, 1992, S. 47.

④ Jan Assmann, *Moses the Egyptian: The Memory of Egypt in Western Monotheism*, Cambridge, Mass.: Harvard University Press, 1997, pp. 8 – 9.

形象与认同选择，势必导致阿斯曼所谓的“记忆的危机”。

20 世纪 80 年代以来，随着集体记忆研究在西方学术界的日渐流行，犹太研究领域也逐渐受到这种新方法的感染，其中最为突出的代表就是耶鲁沙尔米在 1982 年出版的《扎克霍：犹太历史与犹太记忆》（*Zakhor*：*Jewish History and Jewish Memory*）。[①] 该书以时间为纲，用四章内容分别对圣经时代、流散时代、近代时期、现代时期的集体记忆在犹太史上的重要表现进行了独到的分析，认为历史是记忆之敌。学者亨德尔发表的《铭记亚伯拉罕：〈希伯来圣经〉中的文化、记忆与历史》（*Remembering Abraham*：*Culture*，*Memory*，*and History in the Hebrew Bible*），重点探讨了圣经时代的犹太记忆，认为早在民族诞生之初犹太人就已形成了独特的文化记忆，这种记忆又成为他们维持宗教身份与族群认同的重要手段。[②]

由于犹太民族整体性大流散的独特经历，记忆对于他们而言有着极为重要的文化意义与存在意义。《希伯来圣经》的文本可被视为承载、传递犹太人集体记忆的首要途径，通过这个中介，得以将过去发生的经历反复重演，从而赋予当下群体的信仰与身份。希伯来语中，有专门一词“Zakhor”指代记忆，据耶鲁沙尔米的研究，《希伯来圣经》中总共出现动词“记住”（zakhor）不低于 169 次，包括各种词尾变化，其主体包括上帝与以色列人，意为双方都负有“记忆”的神圣义务。[③]《希伯来圣经》中除要求“遵行”（shamor/observe）外就是要求“记住”（zakhor/remember），一再强调“当记住并遵行”。仔细研究《希伯来圣经》文本以及犹太文化留存，记忆历史的主要手段是通过仪式化、周期性的节日来强调与凸显的，在以上这些节日中还辅以诵读经文，以加深以色列人对于历史与传统的记忆。

可以说，记忆成为犹太民族身份、文化认同的核心主题，正是通过牢记历史中的事件，为犹太人创造了一种独特的群体身份——上帝的选民，他们可以跨越时间与先辈们、超越空间与同胞们达成心理认同。在跨越

---

① Yosef Hayim Yerushalmi，*Zakhor*：*Jewish History and Jewish Memory*，Seattle & London：University of Washington Press，1982.

② Ronald Hendel，*Remembering Abraham*：*Culture*，*Memory*，*and History in the Hebrew Bible*，Oxford：Oxford University Press，2005，p. ix.

③ Yosef Hayim Yerushalmi，*Zakhor*：*Jewish History and Jewish Memory*，p. 5.

“同质而空洞”的时空过程中，将遥不可及的过去与现在联系起来，从而使世世代代被烙上了民族文化的印记。通过对共同命运的不断强调，犹太群体的特征便由此得以界定与深化。可以毫不夸张地说，历来的犹太人就是被记忆所塑造的独特群体，犹太文化就是被记忆所改造的独特文化。著名历史学家阿尼塔·夏皮拉在其《历史书写与记忆：以 1948 年的拉特兰为例》一文中对集体记忆在犹太史中的地位有一番极其出色的描述：

> 与历史研究领域的扩展相类似，学者的数量也在增长……研究工具也在丰富……而学术史学正在失去它对公众意识中过去形象塑造的影响。我们的集体记忆不是由大学教授塑造的，而是由各种各样的“记忆代理人”（memory agents）塑造的。这些代理人根据当下的急迫和痛苦塑造过去的形象，并将这种形象投射回历史作品中。在我们的信息时代，印刷媒体、小说、流行音乐、电影和电视在塑造过去形象的能力方面都远远超过有充分文献记载的历史研究的严谨论述。[①]

在国内学术界，已开始有学者将集体记忆运用到犹太研究之中，但大多集中于探究纳粹大屠杀所呈现的历史记忆，而对其他历史时段的犹太记忆较少涉足。其中钟志清的研究具有代表性，她从大屠杀及有关的文学作品入手，探讨了创伤记忆与犹太认同之间的关系，认为大屠杀文学中的英雄主义在塑造民族身份和重建民族记忆中起到了重要作用。[②] 在此基础上，她还延伸至希伯来语与犹太民族国家构建的关系，认为希伯来语的复兴是民族复兴的先导，离开了语言复兴就很难理解犹太国家的再度崛起。[③] 另外，王炎从影视文学的角度，分析了大屠杀影像所凝聚的历史记忆。[④] 使用集体记忆研究犹太历史的代表为宋立宏的《犹太集体记忆视域下的巴尔·科赫巴书信》，该文以巴尔·科赫巴书信为切入点，探讨了巴尔·科赫巴个

---

① Anita Shapira, “Historiography and Memory: Latrun, 1948,” *Jewish Social Studies*, Vol. 3, No. 1 (Autumn, 1996), pp. 20 - 21.

② 钟志清：《旧式犹太人与新型希伯来人》，《读书》2007 年第 7 期；《身份与记忆：论希伯来语大屠杀文学中的英雄主义》，《外国文学评论》2008 年第 4 期；等等。

③ 钟志清：《希伯来语复兴与犹太民族国家建立》，《历史研究》2010 年第 2 期。

④ 王炎：《奥斯威辛之后：犹太大屠杀记忆的影像生产》，三联书店，2007。

人形象在后世历史中所呈现的多重历史记忆。①

本书另一个理论来源即现代民族国家构建进程中象征符号的运用。对于以色列的国族构建，开始有学者进行系统的梳理与探讨，其中李志芬的博士学位论文——《以色列民族构建研究——意识形态、族群、宗教因素的探讨》在深度和广度上都取得了较大的突破，特别是对以往被忽视的族群问题给予了分析，认为以色列民族构建的核心即“共同认同感和统一归属感的达成”。② 但该文缺乏对于民族构建过程中所运用的神话、象征、记忆的专门研究，仍属于比较传统的路径。总体而言，国内对于这一问题的研究仍很不足，可以挖掘的空间比较大。

（二）作为神话、象征与记忆的马萨达

正如民族主义理论大师厄内斯特·勒南所言，历史研究的进步往往是对民族性神话的否定。实际上，对马萨达神话的学术性研究正是始于解构马萨达神话的努力。这股学术领域的解构之风兴起于马萨达神话达到顶峰的20世纪60年代，当时伊格尔·亚丁领导下的马萨达考古利用马萨达进行民族动员，特别是在考古发现过程中亚丁不顾客观历史而对民族主义加以歪曲，使一些求真的历史学者对之产生了质疑。这些学者包括所罗门·泽特林与罗莎玛丽等人，他们主要以约瑟夫斯的历史记述来否定对马萨达的不实宣传与思想误导，还没有系统探究马萨达的神话特质。

1973年爆发了第四次中东战争，以色列在战争初期几乎一败涂地，之前建立的安全神话破灭。一些理性的学者开始对伊休夫时代与建国初期的政治动员进行反思。同期在西方学界兴起的后现代、后殖民思潮，更是为之提供了坚实的理论支持。1975年，伯纳德·路易斯在其《历史：记忆、恢复与发明》（*History*：*Remembered*，*Recovered*，*Invented*）③ 中率先对马萨达的政治宣传和思想操控进行了研究，强调这些手段使之成为一个当代神话；他采取集体记忆的社会建构路径，认为马萨达在20世纪的彰显正是“被发明的历史”。1979年，B. 夏加尔发表了《马萨达神话的演进》（“The

---

① 宋立宏：《犹太集体记忆视域下的巴尔·科赫巴书信》，《历史研究》2011年第2期。

② 参见李志芬《以色列民族构建研究——意识形态、族群、宗教因素的探讨》，博士学位论文，西北大学，2009。

③ Bernard Lewis，*History*：*Remembered*，*Recovered*，*Invented*，Princeton：Princeton University Press，1975.

Evolution of the Masada Myth”）一文，[①] 正式将“马萨达”与“神话”组合起来，自此“马萨达神话”成为一个专有名词，以与历史中的马萨达进行区分。该文认为，马萨达是建立在一个特定历史事件之上的政治神话，并强调马萨达神话在以色列社会整合与国家认同过程中发挥了关键的作用。

进入 20 世纪 80 年代以后，对于马萨达神话的研究开始走向深入，重要的学者有本杰明·克达尔、巴尔·塔勒、施瓦茨、阿尼塔·夏皮拉、罗伯特·帕内、纳赫曼·本·耶胡达、亚尔·泽鲁巴弗尔等。克达尔将马萨达视为一种神话和情结，强调以色列需要摆脱这种境地；[②] 需要注意的是，巴尔·塔勒采取了独特的心理分析视角，以马萨达为例，提炼出一种以“马萨达综合征”（Masada Syndrome）为表现形式的理论——“围困心态”；[③] 施瓦茨等人从拉姆丹的《马萨达》诗篇出发，探究了文学隐喻在马萨达符号发展中的重要作用；[④] 阿尼塔·夏皮拉则强调建国之前马萨达的事迹被世俗犹太复国主义者出于政治目的而试图用来将权力的使用合法化，在此情况下，马萨达成为一个捍卫故土、争取自由的英雄神话；[⑤] 罗伯特·帕内将马萨达分为公元 73 年至犹太复国主义兴起之前和犹太复国主义兴起以来两个阶段，认为马萨达集体记忆的复活与犹太复国主义构建民族身份密切相关。[⑥]

对于马萨达神话的研究，1995 年是一个极为关键的年份，这一年同时出现了两部重量级力作——以色列希伯来大学社会学系的纳赫曼·本·耶胡达教授的《马萨达神话：集体记忆与以色列的神话创造》（*The Masada Myth：Collective Memory and Mythmaking in Israel*）与美国宾夕法尼亚大学的

---

① Baila R. Shargel, “The Evolution of the Masada Myth,” *Judaism*, Vol. 28, No. 3 (Summer, 1979), pp. 357 - 371.

② Binyamin Kedar, “Masada: The Myth and the Complex,” *Jerusalem Quarterly*, Vol. 24 (1982), pp. 57 - 63.

③ Daniel Bar-Tal, “The Masada Syndrome: A Case of Central Belief,” in Norman Milgram, ed., *Stress and Coping in Time of War*, New York: Brunner/Mazel, 1986, pp. 32 - 51.

④ Barry Schwartz, Yael Zerubavel, Bernice M. Barnett, “The Recovery of Masada: A Study in Collective Memory,” *The Sociological Quarterly*, Vol. 27, No. 2 (1986), pp. 147 - 164.

⑤ Anita Shapira, *Land and Power: The Zionist Resort to Force, 1881 - 1948*, trans. William Templer, Stanford, California: Stanford University Press, 1992.

⑥ Robert Paine, “Masada: A History of a Memory,” *History and Anthropology*, Vol. 6, No. 4 (1994), pp. 371 - 409.

亚尔·泽鲁巴弗尔教授的《被找回的根：集体记忆与以色列民族传统的创造》（*Recovered Roots：Collective Memory and the Making of Israel National Tradition*）。[①]

本·耶胡达的《马萨达神话》是目前所见关于这一问题资料最为详尽、分析最为全面的著作，作者从青年运动、国防军、教科书、媒体、旅游业、儿童文学、艺术等诸多方面探讨了马萨达神话叙事与具体运用，运用社会学理论与模型对马萨达神话的形成与历史做了深入的分析和探讨，从而揭示了犹太复国主义对这一符号的历史建构过程。在对马萨达神话深度研究的基础上，他又于2002年推出《对真相的牺牲：考古学与马萨达神话》（*Sacrificing Truth：Archaeology and the Myth of Masada*），[②] 集中探究了伊格尔·亚丁领导下的马萨达考古对历史叙述的严重偏离而迎合了马萨达神话的需要。此外，本·耶胡达还研究了马萨达神话叙述与以色列国防军的关系、[③] 马萨达的集体自杀行为如何转变成民族神话[④]等。

泽鲁巴弗尔的《被找回的根》系由作者1980年的博士学位论文[⑤]改写而成，主要强调以色列建国之前和之初对历史传统的选择与运用，该书选取了民族英雄特尔哈伊、反罗马的科赫巴起义以及马萨达陷落三个典型事例，具体展现了以色列国主导民族传统记忆的政治手段与宣传霸权。该书强调了马萨达的政治运用，特别是分析了犹太教正统派对这一符号的反抗与抵制。此外，泽鲁巴弗尔还发表了一系列研究马萨达神话的相关论文，

---

① Nachman Ben-Yehuda, *The Masada Myth：Collective Memory and Mythmaking in Israel*, Madison：The University of Wisconsin Press, 1995；Yael Zerubavel, *Recovered Roots：Collective Memory and the Making of Israel National Tradition*, Chicago & London：The University of Chicago Press, 1995.

② Nachman Ben-Yehuda, *Sacrificing Truth：Archaeology and the Myth of Masada*, New York：Humanity Books, 2002.

③ Nachman Ben-Yehuda, "The Masada Mythical Narrative in the Israeli Army," in Edna Lomsky-Feder & Eyal Ben-Ari, eds., *The Military and Militarism in Israeli Society*, New York：State University of New York Press, 1999, pp. 57 – 88.

④ Nachman Ben-Yehuda, "The Sicarii Suicide on Masada and the Foundation of a National Myth," in James R. Lewis & Carole M. Cusack, eds., *Sacred Suicide*, Burlington, VT：Ashgate Publishing Company, 2014, pp. 11 – 28.

⑤ Yael Zerubavel, "The Last Stand：On the Transformation of Symbols in Modern Israeli Culture," Ph. D. Dissertation, Philadelphia：University of Pennsylvania, 1980.

这些研究代表了国际学术界对马萨达研究的前沿。①

在这两部著作的基础上，美国学者柯文（Paul A. Cohen）的《历史与大众记忆：故事在危机时刻的力量》（*History and Popular Memory: The Power of Story in Moments of Crisis*）② 中的一章“马萨达的陷落与现代犹太记忆”（“The Fall of Masada and Modern Jewish Memory”），对马萨达陷落与现代犹太集体记忆之间的关系进行了深入研究，具体分为三个阶段：犹太人忽视马萨达的漫长时期、民族再生与马萨达意识的觉醒、英雄主义的马萨达神话的消退。约迪·马格内斯的《马萨达：从犹太抵抗运动到现代神话》（*Masada: From Jewish Revolt to Modern Myth*），③ 对马萨达从 1 世纪至 20 世纪的历史变迁进行了系统考察，尤其对马萨达神话在 20 世纪的情况进行了探究。④

以上研究主要集中于马萨达神话的形成、建构、发展、演变，并对该神话与犹太复国主义的关联进行了深入的研究。⑤ 然而，在马萨达的事例中，它既是一个历史神话，与公元 73 年罗马军队围困马萨达要塞的事件相

---

① Yael Zerubavel, "The Death of Memory and the Memory of Death: Masada and the Holocaust as Historical Metaphors," *Representations*, No. 45 (Winter, 1994), pp. 72 – 100; Yael Zerubavel, "The Multivocality of a National Myth: Memory and Counter-Memories of Masada," in Robert Wisrich & David Ohana, eds., *The Shaping of Israeli Identity: Myth, Memory and Trauma*, London: Frank Cass, 1995, pp. 110 – 128; Yael Zerubavel, "The Politics of Remembrance and the Consumption of Space: Masada in Israeli Memory," in Daniel J. Walkowitz & Lisa Maya Knauer, eds., *Memory and the Impact of Political Transformation in Public Space*, Durham: Duke University Press, 2004, pp. 233 – 252.

② Paul A. Cohen, *History and Popular Memory: The Power of Story in Moments of Crisis*, New York: Columbia University Press, 2014, chapt. 2.

③ Jodi Magness, *Masada: From Jewish Revolt to Modern Myth*, Princeton: Princeton University Press, 2019.

④ 除此之外，有两篇论文也值得关注：M. Brug, "From the Top of Masada to the Heart of the Ghetto: Myth as History," in David Ohana & Robert Wistrich, eds., *Myth and Memory: Transfigurations of Israeli Consciousness*, Jerusalem: Van Leer Institute, 1996, pp. 203 – 227; Theodore Sasson & Shaul Kelner, "From Shrine to Forum: Masada and the Politics of Jewish Extremism," *Israel Studies*, Vol. 13, No. 2 (Summer, 2007), pp. 146 – 163。前者探讨了马萨达与华沙隔都起义之间的关系，强调历史记忆在建构两者联系中的重要作用；后者着重分析马萨达在 20 世纪 90 年代初中东和平进程开启以来的形象，认为马萨达不再被视为一个极端英雄主义的代表。

⑤ 就国内的研究而言，近年来有一些论文也开始涉及该主题，参见王宁彤《记忆、认同与空间——马萨达要塞的神话建构》，《湖北民族学院学报》（哲学社会科学版）2017 年第 6 期；周平、何琛《马萨达叙事在当代以色列接受中的政治与社会形态》，《学海》2018 年第 3 期。但国内现有的这些研究没有取得实质性的突破，有关马萨达涉及的社会记忆内涵仍有很大的挖掘空间。

连，又是一个地理神话，马萨达的壮观地貌吸引了人们的浓厚兴趣。正是这种独特的结合，使马萨达在现代犹太民族国家建构中寻找本真性象征时被强调、放大、凸显。可以说，上述研究最大的不足在于，没有将马萨达的围困状态与以色列的现实处境联系起来，而这种历史与现实的对应是马萨达神话得以形成、接受、传播、升腾的根本内在动因，而且，以色列安全形势的变化也是导致马萨达神话衰退乃至瓦解的重要因素。本书将系统阐述这两者之间的关联，从政治心理层面对以色列独特对外政策的根源做出解释。

就原始材料而论，本书以马萨达为主题，所涉及的范围跨度达2000余年。最主要的材料来自两大方面：其一是直接与马萨达历史事件相关的原始文献，其中包括约瑟夫斯的《犹太战记》[①] 与10世纪成书的《约西宾之书》[②]，这是马萨达叙述的历史性源头；其二是有关马萨达考古发掘中的材料，这包括伊格尔·亚丁本人的考古发掘记载，主要为《马萨达：希律的要塞与奋锐党人最后的抵抗》[③]，20世纪80年代末以来由希伯来大学考古系多位学者整理成书的7卷本《马萨达：伊格尔·亚丁发掘最终报告，1963—1965》[④]。此外，与马萨达主题有关系的原始文献还有以撒·拉姆丹的《马萨达》(*Masada*)诗篇，其内容收录在莱昂·尤德金所编的《以撒·拉姆丹：有关20世纪希伯来诗歌的研究》中[⑤]。

最后，除了上述有关马萨达的原始文献外，本书还尽可能利用了20世

---

① Josephus, *The Jewish War*, The Loeb Classical Library, Cambridge, Mass.: Harvard University Press, 1927 - 1928. 目前国内有约瑟夫斯《犹太战记》的两个译本：保罗·梅尔编译《约瑟夫著作精选：〈犹太古史〉、〈犹太战记〉节本》，王志勇中译，北京大学出版社，2004；约瑟福斯《犹太战争》，王丽丽等译，山东大学出版社，2007。前者为节选本，内容存在大量的删减；而后者的版本在章节与段落的划分上与西方学界通用的“洛布本”存在巨大差异。这两个版本都存在一些问题，因此本书参考的是希腊文、英文对照的“洛布本”。

② David Flusser, ed., *Sefer Yosippon*, 2 vols, Jerusalem: The Bialik Institute, 1978 - 1980.

③ Yigael Yadin, *Masada: Herod's Fortress and the Zealot's Last Stand*, trans. Moshe Pearlman, New York: Random House, 1966.

④ Joseph Aviram, Gideon Foerster, and Ehud Netzer, eds., *MASADA I - VII: The Yigael Yadin Excavations 1963 - 1965, Final Report*, Jerusalem: Israel Exploration Society and Hebrew University of Jerusalem, 1989 - 2006.

⑤ Issac Lamdan, "Masada," in Leon I. Yudkin, ed., *Isaac Lamdan: A Study in Twentieth-Century Hebrew Poetry*, Ithaca, N.Y.: Cornell University Press, 1971, pp. 199 - 234.

纪以来以色列的主要书籍、报刊中有关马萨达问题的各类材料，力图使讨论更趋完整和更有力度。根据当时人留下的各种记载，可以获知社会舆论与思想脉动，特别是不同时期、不同人群对于马萨达神话的态度和观感，这都是研究马萨达与当代犹太集体记忆之间关系的重要素材。

四　基本思路与总体架构

马萨达不仅是一处地域、一段历史，更是一种象征、一个神话。犹太复国主义者通过对马萨达建构出的历史记忆使之成为现代以色列国族认同的重要对象与身份隐喻，超越了原来的历史面貌，成为一种在面临包围情况下争取自由、不惜牺牲的现代政治神话。但记忆不是一元的和固定的，它始终依赖于特定的社会框架与历史环境。故此，记忆的变迁也就成为必然之事。随着政治环境的变迁，以色列社会经历了一个“祛魅化”的过程，建国一代的许多意识形态开始遭到人们的质疑与否定；马萨达神话在此情况下，也经历了一个解构的历程，人们不再不加思考地接受官方所设定的马萨达认知。因此，在分析马萨达神话所映射的现代犹太认同变迁的同时，必须回到具体的历史情境对之加以具体的分析考察，才能把握马萨达神话与现代犹太国族认同之间的内在关联。

本书以马萨达神话的建构及其变迁为个案，运用历史学、社会学、政治心理学等多学科交叉的方法，深入系统地研究了马萨达神话与以色列集体记忆的塑造；尤其从集体记忆的路径，围绕发生在2000余年前犹太—罗马战争中的这一象征性事件的再现及其历史记忆展开叙述，探讨马萨达作为一个现代政治符号的运作、宣传及演变过程，并将它与20世纪以色列民族国家构建的历史性进程结合起来进行考察，以展示犹太复国主义者如何借助对马萨达的运用来塑造群体共同身份、增进现代国族认同，借此分析折射出以色列政治文化变迁中传统与现代交错繁复的历史面相与独特意蕴。“马萨达神话”在20世纪的建构及其解构，充分折射出犹太复国主义运动借助传统象征符号塑造集体记忆，以服务于构建现代民族国家之目的；而这种体现了国族本真性的象征符号，反过来也塑造了以色列的对外行为和民族性格，成为其绝不妥协政策的政治心理基础。

就基本框架而言，本书除绪论和结语以外，分为三部分，分别从历史叙述、神话建构与回归历史等层面对马萨达神话进行全方位的学理分析。

主要内容分为十章，具体如下。

上篇：历史叙述。本篇内容分为两章，主要致力于分析马萨达事件的历史原貌及其在中古时期的形象。第一章主要从约瑟夫斯《犹太战记》中有关马萨达的叙述入手，通过对其进行历史化的解读，以期得出对于马萨达事件较为客观、符合原貌的思想认识。实际上，在与约他帕塔、加马拉等围攻战进行比较后可以发现，在马萨达顶部不仅没有发生极其惨烈的战斗，而且这些守卫者始终逃避与罗马军队的作战，更重要的是他们还不断对周围的犹太同胞进行劫掠与屠戮。因此，他们根本就不是任何意义上英雄主义的代表。第二章重点探究了拉比传统对于马萨达的态度，出于反对武装反抗的精神，拉比们将马萨达事件完全遗忘，在漫长的中世纪的犹太文献中几乎找不到关于马萨达的任何表述。其中唯一的例外就是10世纪的《约西宾之书》，但马萨达事件在其记载中已完全成为英雄主义的殉道之举。马萨达在中古时期的命运，充分反映了主流犹太社会对这一事件的遗忘与忽略。

中篇：神话建构。本篇内容分为五章，致力于探讨20世纪初至60年代巴勒斯坦犹太社会和以色列国对马萨达神话的建构。第三章探讨马萨达如何重新获得关注，进而上升为现代犹太集体意识中的核心事件。特别是《犹太战记》希伯来文版的出版与拉姆丹《马萨达》诗篇的发表使马萨达得到了广泛的宣传与张扬。随后，许多希伯来青年在其影响下前往马萨达朝圣并举行一系列仪式，以强化一种共同的国族意识。第四章分析马萨达与大屠杀之间的独特历史关联。随着纳粹势力的不断扩张，隆美尔在北非战场节节胜利以至进抵埃及中部的阿拉曼，与之仅有100多公里的巴勒斯坦伊休夫危在旦夕。面临着几乎与欧洲犹太人一样被覆没的命运，已被马萨达精神武装起来的伊休夫做出了与前者甘愿屈服、逆来顺受所不同的反应，他们决心以武装斗争来保卫故土。由此制订了“马萨达计划”以对抗纳粹非洲军队的入侵，这个计划充分体现了伊休夫运用马萨达象征进行民族动员的作用。危机解除后，从英国委任统治者手中争得民族独立成为当务之急，马萨达又在动员各个派别进行反英斗争过程中发挥了重要作用。第五章探讨了马萨达在以色列建国初期获得高度认可的社会条件。在建国后，马萨达经历了一个社会化与国家化的过程，而以色列国防军是马萨达精神的最好诠释。人们在马萨达被包围的历史遭遇与以色列国被包围的现实处境之间找到了对应性与相似性："围困心态"使马萨达获得了越来越强大的思想认同与精神认可；马萨达所唤起的爱国热情与战斗精神激励了几代以色列人，对于他们来说，马萨达守卫者就是古代的国防军战士。第六章力图揭示马萨达神话在建国初期政治生活中的运用与强化。马萨达神话作为一种政治话语，警示以色列人决心不使马萨达的悲剧重演，尤其在教科书和儿童文学中反复出现；通过对神话叙述的思想操控与话语实践进行探究可以发现，神话中的马萨达与历史的马萨达存在许多偏差，但仍然保留了一些基本内容。第七章探讨在伊格尔·亚丁领导下开展的考古活动对马萨达神话的推动作用。1963—1965 年由亚丁主持的马萨达考古发掘，在当时的以色列国内外引起了巨大反响。其所进行的社会动员与政治宣传使马萨达的影响达到空前地步，围绕考古发掘中出土的一些发现的巨大争论使之成为全国性事件。

下篇：回归历史。本篇内容分为三章，主要考察马萨达神话的解构历程。第八章探究宗教阵营对马萨达神话的抗拒。宗教人士认为，亚弗内而不是马萨达才是犹太社会得以幸存的根本途径，前者代表存活的希望，而后者则是死亡的选择。宗教人士对马萨达批评最为激烈的地方就是集体自杀问题，马萨达守卫者不仅没有从事抵抗活动，反而选择人为地结束了生命，这是对犹太教基本原则的否定。第九章分析"马萨达情结"与以色列的集体安全问题。在马萨达神话的影响下，不少以色列政要从马萨达的围困心态来理解国际国内问题，将以色列的集体安全视为马萨达式的安全困境，以致形成了"马萨达情结"。随着社会政治环境的变迁，特别是赎罪日战争带来的巨大精神创伤，对于马萨达情结的怀疑否定之声不断涌现。第十章探究解构马萨达神话的多元叙述。大屠杀记忆的苏醒，使许多以色列人对英雄主义内涵的定义发生了改变；在此影响下，马萨达的内涵也经历一个由死到生的转变，它从争取自由、不惜牺牲的象征转化为维护生存、追求延续的代表。而且，一些求真求实的历史学者也加入这场神话解构运动，从而在学术上给予马萨达神话以重重一击。旅游业的发展也使马萨达的神圣性不断降低。马萨达发展为一个大众娱乐的旅游胜地，吸引了众多的国际国内游客前往。2001 年，马萨达被列入"世界文化遗产名录"。如今，马萨达的民族价值不断下降，商业价值更为凸显。这是马萨达神话回归历史的重要表现。

上　篇

历史叙述

第一章 历史的框架：《犹太战记》中的马萨达书写

第一节 马萨达的地形与地貌

历史上，“马萨达”（Masada）一词最初出现于希腊文手稿之中（Μασάδαν），在希伯来文中为“מצדה/Metzada”，意为“要塞”“堡垒”。作为一个地理名词，马萨达指称位于犹地亚沙漠东部边缘、靠近死海西部的一处天然要塞，在耶路撒冷以东100公里处，离最近的大型村落隐基底也有17公里左右。要塞的高度从底部到顶部为320米，与通常山脉的顶部为尖顶不同的是，马萨达的顶部是一处极其开阔的平台。平台呈扁菱形，最长处为645米，最宽处为315米。在其东面的山坡上有一条通往顶部的道路——“蛇道”，因其蜿蜒曲折形状像蛇而得名。

马萨达的地形极其险峻，山壁陡峭，四面都是悬崖。从远处看，马萨达就像一座位于沙漠深处的孤独堡垒：“一块巨大无比、巍峨挺拔的岩石四周全是深谷。谷底深不可测，都是悬崖峭壁，任何动物都无法立足。只有从两个地方花费很大工夫才能爬到石头上去：一条小路自东边的死海过来，另一条从西边，这条路好走些。由于第一条小路非常狭窄，又弯弯曲曲不好走，人们称之为蛇道。顺着小路，绕过突兀的悬崖路就没了，常常绕回来再向前走。在小路上行走就如同走钢丝一般，脚下稍微一打滑就没命了。因为路两边都是深渊，再大胆的人看了也会吓得发抖。”①

尽管极其险峻，但马萨达确是一处绝佳的风景；对于马萨达的坚固与壮观，约瑟夫斯也进行了由衷的赞美：“从宫殿到山顶有一条凹下去的路，

① Josephus, *The Jewish War*, Ⅶ. 280 – 283.

图 1-1 从空中俯瞰马萨达

资料来源：Jodi Magness，*Masada：From Jewish Revolt to Modern Myth*，夹页插图。

图 1-2 通往马萨达顶部的“蛇道”

资料来源：Dennis Jarvis，“Snake Path to Masada，” Flickr，https://www.flickr.com/photos/archer10/34873035796。

从外面是看不到的。即使有看得见的路，敌人也用不了。东边的路，如前所述，本来就不能使用。西边的路在最窄的地方，有个大的堡垒守卫，离山顶至少五百码。要想通过这里是不可能的，占领它也绝非易事，即使无知的游人到了这里也是很难走得了的。大自然与人类的共同努力使这个堡垒在防御敌人进攻时牢不可破。"①

现今有关马萨达早期历史的记述几乎全部来自古代犹太历史学家约瑟夫斯，除此之外在古代犹太文献中很少有关于马萨达的记载。但在非犹太文献中有两处提及马萨达：斯特拉波在其《地理学》（*Geography*）中提及马萨达附近的岩石与裂缝（XVI. 44），老普林尼的《自然史》（*Natural History*）更明确地指出马萨达要塞位于离死海不远的岩石之上（V. 17, 73）。然而这些著作仅进行了极其简短的介绍，并无深入的描述，更对马萨达事件只字未提。而 3 世纪的索林乌斯（Solinus）对马萨达的叙述（*Collectanea*，XXXV. 12）显然来自老普林尼的记载。②

约瑟夫斯对马萨达要塞的来历进行了描述，认为它由大祭司约拿单所建造，"大祭司约拿单建造了第一座要塞，取名为马萨达"，③ 但并未指明是哪个约拿单。因此人们对约拿单究竟是何人并无一致意见，有人认为他是犹大·马卡比的兄弟（公元前 2 世纪中叶），也有人认为是亚历山大·亚纳伊（Alexander Yannai，公元前 103—前 76 年）。而在另一处，约瑟夫斯又做出了更为含糊的表达："在耶路撒冷的不远处有一座极其坚固的要塞，它由我们古代的国王们所建造。"④ 此处古代的国王们更是不知所云，或许可以追溯至所罗门王朝以及犹大、以色列王国，也或许是哈斯蒙尼王朝时期。公元 1 世纪前后相继对马萨达进行控制的政治势力有：大希律

① Josephus, *The Jewish War*, VII. 292 - 294.

② Louis H. Feldman, *Josephus and Modern Scholarship (1937 - 1980)*, New York: Walter de Gruyter, 1984, p. 769.

③ Josephus, *The Jewish War*, VII. 285.

④ Josephus, *The Jewish War*, IV. 399. 根据所罗门·泽特林的研究，马萨达的建造者更有可能是马卡比的兄弟约拿单，在马卡比战死后，约拿单与西门为了躲避叙利亚将军巴奇德斯的追捕而来到了提哥亚（Tekoa）旷野。而《马卡比前传》记载了他们在阿斯帕（Asphar）池边驻扎的情况（《马卡比前传》9：33），阿斯帕位于隐基底西南 6 公里处，正好在马萨达的周围。因此，约拿单很可能是为了抗击巴奇德斯大军而在马萨达建筑要塞进行防御。参见 S. Zeitlin, "Masada and the Sicarii," *The Jewish Quarterly Review*, Vol. 56 (1965), p. 299。

（公元前 37—前 4 年）、亚基老（公元前 4—公元 6 年）、罗马总督（公元 6—41 年）、阿格里帕一世（公元 41—44 年）、罗马总督（公元 44—66 年）、奋锐党人（公元 66—73 年）、罗马总督（公元 73 年之后）。①

在控制马萨达的各种势力中，著名的希律王与马萨达有着十分重要的联系。希律在成为犹地亚国王之前，曾几次三番来到马萨达避难。其中还有一次凭借马萨达的天险击败了来犯之敌，希律从菲利克斯手中夺取马萨达之后将其交给其兄约瑟驻守，不久安提哥努斯率军前来围困马萨达，由于缺水，约瑟准备弃守马萨达，然而突然降落的大雨挽救了他们，这给约瑟等候希律援兵的到来从而击败安提哥努斯的军队提供了宝贵的机会。②

希律即位后，以好大喜功、大兴土木而闻名的他先后建造了塞巴斯特、恺撒利亚等城市，以及包括希律堡、马萨达等在内的许多军事要塞。在约瑟夫斯的笔下，马萨达和其他要塞相比与希律的关联更为密切，因而其在希律对马萨达的修建方面有更为详细的描述。这或许是由于希律几度在马萨达避难的经历，加上他发现马萨达有天然的地理优势，因而投入大量人力物力对马萨达进行了大规模改建。公元前 36 年至前 30 年，希律围绕岩体修建了带有岗楼的掩蔽墙，建造了瞭望塔、兵营、宫殿、仓库和水池，使之更加符合军事需要："希律对马萨达的改建投入了很大精力。整个山头周长有 3/4 英里，他就沿边缘修建了 1 座 18 英尺高、12 英尺厚的石灰墙，立起了 30 座 75 英尺高的塔楼……在西坡修建了王宫，上面就是山头的防御工事。"③ 天然的地形与人工的改造，使马萨达在当时就成为极其著名的军事堡垒。

希律在马萨达储备了大量的武器，以真正体现它作为军事堡垒的价值："国王藏在这里的武器足够一万人使用，此外这里还有许多未加工的铁、铜和一定数量的铅。"④ 为了保证要塞水的供应，他还在其中挖掘水道，并备有大量的水箱。更为重要的是，希律还储存了许多生活物资以备不时之需，而且在数量、种类、新鲜度方面都十分惊人："大量的粮食吃

---

① J. P. Kane, "Yadin and Masada," *Bulletin of the Anglo-Israel Archaeological Society*, Vol. 4 (1984 - 1985), p. 15.

② Josephus, *The Jewish War*, I. 286.

③ Josephus, *The Jewish War*, VII. 286 - 289.

④ Josephus, *The Jewish War*, VII. 298.

上几年都不成问题，还有大量的酒、油和各种大豆以及成堆的枣。"[①] 因此，马萨达成为希律在犹地亚深处的一处关键军事要塞。

当然，约瑟夫斯对希律苦心经营这个位于犹地亚沙漠深处的要塞这一问题给出了极为有力的回答："据说希律王把这里武装得与自己的避难所一样，而这样做主要出于两方面的担忧：一方面的担忧来自犹太民众，怕他们会推翻自己的王位、复辟以前的王室；另一方面，也是更大的担忧来自埃及王后克娄帕特拉。因为她从未隐藏过她的野心，一直请求安东尼除掉希律以将犹地亚王国交给她。但令人奇怪的是，虽然安东尼深陷情网，但仍没有答应她的要求。正是这两方面的担忧使希律如此地加固马萨达，但他做梦也没想到这个要塞将成为犹太战争中罗马人的最后一个目标。"[②]

希律死后，这座要塞处在亚基老的统治范围之内，公元 6 年亚基老被罗马人解除统治权力，犹地亚由罗马直接派遣官员治理。随后一队罗马军队进驻了马萨达，直至公元66 年犹太—罗马战争爆发。在这场反抗罗马的大起义中，马萨达是起义者攻占的第一座要塞。

第二节　约瑟夫斯与马萨达元叙事

马萨达作为一处有着极其壮观景象的要塞，它与一个重大事件联系在一起，这一事件即公元 73 年犹太—罗马战争的尾声，罗马军队围攻马萨达顶部的犹太守卫者，随后被围困的犹太人在战斗无望情况下选择了集体死亡。这一事件的全部内容为著名的罗马—犹太历史学家弗拉维乌斯·约瑟夫斯所记载，它几乎是古代世界有关马萨达唯一的历史记载。这是马萨达神话赖以依存的历史性基础。

在前现代的犹太文献中，约瑟夫斯的著作几乎是提及马萨达的唯一文本，他的历史记载是有关马萨达历史的基础。将马萨达事件放在具体历史情境中加以分析，有助于把历史之中的马萨达与记忆之中的马萨达进行区分，以探究记忆对于历史的选择性运用、延伸乃至歪曲。

---

① Josephus, *The Jewish War*, VII. 296.

② Josephus, *The Jewish War*, VII. 300 – 303.

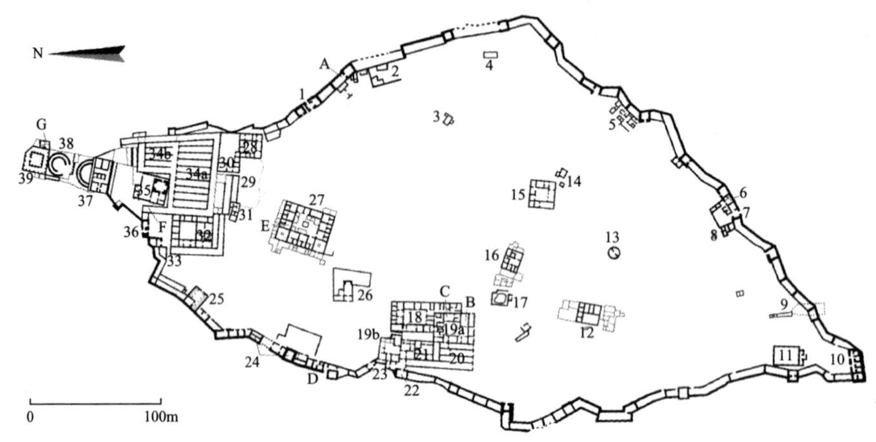

图 1-3 马萨达要塞平面图

注：1. 蛇道大门；2. 反抗者住所；3. 拜占庭修士洞穴；4. 东蓄水池；5. 反抗者住所；6. 犹太教净身池；7. 南大门；8. 反抗者住所；9. 南蓄水池；10. 南要塞；11. 泳池；12. 小宫殿；13. 圆形壁龛塔；14. 马赛克制造场所；15. 小宫殿；16. 小宫殿；17. 公共浸礼池；

18—27 西宫殿：18. 供水区域；19. 居住区域；20. 储藏室；21. 行政区域；22. 制革者塔；23. 拜占庭时期的西大门；24. 壁龛塔；25. 会堂；26. 拜占庭教堂；27. 营房；

28—36 北宫殿：28. 大公馆；29. 采石场；30. 指挥中枢；31. 瞭望塔；32. 行政建筑；33. 大门；34. 储藏室；35. 公共浴室；36. 水门；

37—39 希律行宫：37. 上层露台；38. 中层露台；39. 下层露台。

A. 城墙角落发现有陶片；B. 希律的会客室；C. 彩色马赛克；D. 罗马军队的突破点；E. 发现有硬币处；F. 发现有陶片处；G. 三具遗骸发现处。

资料来源：Yigael Yadin & S. Kent Brown，"Masada：Herod's Fortress and the Zealots' Last Stand，" *Brigham Young University Studies*，Vol. 36，No. 3（1996－97），p. 22。

一 约瑟夫斯其人其书

著名的历史学家弗拉维乌斯·约瑟夫斯（Flavius Josephus，公元 37—约 100 年），原名约瑟夫·本·马塔提亚（Joseph ben Matityahu），出生于耶路撒冷的著名祭司家族，曾多次代表犹太人出使罗马并出色地完成使命。犹太—罗马战争爆发后，他出任犹太军队的统帅，率军在约他帕塔抗击由韦斯巴芗统领的罗马军团，由于陷入重围、众寡悬殊而失陷，约瑟夫斯最后选择归降罗马军队。他由于准确预言韦斯巴芗及其子提图斯将成为罗马皇帝而得到赏识，接受了罗马皇室的赐姓并改名为弗拉维乌斯·约瑟夫斯。[①] 虽然其变节行径为历来的犹太人所不齿，但后来他在罗马皇室的庇护下专事历史写作，从而为后人留下了有关当时事件的许多宝贵一手史料，其中包括《犹太战记》（*Bellum Judaicum*）、《犹太古史》（*Antiquitates Judaicae*）、《自传》（*Vita*）、《驳阿庇安》（*Contra Apionem*）等。由于卓越的史学成就，其被誉为与希罗多德、修昔底德、色诺芬、波里比阿齐名的古希腊罗马世界的五大历史学家之一。[②]

图 1－4　历史学家约瑟夫斯

资料来源：Flavius Josephus，*The Works of Josephus*：*Complete and Unabridged*，trans.，William Whiston，Peabody，Mass.：Hendrickson Publishers，1987，封面。

《犹太战记》是约瑟夫斯的第一部著作，大约成书于犹太—罗马战争结束后不久的公元 75—79 年。写作此书之时，作者正居住于韦斯巴芗在罗马城奎林那（Quirinal）的别墅之中，享受着罗马皇室成员般的优厚待遇。希腊文原书的名称极其明显地反映了作者对罗马的亲善态度，直译过来就是《关于犹太人的战争》，作者似乎是站在罗马公民的立场上来记述这场战争。该书共分 7 卷，第一、二卷叙述引起犹太—罗马战争的各种根源，

① H. St. John Thackeray，*Josephus*：*The Man and the Historian*，New York：Ktav Publishing House，1929.

② Shaye J. D. Cohen，"History and Historiography in the *Against Apion* of Josephus，" in Ada Rapoport-Albert，ed.，*Essays in Jewish Historiography*，Atlanta：Scholars' Press，1991，pp. 1－11.

第三、四卷概述加利利及犹地亚其他地区的战况，第五、六卷描述耶路撒冷被罗马军队围困及最终陷落，最后一卷叙述战争的结束以及后果。身为战争亲历者所书写的《犹太战记》，一举奠定了约瑟夫斯作为古典犹太历史学家的地位。

《犹太古史》是约瑟夫斯对《圣经》历史的重新改编，[①] 叙述时间从创世之初直到约瑟夫斯的时代。据约瑟夫斯交代，还在写作《犹太战记》时，他就开始了《犹太古史》的构思。后者大致成书于公元 93—94 年，即图密善统治末期。全书共有 20 卷，按照内在逻辑可以分为两个部分：前十卷叙述从创世到第一圣殿时期的早期历史，后十卷描述第二圣殿时期的整个过程。实际上，该书并非如他自己所说是"对《希伯来圣经》的翻译"，[②] 约瑟夫斯在写作过程中加入了他获取的许多其他材料。他还为该书预设了读者对象，就是"整个希腊语世界"或者"希腊人"，[③] 向他们解释犹太人的悠久历史。

《自传》与《驳阿庇安》是约瑟夫斯后期所写的两部篇幅较小的著作，分别只有一卷与两卷。《自传》主要概述约瑟夫斯自己的生平，主要包括他的早期生活、出使罗马、在加利利率军抵抗罗马、被俘于罗马军营以及最后在罗马城的生活情况。他写作《自传》的动机在于反驳有关他在加利利战争中的责任以及阐述他对于犹太—罗马战争的立场。《驳阿庇安》是他的最后一部作品，该书的标题并不来自约瑟夫斯，原书可能并无题目。第一卷记述了希腊人对于犹太人的偏见与误解，第二卷在对阿庇安的责难进行批驳的同时阐述了犹太教与摩西律法的精神内涵。实际上，该书题目定为《驳希腊人》或《为犹太教辩护》或许更符合作者本意。

约瑟夫斯对自己的历史学家身份十分自豪，在《犹太战记》开篇即强调写作历史是"出自对真相的热爱而非取悦于读者"。[④] 由于约瑟夫斯记述内容十分广泛，而且他是当时许多事件的亲历者，其作品有极高的史料价

---

① Harold W. Attridge, *The Interpretation of Biblical History in the Antiquitates Judaicae of Flavius Josephus*, Missoula: Scholars Press, 1976; Louis H. Feldman, *Studies in Josephus' Rewritten Bible*, Leiden: Brill, 1998.

② Josephus, *The Jewish Antiquities*, I. 5; X. 218.

③ Josephus, *The Jewish Antiquities*, I. 5; XVI. 174; XX. 262.

④ Josephus, *The Jewish War*, I. 30.

值，对于了解古代晚期的犹太、希腊与罗马社会乃至早期基督教都有不可估量的重要作用。约瑟夫斯经常被拿来与修昔底德进行比较，他的《犹太战记》与修昔底德的《伯罗奔尼撒战争史》都是由战争亲历者所撰写，两位作者都曾在战争初期担任统帅一职。故此，约瑟夫斯经常被比作“犹太人的修昔底德”（the Jewish Thucydides）。[①]

约瑟夫斯的历史记述尤其是他关于犹太—罗马战争的叙述，在后世的史学家看来基本是可信的。而且他在战争初期作为犹太一方的统帅在约他帕塔抗击罗马军队，后来由于归顺罗马而得以了解罗马一方关于这场战争的诸多看法，并得以利用罗马皇室的档案进行写作，这些经历无疑提升了其历史著作的可信性与权威性。他对这场战争给予了极高的评价：“犹太人反抗罗马人的战争是我们这个时代规模最大的战争，或许比有史以来记载的任何战争，无论是城邦之间的还是民族之间的都要巨大。”[②]

二　约瑟夫斯笔下的马萨达

在约瑟夫斯的叙述中，马萨达似乎在这场战争中占有极其重要的地位。约瑟夫斯对马萨达的描述集中在《犹太战记》第七卷第280—407节。[③] 马萨达虽然地处荒野，但对耶路撒冷乃至整个犹地亚的政局有不可忽视的重要影响。在记述犹太—罗马战争的起源时，约瑟夫斯认为战争爆发的重要原因之一是犹太激进分子攻占马萨达的举动：“就在此时，一伙好战分子联合在马萨达要塞发起攻击，通过秘密行动攻占了这座要塞，杀死了罗马驻军士兵，将自己的部队安插于此……这就不可避免地导致了同罗马的战争。”[④] 他们在占领马萨达后夺取了希律储存于此的大量兵器，然后反叛首领米拿现像“王”一样返回耶路撒冷进行残暴的统治，但很快为以利亚撒所谋杀。这些好战分子是由米拿现率领的西卡里人（Sicaril，也称短刀党），他们因手持短刀（Sica）从事暗杀活动而得名，其行凶的对象不仅有罗马人，还包括同情罗马及采取和平态度的犹太人。

---

① R. J. H. Shutt, *Studies in Josephus*, London: SPCK, 1961, p. 125.

② Josephus, *The Jewish War*, I. 1.

③ J. P. Kane, "Yadin and Masada," *Bulletin of the Anglo-Israel Archaeological Society*, Vol. 4 (1984 – 1985), p. 14.

④ Josephus, *The Jewish War*, II. 40.

米拿现死后，剩下的西卡里人在其亲戚以利亚撒·本·亚尔领导下逃往马萨达，从此一直待在马萨达顶部，不再干预耶路撒冷与犹地亚所进行的犹太—罗马战争。他们偶尔离开马萨达到附近的犹太村庄从事一些劫掠活动，其中最为著名的就是对隐基底的大肆抢劫杀戮。在这次活动中，总共造成700名无辜的妇女儿童丧生。“每天都有许多叛徒从四面八方涌来投奔他们，而其他的抢劫团伙又在别的地方上演同样的惨剧，直到犹地亚全地处处都是抢劫和废墟。”① 在公元70年保卫耶路撒冷及第二圣殿的战斗中，并不见有他们的身影。

公元66年，一群激进的西卡里人攻占罗马军队驻守的马萨达要塞，由此揭开了犹太—罗马战争的序幕。虽然反抗者在初期取得一些小规模的胜利，但随后罗马军队在赫赫有名的韦斯巴芗统领下，步步为营、节节推进，到公元68年春天完成对耶路撒冷的合围。后来由于尼禄皇帝自杀，耶路撒冷之围暂时解除。公元69年，韦斯巴芗在东部军团的拥戴下正式登基，随后重新开始了对犹太人的战争。公元70年8月28日（犹太历为阿布月第九日）提图斯指挥罗马军队攻占耶路撒冷并焚毁第二圣殿。城破之时耶路撒冷到处都是尸体，成千上万的犹太人被卖为奴隶，他们的财产与土地被虎狼般的罗马人没收。约瑟夫斯认为仅在耶路撒冷围城战中就有110万名犹太人被杀，这个数目显然有所夸大；另据塔西佗的记载，犹太人被处死者在60万人以上。② 圣殿被毁并不意味着抵抗的终结，直到公元73年驻守在马萨达的960名犹太人集体自杀才正式宣告战争结束，似乎提醒着人们这场战争始于马萨达，最后又在这里终结。

公元70年耶路撒冷陷落后，犹地亚只剩下三座尚未被征服的要塞：希律堡、马奇卢与马萨达。犹地亚总督巴修斯率军先后征服了希律堡与马奇卢要塞，不久巴修斯病死，其职为弗拉维乌斯·席尔瓦所接替。弗拉维乌斯·席尔瓦领导了对马萨达的围攻，他在马萨达四周筑起了三道防卫线以防止守卫者逃脱。在完成对马萨达的合围后，弗拉维乌斯·席尔瓦率军对马萨达发起了攻击，而守卫的西卡里人并不寻求与罗马人交战，只是在顶部不断加固城墙。然而，在罗马攻城器的不断锤击下，城墙被撞出一个缺

---

① Josephus, *The Jewish War*, IV. 407.

② 塔西佗：《历史》，王以铸、崔妙因译，商务印书馆，1981，第346页。

图 1 - 5　提图斯拱门雕塑中描绘的犹太俘虏

资料来源："Arco di Tito a Roma," https://commons.wikimedia.org/wiki/File: Arch_of_Titus_Menorah.png。

口，西卡里人随即用木头封堵缺口以抵抗不断的撞击。但罗马人十分机智地用大火烧毁了这堵木墙。在此情况下，守卫领袖以利亚撒·本·亚尔发表了一篇演说劝导守卫者集体自杀：

> 很久以前，我们就曾下定决心，除了上帝以外我们既不会服侍罗马人，也不会服侍其他任何人。现在，用行动证明这一决心的时刻已经到了。我们是最先拿起武器反抗罗马的，也是最后仍在拿着武器反抗罗马的。我们绝不能玷污我们的荣誉，让我们的妻子蒙羞而死，使我们的孩子被掳为奴隶。我们仍然有自由选择与我们所爱的人一同死去。当他们上路之后，让我们彼此之间献上这种慷慨的服侍。但我们首先必须烧毁我们的财产和堡垒，只留下我们的各种供应。让罗马人知道，并不是饥饿征服了我们，而是我们宁可死去也不愿遭受奴役。①

然而，本·亚尔的演说一开始并没有得到积极的回应，随即他又发表了更长的一篇演说，号召人们不要留恋，而是自由地死去：

---

① Josephus, *The Jewish War*, VII. 323 - 336.

> 在我们还可以对自己仁慈的时候，让我们马上选择光荣地死去，这是对自己及妻子儿女所能做的最好之事……我们自豪于我们的勇气，所以我们向罗马人起义了，现在到了最后的阶段，他们提出免我们一死，但我们已经拒绝了……来吧！当我们手中还有自由，还握得住剑时，让它们完成光荣的使命！让我们死吧，而不受敌人奴役，伴着妻子儿女自由地离开这个世界。这才是律法里规定的，是我们的妻儿对我们的请求，是上帝要我们必须做的，是罗马人最不希望看到的——他们急于在我们陷落之时活捉每个人。所以，让我们不要使自己向敌人提供所希望的乐趣，不要让罗马人为他们的胜利而欢乐，我们要让他们因我们勇敢的死亡而震惊。[①]

这次演说收到了很好的效果，在本·亚尔还没有讲完时，许多听众就迫不及待地表达了赴死的决心。他们将所有的物品和粮食付之一炬，在拥抱了自己的妻子儿女后将他们杀死，然后从十人中抽签，抽中的一人杀死其余的九人，这样直到最后一个人伏剑身亡。死亡人数和时间如约瑟夫斯所说："死亡的人数总共有 960 人，包括妇女和儿童。悲剧发生在尼散月第十五日。"[②]

第二天当罗马军队准备发起最后的总攻而冲入马萨达顶部时，遭遇的并非激烈的战斗，而是死一般的寂静。他们发现遍地都是死者，在大声喊叫中，两名妇女、五个孩子共七名幸存者从藏身的地下水道中走出，并由一位妇女清楚讲述了马萨达事件的详细经过。罗马人并没有为他们的胜利而欢呼，守卫者的"高贵"令他们肃然起敬。马萨达就此陷落了，它还被赋予结束这场空前战争的重要意义："马萨达要塞就这样陷落了。席尔瓦将军决定留下一些军队驻守要塞，他自己带着其他的部队回到了恺撒利亚。在这个国家中没有留下一个敌人，所有的敌人都在这场连绵不断的战争中屈服了。"[③] 马萨达的陷落标志着犹地亚七年反抗的最后结束，可以说也是约瑟夫斯《犹太战记》全书的尾声。

---

① Josephus, *The Jewish War*, Ⅶ. 381 – 388.

② Josephus, *The Jewish War*, Ⅶ. 401.

③ Josephus, *The Jewish War*, Ⅶ. 407 – 408.

实际上，透过《犹太战记》，可以清楚地看出约瑟夫斯将这场战争的年代确定为公元66—73年，而非后来所认为的犹太—罗马战争的年限为公元66—70年。后一历史分期显然来自拉比传统，是以圣殿为中心的历史观念，认为随着第二圣殿的结束这场战争也就结束了，之后的一切都不如圣殿被毁的意义重大。根据犹太传统，圣殿被毁于犹太历阿布月第九日，这是犹太史上经常出现的殉难日，后来人们设立了节日专门加以纪念，更是提升了以之作为纪年标志性事件的重要性。

第三节　马萨达事件的历史化分析

马萨达事件的顶点就是公元73年4月15日晚在其顶部发生的集体死亡事件。回到具体的情境之中考察约瑟夫斯的叙述，有助于揭示马萨达事件的历史真相。然而，通过对约瑟夫斯笔下的马萨达记述，以及与他记载的其他围攻战进行比较，并不能发现作为马萨达守卫者的西卡里人的行为存在英雄主义的特征；不仅如此，约瑟夫斯记载他们到处骚扰劫掠犹太同胞，并竭力避免与罗马军队进行交战。通过对《犹太战记》有关马萨达内容的历史分析，是对这一事件在后世被神话化进行探究的根本性起点。

而有关这一事件的一系列细节，诸如马萨达的守卫者、罗马军队围攻的时间及人数、马萨达山顶是否发生战斗等，都是后来放大、缩小、模糊、忽略等运作的主要对象。对这些细节的认真分析有助于理解后来对马萨达进行神话化利用的原本。在约瑟夫斯叙述的基础上，辅之以考古与常识分析，对马萨达主要事件的历史化分析如下。

（1）在马萨达守卫者身份问题上，约瑟夫斯十分清楚地将之确认为西卡里人而非奋锐党人。西卡里人身藏匕首，到处从事公开的行刺活动，他们谋杀的对象除罗马人以外，还包括犹太人中的异己分子，圣殿大祭司也被他们所杀。他们并非在耶路撒冷圣殿被毁后到来，而是自从战争爆发之初起就一直待在马萨达之上直至最终的陷落。约瑟夫斯在其他地方也对马萨达占据者进行了描述："现在第四种灾难正降临到这个注定要毁灭的国家。距耶路撒冷不远的地方，有一座叫作马萨达的几乎坚不可摧的要塞，是古代的国王们修建以用来储存国家财富以及在战争时期充当避难场所。

‘西卡里人’占领了这座要塞。”①

（2）约瑟夫斯明确地指出占据马萨达的西卡里人从事抢劫活动，他们非但没有与罗马军队作战，反而趁着罗马军队按兵不动和耶路撒冷内乱之际，打劫犹太同胞。尤其在隐基底的大扫荡中，造成700名妇孺丧生，并劫走大量粮食和财产："但到目前为止，他们只限于抢劫周围的区域。当他们得知罗马军队按兵不动，耶路撒冷被骚乱和暴政搅得不安宁时，便策划了更大胆的行动。因此，在逾越节那天，这群歹徒趁着夜色突袭了名叫隐基底的小镇，那里的男人来不及拿起武器反抗就被驱散，有700名妇女儿童被杀。然后，他们洗劫了房屋，抢走了粮食，将战利品带回了马萨达。”②

（3）从围攻时间来看，虽然约瑟夫斯没有提及围攻时间持续多久，但可以确知其最多不会超过一年，而非自耶路撒冷陷落起便一直遭到罗马人的围攻。因为约瑟夫斯明确指出围攻马萨达的罗马统帅为弗拉维乌斯·席尔瓦，而席尔瓦是在公元72年接替去世的巴修斯成为犹地亚总督。一般认为，围攻始于公元72年冬天，直至最终陷落，前后有4—6个月。有学者甚至认为时间更短："9周的围困时间可能是最长的，4周的围困时间可能是最短的，而7周的围困时间是最为合适的长度。无论怎么计算，假设围困时间在7周以内较为合适。”③ 罗马人建在马萨达周围的营地都是依地形而建，不需要太多时间即可攻克。而且约瑟夫斯所叙述的其他要塞围攻战中，约他帕塔围攻战耗时47天、加马拉围攻战历时30天；考虑到马萨达周围的8座罗马营地，也不可能太快攻克，因此围困时间在2—3个月应该是合理的。在犹地亚沙漠中，供给极其不便，难以进行持久的围攻，否则罗马人势必早已发起进攻以求速战速决。而且，马萨达守卫者在自杀时仍有大量的粮食剩余，从这一点来看围困必定为时不长，否则1000余人何以在被包围的要塞中生存达3年之久。

（4）在罗马围军人数上，尽管约瑟夫斯没有列出参与马萨达围攻的罗马第十军团的具体规模，但根据当时留存下来的数据，人数不会超过1万

---

① Josephus, *The Jewish War*, Ⅳ. 398 – 399.

② Josephus, *The Jewish War*, Ⅳ. 401 – 405.

③ Jonathan Roth, "The Length of the Siege of Masada," *Scripta Classica Israelica*, Vol. 14 (1995), p. 25.

人。学者马格内斯通过研究指出，1 世纪时一个正规罗马军团的编制为 4800 人，8 人构成一队，10 队构成一个百人队，6 个百人队构成一个大队，10 个大队组成一个军团。加上其他的后勤、辅助部队，参加围攻人数在 6000—8000 人。[①] 哈瓦克斯则认为参与围攻的罗马军队人数仅有 3500 人，另有 3000 名辅助人员，总数在 6500 人左右。[②]

（5）马萨达守卫者是否与罗马军队进行了交战，是最有争议的问题之一。约瑟夫斯并未正面提及罗马军队与马萨达守卫者的交锋，但他对此前马奇卢要塞的围攻战进行了详尽的描述，如果马萨达的确发生过激烈的战斗，约瑟夫斯必定也会加以叙述。唯一提及的就是，罗马人不断用攻城器撞击马萨达要塞的大门，马萨达守卫者随后用木板修补城墙却被罗马人用火烧毁。因此，根本就不存在所谓的“最后的抵抗”，他们没有给罗马军队造成任何的伤亡，他们自己也没有一人在与罗马人的交战中伤亡。学者马格内斯通过对马萨达遗址留存的痕迹进行推断，也认为不存在任何激烈战斗的迹象，否则马萨达城墙外部将留下飞石攻击的印迹：“奇怪的是，考古人员（在马萨达）几乎没有发现来自罗马军团的任何弓箭抛射物……而在加马拉……发现了大量的抛射物。”[③]

（6）约瑟夫斯清楚地描述了以利亚撒·本·亚尔的两段长篇演说。在第一段演说讲完之后，许多人犹豫不决并不想自杀，对此约瑟夫斯有着清楚的记述：“这就是以利亚撒的呼吁，但是听众的反应并不一致。有人渴望像他所说的那样去做……有人却没有那么英勇，可怜自己的妻子和家庭，当然也可怜自己的悲惨前景。他们彼此交换着眼神，泪水表明了他们内心矛盾的感受。以利亚撒看到大家在他的宏大计划面前胆怯懦弱、精神萎靡，担心那些本来听他的建议没有退缩的人也会由于他人的眼泪和恸哭而泄气，他又打起精神开始了一番更加动人的关于精神不朽的演说。”[④] 因

① Jodi Magness, “Masada-Arms and the Men,” *Biblical Archaeology Review*, Vol. 18, No. 4 (1992), p. 64.

② C. Hawkes, “The Roman Siege of Masada,” *Antiquity*, Vol. 3 (1929), p. 204.

③ Kenneth Atkinson, “Noble Deaths at Gamla and Masada? A Critical Assessment of Josephus' Accounts of Jewish Resistance in Light of Archaeological Discoveries,” in Zuleika Rodgers, ed., *Making History*: *Josephus and Historical Method*, Leiden: Brill, 2007, p. 351.

④ Josephus, *The Jewish War*, Ⅶ. 336 - 340.

此，一开始马萨达守卫者对于死亡并不那么坚决，而是充满了挣扎与留恋。尽管约瑟夫斯对于本·亚尔演说的叙述被视为一种修辞，但这段叙述反映出马萨达守卫者在自杀问题上的不够坚决。

（7）在自杀问题上，约瑟夫斯明确提及马萨达守卫者在本·亚尔的第二次演说后，纷纷杀死自己的妻子儿女，然后采取“十一抽杀法”，让抽中的一人杀死其余九人，这样直到最后一人伏剑自尽：“他们无一例外地杀死了自己的家人，成为残酷现实的牺牲品……抓阄选出来的十个人为所有其他人送行。每个人都躺在妻子儿女身旁，用胳膊抱着他们，把脖子伸出来给行使这种痛苦的刑罚之人。他们毫不畏惧地把所有人都杀死了，然后协商同意彼此相残，所以抽到签的一个就把其他九个杀死，然后自杀。他们对彼此都极为信任，不管是杀人还是被杀，他们的表现都毫无二致。所以最后九个人把脖子亮出来，最后只剩下一个人……他用尽所有的力气拔刀刺入自己的身体，在他的家人身旁倒下死了。”① 从这段叙述可以清楚地看出，马萨达守卫者的死亡方式包括自杀和被杀两种。

（8）约瑟夫斯记载了在这场悲惨的集体死亡中，有七名幸存者因藏在地下水道得以幸免。“就这样这些人死了，以为不会留下一个活口落在罗马人手中，但是一个老太太逃生了，还有一个和以利亚撒有些关系、论才智和修养都在众多女子之上的妇女以及五个小孩。当其他人约定自杀时，他们几个藏在地下水道里。”② 次日罗马人攻入马萨达时，幸存者向罗马人讲述了集体死亡的详细经过。每场战争中必有幸存者也是约瑟夫斯惯用的叙事模式，似乎是为了使他的记载更加有据可寻。根据约瑟夫斯的叙述，这几个幸存者使马萨达事件的整个经过得以保存下来。维达尔·纳克特指出：“对于约瑟夫斯而言，马萨达……是在起义结束之际的一段插曲，这在他看来是一件恐怖之事，或许是英雄的，但总之违反了上帝的意志以及违背了多数人的意愿。”③

因此，从约瑟夫斯对马萨达事件的整个叙述中，几乎看不到任何英雄主义的反抗行为。驻守马萨达的西卡里人非但没有与罗马军队进行任何交

---

① Josephus, *The Jewish War*, VII. 390 – 395.

② Josephus, *The Jewish War*, VII. 398 – 400.

③ Pierre Vidal-Naquet, *The Jews: History, Memory, and the Present*, p. 22.

战，而且对犹太同胞进行大肆劫掠杀戮；在被罗马人围困时，便在决战前夜通过集体自杀的方式逃避最终失败的命运。因此，这与贯穿约瑟夫斯《犹太战记》全书的“毁灭”基调相一致：“对于约瑟夫斯来说，这种犹太人谋杀犹太人的鲜明叙述再一次符合了他所强调的主题：犹太人经常沦为自己最糟糕的敌人，自从亚里斯多布与希尔坎兄弟之间的斗争引起罗马人的干预直到这场最后的悲剧，犹太人经常给自己带来毁灭。”① 作为战争尾声的马萨达正是这一连串毁灭事件的最后一例。通过对马萨达事件的历史化，大致可以还原出这样的情形：

犹太—罗马战争爆发前夕，一伙西卡里人在米拿现带领下攻占了马萨达并返回耶路撒冷，从而引发了战争。米拿现死后，他们在以利亚撒·本·亚尔率领下集体逃回马萨达直至战争结束。他们四处劫掠附近的犹太村庄，特别是在罗马军队松弛之时掠夺了隐基底的大量财物并造成700名妇女儿童丧生。公元70年圣殿被毁之时，他们没有参加任何战斗也没有对罗马军队进行骚扰。之后罗马军队在新任总督弗拉维乌斯·席尔瓦统领下对马萨达开展了围攻，在逾越节前一天罗马军队焚毁了马萨达要塞的大门。在此情况下，本·亚尔发表演说劝导守卫者集体自杀。第一篇演说发表后听众反应不一，随即亚尔又发表了第二篇演说。之后他们就开始杀死自己的妻子儿女，男人则采取“十一抽杀法”，直到最后一人自尽为止。第二天罗马准备进攻时发现守卫者全部死去，随后7名藏身地下水道的幸存者出现，其中一位妇女向罗马人讲述了整个事件的经过。

第四节　与约他帕塔、加马拉围攻之比较

在后世看来，马萨达似乎是犹太—罗马战争中唯一值得称道的围攻

① Mordechai Aviam, “Yodefat/Jotapata: The Archaeology of the First Battle,” in Andrea M. Berlin & J. Andrew Overman, eds., *The First Jewish Revolt: Archaeology, History, and Ideology*, London: Routledge, 2002, p. 121.

战。实际上，通过对约瑟夫斯《犹太战记》的深度解读，可以发现其中记载了不少围攻战，有的甚至十分壮烈。在约瑟夫斯有关围攻的描述中，有四大围攻被给予了大量篇幅的叙述。除了这场战争最为核心的部分——耶路撒冷围攻战之外，其余三大围攻的目标——约他帕塔、加马拉与马萨达——都是军事要塞，因而具有一定程度的可比性。对于这三大围攻来说，它们在拉比文献中几乎找不到任何记述，唯一的记载来自约瑟夫斯的叙述。通过对这三大围攻进行深入的比较，可以探知马萨达的独特性，这种独特性为其在后来被建构为现代神话奠定了基础。

一　约他帕塔围攻战

约他帕塔之役是犹太—罗马战争中交战双方进行的第一次大规模交战。约瑟夫斯由于亲身经历且主要指挥了这场战役，而对之给予了极为详尽的描述。[①] 约他帕塔有着绝佳的地形，使之有与强大的罗马军队展开较长时间对抗的重要条件："约他帕塔城几乎整个地建造在陡峭的悬崖上，三面环绕的峡谷是如此之深，以至于无法对深渊进行目测。唯一的入口就是北面，那一边建在最低的山坡之上。但这个部分也在约瑟夫斯加固城防时围住了城墙，以防止敌人占领控制它的山脊。在周围的其他山脉的掩护下，这座城池非常隐蔽，直到有人接近它。这就是约他帕塔的坚固地势。"[②]

约他帕塔之战是韦斯巴芗统领的罗马军队与犹太军队之间进行的第一次大规模较量，进入犹地亚的罗马军队包括韦斯巴芗亲自指挥的第五、第十军团与提图斯指挥的第十五军团及小国组成的辅从军。约瑟夫斯作为犹太军队统帅承担起阻击罗马进攻的重任，双方在城墙周围展开了殊死的拼杀，双方都有较大伤亡。韦斯巴芗在战斗中还被犹太军队射来的弓箭所伤。战斗到后来，犹太士兵抱定必死决心对罗马军队展开疯狂反攻，甚至不惜发动自杀式袭击，给罗马军队以沉重打击。以致罗马统帅韦斯巴芗要求罗马士兵避开这些疯狂行为："韦斯巴芗发现，反复的失败严重挫伤了罗马人，他们因为被犹太人打败而痛心疾首，当犹太人战败时，沉重的盔甲又妨碍了罗马人乘胜追击……因此，他命令士兵避开犹太人的进攻，尽

① Josephus, *The Jewish War*, Ⅲ. 141 – 218, 316 – 408, 432 – 442.

② Josephus, *The Jewish War*, Ⅲ. 158.

量避免与那些不怕死的敌人正面交锋。"①

这场实力悬殊的战斗在坚持了47天之后，约他帕塔因难以抵挡罗马人潮水般的攻势而最终陷落。由于叛徒的告密，罗马人在犹太军队毫无防备的情况下在黎明时分趁着大雾对要塞发起了致命的攻击。要塞失守后，罗马人展开了疯狂的大屠杀，犹太人借助地形也进行了最后的抵抗："罗马人记起自己在围城时所经受的痛苦，对守卫者们毫无怜悯之心。他们残忍地屠杀犹太人，约瑟夫斯的许多手下宁可自杀也不愿被俘。"② 韦斯巴芗命令把约他帕塔夷为平地，焚烧堡垒使之化为灰烬。剩余的犹太人仍然坚持战斗，就连落入山洞中的犹太人宁可自杀也决不投降罗马人，除约瑟夫斯及其同伴投降罗马人之外，这场战役几乎没有生还者，总共夺去4万犹太人的生命。在约瑟夫斯所记载的犹太—罗马战争中，其惨烈程度仅次于耶路撒冷围攻战。

长期以来，约他帕塔被人们遗忘，甚至不能确切指明它的具体位置。直到以色列建国后考古发掘的开展，才使约他帕塔的具体位置得以确认。考古学家经过多年的勘探发现，位于下加利利的一座小山丘正式被确认为约他帕塔的历史遗址，由于其遭到的人为破坏和自然风化都极其严重，当年的风貌几乎荡然无存。1992年，以色列考古部门对其进行考古发掘，经过6年的考古清理，基本复原了当时的历史遗迹。③ 在战争旧址上发现了大量的人体遗骸与弓箭兵器，证实了在此地曾经发生极其惨烈的战斗。

二　加马拉围攻战

加马拉围攻战在约他帕塔陷落后不久打响，有关的经过也是来自约瑟夫斯的叙述。罗马军队征服约他帕塔后，其他许多城市闻风归附，唯独加马拉坚持不屈服。约瑟夫斯也对加马拉围攻战进行了详细的描述。加马拉是犹地亚北部一座重要的堡垒，有天然的防御地形："加马拉曾属于阿格里帕王国领土的一部分，建在一座险峻的山岭之上，四面都是斜坡，中间空起一座驼峰状的山脊，这也是它得名的由来……驼峰的两侧和正对方向

---

① Josephus, *The Jewish War*, Ⅱ. 257 – 259.

② Josephus, *The Jewish War*, Ⅱ. 338.

③ Mordechai Aviam, "Yodefat/Jotapata: The Archaeology of the First Battle," in Andrea M. Berlin & J. Andrew Overman, eds., *The First Jewish Revolt: Archaeology, History, and Ideology*, p. 121.

是无法穿越的峡谷。尾部与山体分离，容易通过一些，但居民们在此挖了战壕，所以还是很难通过。整座城市就像是飘浮在空中一般，几乎就要从陡峭的山崖上跌落一般。”① 约瑟夫斯驻守于此时还建造了大量防御工事使之更加易守难攻：“大自然造就了这个几乎坚不可破的城市，约瑟夫斯又在周围修筑了城墙，另外还挖了防御的战壕和地道。虽然这里的驻军不如约他帕塔强大，但这里的人觉得很安全，它与阿格里帕王的军队坚持对抗了7个月。”②

就是这样一座要塞，韦斯巴芗动用了第五、第十、第十五军团以及阿格里帕的军队展开围攻，而加马拉居民总共不到9000人。罗马人对加马拉进行了艰苦的围困，在围困的30天里，双方进行了多次重大战斗，使罗马军队遭受入侵以来前所未有的挫折。韦斯巴芗因为离开军队单独来到城市最高处勘察地形而险些丧命，“罗马人的士气受到了重创，他们从未尝过失败的滋味，这样规模巨大的损失是前所未有的”。③ 在加马拉誓死抵抗的影响下，原先已经归顺的雅法也进行了反抗活动。

但是，粮食与物资的匮乏使加马拉的抵抗难以为继。尽管如此，守卫者仍然坚持战斗到底：“在加马拉，更危险的事情正在悄悄降临，战士们还在坚持作战时，居民都饿死了。”④ 最后，3名罗马士兵偷偷在夜晚推倒加马拉的瞭望塔，罗马军队正式攻入要塞内部，守军首领约瑟在混乱中被罗马人杀死。但罗马人并没有大举压上，而是等待提图斯军团到来后才对加马拉进行了最后的攻击。加马拉居民被迫撤往要塞之中，从高处向罗马人投掷石块，使罗马人遭受了重大打击。但“一阵暴风向犹太人迎面刮来，减少了他们的攻击性，对罗马人并没有造成伤害，却加速了罗马人射出的箭”。⑤ 随即，罗马人登上峭壁对守卫者展开了大屠杀。守卫者们英勇不屈，没有人选择投降；在没有逃生的希望时，他们和妻子儿女一起纵身跳进要塞下的山谷中：“事实上，他们的绝望甚至比罗马人的愤怒更具毁灭性，因为罗马人杀死了4000人，而纵身跳崖者超过了5000人。”⑥ 约瑟

① Josephus, *The Jewish War*, Ⅳ.7-8.

② Josephus, *The Jewish War*, Ⅳ.9-10.

③ Josephus, *The Jewish War*, Ⅳ.39.

④ Josephus, *The Jewish War*, Ⅳ.60.

⑤ Josephus, *The Jewish War*, Ⅳ.85.

⑥ Josephus, *The Jewish War*, Ⅳ.80.

夫斯最后还提及，除了两名妇女幸存以外，9000 人几乎全部遇难，加马拉围攻战绝对是一场异常惨烈的战斗。有学者指出，“无论我们如何严肃还是不严肃地阅读以利亚撒·本·亚尔及其战友的自杀故事，在马萨达根本没有发生真实的战斗。然而，在加马拉却发生了一场真实的战斗，在战斗的最后，绝望的守卫者将其妻子儿女推入要塞下方深不见底的山谷，随后他们自己也纵身跳入其中”。[①]

这场围攻战的惨烈程度也为现代考古发掘所证实。1967 年“六日战争”之后，以色列获得了包括部分戈兰高地在内的大量土地，这使被掩埋 2000 余年的历史遗迹得以确认。1968 年戈兰高地一处被阿拉伯人称为“es-Salam”的地方被考古学家确认为古代加马拉的遗址。随后施玛利亚·古特曼（Shamarya Gutman）对其进行了为期 14 年（1976—1989 年）的考古发掘，这位马萨达符号的重要传播者认为加马拉是犹太—罗马战争中被遗忘的地点。在对该遗址进行深入发掘后，他于 1994 年推出了加马拉遗址的考古实录——《加马拉：一座反抗中的城市》（*Gamla*：*A City in Rebellion*）。[②]

三　马萨达蕴含成为政治神话的因素

通过对比约瑟夫斯有关约他帕塔、加马拉与马萨达的叙述，可以得知在马萨达顶部并未发生与罗马人的交战，也没有造成罗马方面的任何伤亡；而在约他帕塔与加马拉却发生了真实的战斗，并且是极度惨烈的殊死搏斗。其中存在的反差有以下方面：首先，围困约他帕塔与加马拉的罗马军队规模很大（第五、第十、第十五军团等），而围困马萨达的只有第十军团；其次，在战斗遇难人数上，约他帕塔为 4 万人，加马拉为 9000 人，都比马萨达的不到 1000 人要多；最后，罗马军队在约他帕塔与加马拉围攻

① Danny Syon，“Gamla：City of Refuge，” in Andrea M. Berlin & J. Andrew Overman，eds.，*The First Jewish Revolt*：*Archaeology*，*History*，*and Ideology*，p. 150.

② Shamarya Gutman，*Gamla*：*A City in Rebellion*，Tel Aviv：Misrad Ha Bitahon，1994. 加马拉被发掘后，古特曼本人以及许多人将之与马萨达联系起来，以马萨达的精神来解读加马拉，将之称作“北方的马萨达”“戈兰高地的马萨达”。每当在讨论以色列是否应当撤出戈兰高地时，反对者用加马拉来强化对于那场惨烈战争的记忆，强调“加马拉决不再次陷落”，这几乎就是“马萨达决不再次陷落”的翻版。认为如果把戈兰高地归还给阿拉伯人，将再度酿成加马拉式的灭顶之灾。

中都经历了较大伤亡，而在围攻马萨达时未折损一兵一卒。前两者都是足以比马萨达更为壮烈感人的战斗，而马萨达只是一场失败的悲剧。此外，在这三大围攻战中，在前两者（约他帕塔与加马拉）的整个围攻叙述中战斗过程占据了绝大部分，而在马萨达的围攻叙述中，以利亚撒·本·亚尔的演说占据了绝大部分。通过对约他帕塔、加马拉与马萨达的叙事进行比较，可以发现一些模式性问题。

表 1－1　三大围攻战之比较

	约他帕塔围攻战	加马拉围攻战	马萨达围攻战
地形	山顶	驼峰	岩顶
战斗情况	47 天激战	30 天激战	没有战斗
领导者	约瑟夫斯	奋锐党人约瑟	西卡里人本·亚尔
演说	约瑟夫斯两篇反对自杀的演说	韦斯巴芗激励罗马士兵的演说	本·亚尔两篇劝导自杀的演说
自然奇迹	大雾	暴雨	大火
自杀情况	地洞中的 40 人自杀	5000 人自杀	960 人集体自杀
幸存者	约瑟夫斯及另外 1 人	2 名妇女	2 名妇女与 5 名儿童
死亡人数	4 万人	9000 人	960 人

然而，在 20 世纪犹太复国主义的集体记忆中，马萨达被彰显为争取自由、反抗压迫的最大符号，而约他帕塔与加马拉却消失得无影无踪。约他帕塔与加马拉这两场极其惨烈、使罗马遭受重创的围攻战几乎被忽略，而没有发生任何战斗的马萨达却被形塑为当代政治神话，充分体现了集体记忆的重要作用。个中原因，正是本书探讨的关键所在。

约瑟夫斯虽然反对自杀，却在马萨达的叙述中留下了神话化的可能，后来的神话制造者从中找到了一些因素进行发挥。在某种意义上，约瑟夫斯成为康福德所说的“神话化历史”（Mythistoricus）的制造者，[①] 与一再宣称求真求实的修昔底德一样，力求真实的约瑟夫斯也不完全真实。以至于有学者干脆就将马萨达的历史叙事视为“神话”：“我们可以认为，远非约瑟夫

① 参见弗朗西斯·康福德《修昔底德：神话与历史之间》，孙艳萍译，上海三联书店，2006。康福德本意在于强调修昔底德并非传统观念所认为的信史书写者，他实际上也是一个神话制造者，因此“Mythistoricus”译为“神话化历史”更为恰当。

斯良心发现要返回和安抚他的人民，马萨达上的英勇自杀不是投降而是约瑟夫斯自我罗马化的另外一面。因此，它是进一步的背叛，或者可以说为他的背叛做进一步的自我辩解。与之相似，亚丁对这个神话的接受是用来作为使‘绵羊般柔弱’的现代犹太人转变为真正以色列人的一个策略。”①

符号往往具有竞争性。同类的符号中，人们往往只会选取一个，给予其过度的渲染与夸张，使之超越于其他之上。马萨达的遗址在战争结束后仍然保存了下来，并始终以其壮观雄伟的外形引人注目，有学者指出："马萨达极其独特的意义在于，它与最为坚固的场所、不可移动的山脉、永恒不朽的要塞联系在一起。"② 相较之下，约他帕塔与加马拉在战争结束后原址几乎毁灭殆尽，后人难以寻觅其踪迹。记忆不是凭空产生的，往往需要借助具体的物体来激发与提醒。具体的场所由于其特定的空间指向，成为承载集体记忆的重要实体，也是记忆铭刻与再现的重要手段。

---

① Jonathan & Daniel Boyarin, *Powers of Diaspora: Two Essays on the Relevance of Jewish Culture*, Minneapolis, Minn.: University of Minnesota Press, 2002, p. 49.

② E. M. Bruner & P. Gorfain, "Dialogic Narration and the Paradoxes of Masada," in S. Plattner & E. M. Bruner, eds., *Text, Play, and Story: The Construction and Reconstruction of Self and Society*, Washington: The American Ethnological Society, 1984, p. 70.

第二章　记忆与遗忘之间：中古时期的马萨达形象

第一节　第二圣殿被毁与犹太政治的转向

公元70年第二圣殿被毁作为犹太文化、犹太民族历史的转折点与分水岭，有极为重要的象征意义。这场战争摧毁了好战的奋锐党人，圣殿被毁则使依附于圣殿的撒都该人荡然无存，艾赛尼派更是潜心荒野不问世事，而且基督教经此一役之后也脱离犹太社会成为一支独立的宗教力量。犹太人消除了内部派系纷争后，在拉比约哈南·本·扎凯（Yohanan ben Zakkai）领导下重新锻造出一个强固而统一的民族文化共同体。关于本·扎凯拉比逃出耶路撒冷到亚弗内（Yavneh）重建犹太文化和社团中心有一个十分神奇的传说。据说在圣城第一次为罗马人所围之时，他要求门徒将他藏在棺材中，通过假死逃离耶路撒冷，经过重重险阻之后，门徒将他的棺材抬到罗马统帅的营地，正当韦斯巴芗纳闷之时，本·扎凯从棺材中走出，向这位罗马统帅预言他将成为罗马皇帝。为了表示对本·扎凯拉比的感谢，韦斯巴芗问他需要什么来作为回报，本·扎凯拉比毫不犹豫地要求将亚弗内的一块狭小之地作为学院选址。[①]

耶路撒冷圣殿山的战斗还未平息，亚弗内就已响起朗朗的诵经之声。以本·扎凯拉比为首的拉比学者们决心在此重振民族文化，强调内心的虔诚胜过外在的仪式，犹太民族与犹太文化的留存并不依靠圣殿和祭司，关

---

① 然而，格伦特·斯特姆伯格（Guenter Stemberger）认为亚弗内实际上是罗马军队在沿海地区设立的一个战俘营，这些拉比学者实际是罗马控制下的人质。参见 Jacob Neusner & Alan J. Avery-Peck, eds., *The Blackwell Companion to Judaism*, Oxford: Blackwell, 2000, p. 78。

键在于内心的虔诚与具体的善行。为了稳住人心、凝聚力量，本·扎凯在亚弗内建立了犹太教法庭（Beth Din）以替代从前犹太教公会的职责，处理一切民事刑事问题。该法庭与亚弗内学院（Beth ha-Midrash）一道在维系犹太权威上发挥了根本性作用。犹太人虽然失去了从前的独立，但是得以专心按照《托拉》的原则重新组织精神生活，从而第一次使《托拉》在不受任何世俗政治干预的情况下发挥了主导作用。随着亚弗内的文化复兴，人们看到了重建思想权威与重整文化秩序的希望。

公元135年巴尔·科赫巴起义的再度失败，导致犹太人彻底丧失了独立国家；更为重要的是，拉比派中仅存的支持反抗者在这场战争中被摧毁。第二圣殿被毁和巴尔·科赫巴起义的失败给犹太世界带来巨大的精神创伤，与上帝进行沟通的渠道遭到破坏，一道无形的高墙自此横亘在上帝与以色列之间。① 丧失政治主权后，拉比贤哲对流散前的犹太政治进行了彻底反思，认为如果不进行武装反抗，犹太人或许仍能居住在圣地而无须遭受流放。② "因为我们的罪而遭流放"，拉比传统将第二圣殿被毁归于杀戮与亵渎，《塔木德》贤人对此做了极为沉痛的反思："为什么第一圣殿被毁灭了？因为三件事……偶像崇拜、不洁和谋杀。那第二圣殿毁灭的原因呢？因为他们没有努力学习《托拉》、遵守诫命并施行善行吗？为什么会在那时被摧毁？是因为他们相互之间没有理由的憎恨。"③ 幸存下来的拉比们汲取反抗战争的惨痛教训，积极为《托拉》修筑更多的藩篱以及强调循环往复的仪式遵循，以转移犹太人的政治热情与反抗情绪，同时缓解犹太人的精神困境和外在压力。《塔木德》的成书正是这种努力的最高体现，它的整理与编订成为后圣殿时代犹太社会转型的深刻缩影。④

作为圣殿被毁的直接后果，犹太政治主权在故土丧失，从而势必遭受经常性的异族统治，为此有必要调整与后者的关系。两次反抗罗马的失败

① Baruch M. Bokser, "The Wall Separating God and Israel," *The Jewish Quarterly Review*, New Series, Vol. 73, No. 4 (April, 1983), pp. 349 – 374.

② Adiel Schremer, " 'The Lord Has Forsaken the Land': Radical Explanations of the Military and Political Defeat of the Jews in Tannaitic Times," *Journal of Jewish Studies*, Vol. 59, No. 2 (2008), pp. 183 – 200.

③ *Babylonian Talmud*, Yoma 9b.

④ 对《塔木德》成书背景的详细介绍，参见《密释纳·第1部：种子》，张平译注，山东大学出版社，2011，导论，第14—27页。

表明，武装斗争并不能使犹太人摆脱异族的统治；相反，他们应当为所居住的国家祈求和平。安于流散而不抗拒的思想可以在先知耶利米那里找到源头："我所使你们被掳到的那城，你们要为那城求平安，为那城祷告耶和华，因为那城得平安，你们也随着得平安。"（《耶利米书》29：7）生活于犹太—罗马战争期间的副祭司哈尼那，也体会到承认外邦政府的必要性："为朝廷的安宁而祈祷吧。要是没有了对朝廷的敬畏，人就会活活吞噬他的同类。"① 实际上，拉比传统的重要开创者约哈南·本·扎凯揭开了与异族统治者合作的序幕，他通过与罗马帝国合作得以在亚弗内建立学院，从而保存了犹太民族的火种。编订《密释纳》的犹大·哈·纳西也是与统治者合作的代表，他在任期间修复了与罗马当局的关系并获得了统治者的认可，获得了向犹太人征收税收、任命法官等权力。

到3世纪，拉比撒母耳（约165—257年）正式将与外邦统治者合作的精神发展为一种政治哲学。出生、成长并受教于巴比伦流散地的他，与当地统治者萨珊波斯宫廷关系十分密切，并从统治者那里获得流放领袖（Exilarch）一职。为了避免触怒波斯统治者，他甚至拒绝为因反抗波斯而惨遭杀害的1.2万名巴勒斯坦犹太人哀悼，在当时就引起一些拉比的极度不满。② 但事实并非如此简单，他与外邦统治者进行合作的深刻用意植根于其独特的神学政治观念之中。拉比撒母耳强调，外邦统治者也是上帝的工具，因此反抗外邦统治者即反抗上帝；与外邦统治者的合作对于犹太人在散居地的生存延续至关重要，甚至构成等待弥赛亚降临获得最终解救的必要前提："当前与弥赛亚时代之间的唯一区别即遭受外邦国家的奴役。"③

大流散使犹太人不可避免地被置于非犹太政权的统治之下，从而受到犹太法律与外邦法律的双重管辖，与之相应的权威问题也随之产生。由于犹太法律与外邦法律之间存在巨大差异，为了维护散居犹太人的生存就有必要对前者做出某些调整。这种调整的典型体现即"王国之法便是法"

① Aboth 3：2，参见《阿伯特——犹太智慧书》，阿丁·施坦泽兹诠释，张平译，中国社会科学出版社，1996，第37页。

② Leo Landman, *Jewish Law in the Diaspora: Confrontation and Accommodation*, Philadelphia: Dropsie College, 1968, p. 20.

③ David Baile, *Power and Powerless in Jewish History*, New York: Schocken Books, 1986, p. 40.

(dina de-malkhuta dina，也作“所在地之法便是法”）的准则，[①] 它是现实主义政治哲学的根本体现，代表着散居犹太人对于所在地国家权威的深刻认知，既是对散居生活的积极回应，也是对现实秩序的政治默许。一方面，它明确了散居犹太人对于居住国的义务：作为所在地域的子民，应当像本地人一样遵守属地权威、承担纳税职责；另一方面，所在国家的权威又是有限的：一旦它超出某种限度或与犹太法律相冲突，王国之法便不再是法。其实质即为维持犹太社团而向外邦权威所做的必要妥协；与其说它是一项法律准则，毋宁说是一种生存策略。

第二节　拉比传统对马萨达的忽略

历史不仅有记忆，更有遗忘；正是记忆与遗忘的结合促成历史。马萨达在犹太—罗马战争结束后一直为外邦人所占据，先是罗马人，后来又有基督徒、拜占庭人，直到 7 世纪被彻底废弃为止。马萨达叙事尽管在约瑟夫斯的《犹太战记》中占有独特地位，但在后来的犹太历史中它几乎被遗忘。拉比们通过对马萨达的遗忘实现对亚弗内传统的记忆，他们在中世纪抛弃了任何武装斗争。拉比传统对马萨达的忽略，很可能也基于这个原因，犹太教传统一般严格禁止自杀，认为身体是上帝的恩赐，自杀是强调人而非上帝对生命的主宰。通过对以马萨达为代表的一系列武装反抗事件保持沉默和刻意忽略，拉比们为犹太人构筑了一个非军事的环境，使之专注于民族与文化的存续。

在中世纪的拉比文献中几乎找不到有关马萨达的片言只语，尤其在《塔木德》和《米德拉西》中都没有提及马萨达及其守卫者，许多拉比评注也没有提及马萨达。[②] 在犹太集体记忆中，马萨达完全被遗忘和忽略。泽鲁巴弗尔指出，“马萨达陷落的故事虽然没有从犹太历史的记录中消除，

---

① 有关的论述，参见艾仁贵《“王国之法便是法”：散居犹太人的国家权威观》，《河南大学学报》（社会科学版）2013 年第 2 期。

② Bernard Heller, “Masada and the Talmud,” *Tradition: A Journal of Orthodox Jewish Thought*, Vol. 10, No. 2 (Winter, 1968), pp. 31 – 34.

但它被从犹太人的集体记忆中抹去了”。[①]

本·扎凯拉比去世后，亚弗内学院的领袖由出身于希勒尔家族的迦玛列二世（Gamaliel Ⅱ）继任。他对会堂替代圣殿作为文化活动中心做了详细规定，从此逾越节、住棚节、七七节三大朝圣节改在家庭或会堂举行；将赎罪日从全民性赎罪改为个人忏悔的节日；还确立了拉比在犹太社团活动中的领导地位，以民主推举的拉比取代了世袭产生的祭司。规定凡10个成年犹太男性即可组成一个会众崇拜集体（minyan），而超过120个成年犹太男性即可建立一个犹太社团。[②] 随着亚弗内学院权威的加强和影响的扩大，他将犹太教法庭重新改组为犹太教公会，以作为犹太世界的最高权力组织与领导机构。而且，他修复了与罗马当局的关系并取得罗马的认可，从而为犹太文化中心的合法存在提供了重要保障。通过以上一系列文化措施，亚弗内学院完成了犹太历史乃至世界历史上的一个奇迹。约哈南·本·扎凯及亚弗内的生存奇迹无疑是文化决定民族生死存亡的最好诠释与历史见证。“约哈南的行动为犹太民族以后的发展指出了正确的方向。这个民族缺少争取国家独立的正常条件，因而寄希望于自己的精神财富。它认为只有忠于传统才有可能作为民族继续存在下去。”[③] 因此，有学者总结道：“是亚弗内而不是马萨达拯救了犹太民族、犹太文化！”[④]

拉比传统的重要开创者约哈南·本·扎凯，从耶路撒冷出逃来到亚弗内创建了犹太学院，从而将犹太历史引向一个全新的时代。约瑟夫斯尽管提及了西蒙·本·迦玛列，即迦玛列二世的父亲，却对同一时期的扎凯拉比只字不提，有关扎凯拉比的所有活动全部来自拉比文献。相似的是，他们都预言罗马统帅韦斯巴芗将成为罗马皇帝。从这两个相似的故事中可以发掘出文化记忆的相互抹杀现象。马萨达在中世纪被遗忘的命运，与这一事件的记载者约瑟夫斯的遭遇类似。在拉比传统中，几乎找不到任何有关约瑟夫斯的介绍或叙事，主要有以下几个方面的原因。

---

① Yael Zerubavel, “The Death of Memory and the Memory of Death: Masada and the Holocaust as Historical Metaphors,” *Representations*, No. 45 (Winter, 1994), p. 75.

② Max I. Dimont, *Jews, God and History*, New York: New American Library, 2004, p. 119.

③ 阿巴·埃班：《犹太史》，阎瑞松译，中国社会科学出版社，1986，第110页。

④ Robert Gordis, *The Dynamics of Judaism: A Study in Jewish Law*, Bloomington, Indiana: Indiana University Press, 1990, p. 97.

首先，约瑟夫斯的背叛行为使犹太正统派难以接受。他在约他帕塔失败后立刻就遭到犹太集体的谴责和诅咒。此后他公开投靠弗拉维家族并接受其赐姓，而且在其所著的史书中一再美化罗马人的行为，甚至将罗马统帅韦斯巴芗称为弥赛亚。他还为圣殿的焚毁者提图斯极力辩护，认为犹太人的失败是咎由自取，并将挑起战端的责任归到犹太叛乱者头上。拉比们虽然不赞同起义者的极端反抗立场，但也对罗马人具有怨恨之情，特别是对圣殿焚毁者提图斯充满了怨恨，以至在祈祷词中有诅咒提图斯的内容。

其次，约瑟夫斯的著作全部以希腊语写成，其写作对象也是以罗马人为主。尽管《犹太战记》中提及他曾用希伯来语写就，但从当时及后来的情况看似乎并不存在。当时的一个谚语，清楚地表明了地中海东岸往西的犹太人与犹地亚故土脱离很远："从推罗往西，他们就既不知道以色列，也不知道天国之父。"约瑟夫斯不可避免地受到希腊罗马传统的影响，并在其史学作品中有不同程度的体现。有学者指出，"从语言、风格与形式……的角度来看，（约瑟夫斯的作品）属于希腊与希腊化文献，作为一个作家……他属于希腊罗马史学"；[①]《犹太战记》是"一部希腊罗马式的历史著作，传统的犹太主题在其中并非不太重要，却都是通过希腊化的透镜（Hellenizing glass）来观察的"。[②]

最后或许也是最重要的是，约瑟夫斯在其著作尤其是《犹太古史》中有大量关于早期基督教的描写。该书对耶稣给予了极高的评价，甚至尊他为救世主弥赛亚："曾经生活于这一时代的耶稣，是一位智者——如果确实要将他称为'人'的话。因为他做了许多超乎寻常的奇事，并且是那些乐意接受真理之人的拉比。他赢得了许多犹太人及希腊人的尊重。他是那位弥赛亚。当他被我们中间的重要人物控告并被彼拉多定罪钉死在十字架上以后，从前热爱他的人之所以没有停止对他的爱，是因为他在第三天复活并向他们显现，因为神的先知已对这些事情以及有关他的无数奇事做了预言。那些因他而得名的基督徒，直到今天仍未消失。"[③] 这段描述引发了颇多争议，历来有人称这是基督徒的伪作。形成鲜明对照的是，约瑟夫斯

---

① Per Bilde, *Flavius Josephus between Jerusalem and Rome*, Sheffield: Sheffield Academic Press, 1988, p. 202.

② Tessa Rajak, *Josephus: The Historian and His Society*, London: Duckworth, 1983, p. 103.

③ Josephus, *Jewish Antiquities*, XVIII. 63 – 64.

的作品在基督徒那里得到了高度的推崇，并在基督教文化圈中得到广泛流传，从而使其著作得以完好保存下来。这在很大程度上是由于约瑟夫斯在其《犹太古史》中保留了有关耶稣、施洗者约翰以及其他基督徒的内容，[①]从而被基督教会作为除四大《福音书》以外能够证明基督真实存在的重要依据，是为“弗拉维见证”（*Testimonium Flavianum*）。

总的来看，约瑟夫斯在著作中不断强调反抗罗马的必然失败，因此，他在后世犹太人那里的名声并不好。许多犹太人对约瑟夫斯在加利利的投敌行为耿耿于怀而将其斥为民族的叛徒，而且后来他又接受罗马皇室的恩惠，并在其著作中再三为罗马人特别是征服犹地亚的韦斯巴芗、提图斯等人歌功颂德。[②] 最让犹太人无法接受的是，他在第二圣殿被毁的问题上极力为提图斯开脱，而在犹太传统中第二圣殿毁灭者提图斯是个极端邪恶的名字，与企图灭绝犹太人的哈曼不相上下。基于这些原因，犹太人不仅鄙视他的变节行为，而且认为他的作品实际上充当了弗拉维家族的工具和喉舌。犹太传统对于约瑟夫斯的看法基本上是十分消极的，这也是约瑟夫斯的作品很快在犹太人中间被遗忘的重要原因。加上犹太人在中古时期完全排斥历史书写，使犹太史学传统自约瑟夫斯之后中断了十几个世纪之久，“从后来的情况来看，我们知道在犹太人中间未来属于拉比们，而非约瑟夫斯。不仅约瑟夫斯的作品在犹太人中间不复存在，而且此后几乎长达15个世纪的时间里没有犹太人明确地自称为历史学家”。[③]

遗忘也是记忆的一种形式。法国著名学者伽达默尔认为，遗忘不仅是一种记忆，是对事物的选择性记忆，而且它也是一种缺失，由于当下的需要而抹去了过去的某些内容。这些选择性记忆与遗忘的目的是为当下的需要服务，“只有通过遗忘，精神才获得全面更新的可能，获得那种用新眼光去看待一切事物的能力，以致过去所信的东西和新见到的东西融合成一个多层次的统一体。‘记住’乃是有歧义的。它作为记忆包括对回忆的关

① Josephus, *The Jewish Antiquities*, XVIII. 63 – 64, 116 – 119; XX. 200 – 203

② Pere Villalba I. Varneda, *The Historical Method of Flavius Josephus*, Leiden: Brill, 1986, pp. 242 – 279.

③ Yosef H. Yerushalmi, *Zakhor: Jewish History and Jewish Memory*, p. 16.

系”。[①] 必须看到，拉比们不仅对马萨达保持沉默，而且对当时的许多重大事件没有提及，例如艾赛尼派、犹太—基督教派，斐洛、保罗等也都没有提及。《塔木德》并非一部历史著作，而是一部神学与律法著作。在漫长的中世纪，“犹太人成了犹太教的附庸，以色列人成了《托拉》的婢女，具体的物质存在成了抽象的精神要素的臣属”。[②]

拉比们刻意营造了一种“去历史化”处境，将律法遵守日常生活化，犹太人沉浸在每日的祈祷、每周的安息日、每年的宗教节日之中循环往复，以缓解精神困境和外在压力。因而，在十多个世纪的漫长历史中，我们几乎看不到任何史学著作的产生，就连圣经时代的那种神权史观也不复存在，中世纪的犹太人成为“无历史意识的民族”。迈蒙尼德对历史的态度可以视为一种典型，他认为阅读历史完全是一种“浪费时间”的行为。[③] 中世纪犹太教的历史意识是一种坐等弥赛亚降临的状态，所有生活的目标都是指向弥赛亚的到来。在这种超历史甚至无历史的宗教遵守中，日常生活和身体神圣化的努力转移了现实中的诸多苦难。纽斯纳指出：“他们（中古犹太人）希望运用不受历史控制的自由力量，希望重建各种事件的含义和终极意义，希望在日常的生活之中建立一个世界，一个完全不同但更为美好的世界。他们追求此时此地的永恒，努力建立一个在变化和压力中永远不变的社会。”[④]

因此，必须从拉比的历史观出发来探讨马萨达被遗忘的原因。拉比们的着眼点首先在于如何为处在流散困苦中的犹太人提供精神力量，维持民族的生存。他们吸取了反抗罗马失败招致流放的惨痛教训，因而对于有害于民族存续的武装反抗采取了一概排斥的态度。拉比传统极力反对集体自杀行为，但在具体内容上还存在区分：为宗教原则的自杀行为被视为积极的英雄行为，而为世俗目的的自杀行为就是消极行为。[⑤] 这在很大程度上

---

① 加达默尔：《真理与方法——哲学诠释学的基本特征》，洪汉鼎译，上海译文出版社，1999，第 19 页。

② 罗伯特·M. 塞尔茨：《犹太的思想》，赵立行、冯玮译，上海三联书店，1994，第 689 页。

③ Maimonides, *Guide of the Perplexed*, I. 11.

④ Jacob Neusner, *The Way of Torah: An Introduction to Judaism*, Belmont, Calif.: Wadsworth, 1993, p. 71.

⑤ Amir Mashiach, “The Ethos of Masada in Halakhic Literature,” *The Review of Rabbinic Judaism*, Vol. 19 (2016), p. 54.

可以解释马萨达为何被拉比文献忽略，在此框架之下，马萨达作为世俗意义上的自杀行为被遗忘就不足为奇。

可能十分奇怪的是，作为第二圣殿末期战斗代表的马卡比和巴尔·科赫巴却在中世纪得到了纪念，这是为什么？这两个事件不只有反抗异族军事斗争的意义，还有宗教神学的意味：犹太传统中纪念马卡比起义的节日为“修殿节”，它不只代表马卡比人战胜了安条克人，而且通过洁净圣殿象征宗教的纯洁；犹太传统中纪念巴尔·科赫巴起义的节日为拉格巴·奥莫尔节（Lag Ba'Omer），是为了悼念阿吉巴拉比及其他牺牲的宗教人士，提及巴尔·科赫巴多数不是正面歌颂他的战斗精神，而是用来作为对错误发动弥赛亚的警戒。对此，研究巴尔·科赫巴在拉比文献中形象的学者理查德·G.马克斯有一番极好的概述：

> 因而，巴尔·科赫巴的形象在前现代的犹太文献中具有一段漫长且复杂的历史。需要注意，巴尔·科赫巴对犹太作家们极为重要的是，许多世纪的许多时候他们在他的故事中发现了意义。我们还知道这正是他们从他身上发现的意义所在。这个故事向他们传递出一种关于他们最深层期望的信息，即他们对于弥赛亚的期盼与对于民族救赎的渴望，及其对于这些期盼的挑战以及强化。此外，这个故事为后来犹太人所关注是因为它提出了一系列关键的宗教与政治主题：它提出了弥赛亚教义、拉比权威与政治策略的问题；它提出了界定弥赛亚的问题；以及它提供了有关以色列与上帝关系以及罪恶、受难与忏悔的教训。而且，巴尔·科赫巴的故事向后来的犹太人讲述了当时正在发生的特别事件。我们至少能够区分给予我们所研究时期的巴尔·科赫巴故事以重要性的三大事件——弥赛亚运动、外邦人迫害的行为（尤其是来自西班牙的驱逐）以及对于拉比权威与犹太弥赛亚教义的激烈攻击。当这些事件发生时，犹太作家在巴尔·科赫巴的故事中发现了独特的意义，而将其作为解释、警告、安慰或捍卫。①

① Richard G. Marks, *The Image of Bar Kokhba in Traditional Jewish Literature: False Messiah and National Hero*, University Park, Pa.: Pennsylvania State University Press, 1994, p. 204.

第三节　《约西宾之书》对马萨达的反记忆

反记忆不仅包括遗忘，也包括歪曲。

在漫长的中世纪，犹太人留下了几乎不可计数的文献，尽管马萨达在犹太—罗马战争时期具有不可忽略的地位，但在拉比文献中几乎找不到它的任何踪影。成书于10世纪南意大利地区的《约西宾之书》（*Sefer Yosippon*）几乎是唯一的例外，[①] 该书作者托名为公元66年耶路撒冷第一位反抗领袖约瑟夫·本·格里安（Joseph Ben-Gorion）。这本以希伯来语写成的著作是从亚当到马萨达的犹太历史概览，很大程度上是参照约瑟夫斯的《犹太古史》与《犹太战记》写成，这是到目前为止发现的中世纪唯一有关约瑟夫斯的著述。"《约西宾之书》是直到第二圣殿被毁为止的以色列古代史。它结束于马萨达的叙述，与约瑟夫斯的记载形成了鲜明对比……作为一个整体，这本书建立在匿名作者对《希伯来圣经》、拉丁文的《伪经》《新约》与约瑟夫斯拉丁文著作的仔细阅读之上。它成书于10世纪中叶，直到今天仍是一部完全意义上的希伯来经典。"[②]

必须注意到，《约西宾之书》对约瑟夫斯的著作进行了符合拉比传统的改写。这在关于马萨达的叙述中表现得尤其明显。马萨达守卫者集体自杀的困惑结局被做了神话式的处理：在此，马萨达（Metzada）的名称变成马奇拉（Mezira）。不仅如此，发表了两篇长篇演说的西卡里领袖以利亚撒·本·亚尔也被一位名叫"以利亚撒祭司"的人替代，后者在耶路撒冷被占领后出逃。因此，他几乎就是一个约哈南·本·扎凯式的人物。而且演说的内容被全盘改写。当马萨达守卫者们发现自己处于无可选择的绝望处境时，为避免妇女儿童遭受奴役，他们杀死自己的妻子儿女，并为他们举行了一场仓促但适当的葬礼。这些男人并没有自杀——自杀是严重违背犹太律法的行为，他们在听完以利亚撒祭司的演说后，不是号召自杀而是反复悲叹耶路撒冷的命运并对叛乱领袖进行控诉，然后冲出要塞与罗马人进行

---

① 根据《约西宾之书》的现代整理者大卫·弗拉塞的研究，它成书于953年。

② Steven Bowman, " 'Yosippon' and Jewish Nationalism," *Proceedings of the American Academy for Jewish Research*, Vol. 61 (1995), pp. 24 – 25.

光荣的决斗，最终全部同归于尽。在这里，它体现出马萨达守卫者英雄的形象，这显然与中世纪拉比文献记载的殉道行为不谋而合。某种程度上可以说，一部中世纪犹太史就是一部殉道史："所有的民族都围绕自己的胜利创作圣传，而犹太人在这方面却颇为独特，他们创作的圣传是以表现灾难为主的。"[①]

《约西宾之书》在介绍马萨达事件的起因时这样写道："在这些事情（圣殿被毁）之后，这些人离开了这座城市（耶路撒冷）并寻求与罗马人进行战斗，杀死了他们中的许多人。因而，犹太人一直坚持战斗直到他们所有人都在战斗中死去，为上帝以及他的圣殿而死。"[②] 必须注意，"在这些事情之后"的修辞与《圣经・创世记》中以撒献祭的开篇叙事完全一致，而以撒献祭在中世纪往往被视为殉道者的理想典范。认为他们是在战斗中死去的，并不像约瑟夫斯记载的是死于集体自杀。此外，在犹太传统中，为上帝而死即典型的殉道者。将马萨达战斗渲染成一场圣战，强调马萨达守卫者是为上帝及其圣殿而死，以充分表明死亡的宗教意义。对此，研究约瑟夫斯的权威路易斯・菲尔德曼在比较约瑟夫斯记载与约西宾记载之间差异时写道："从犹太人的立场看，约瑟夫斯是一个冷酷、超然、失败主义、经常带有亲罗马与反独立偏见的人，而约西宾则带有强烈的犹太自豪感，强调犹太人为保卫自己的土地与圣殿以免受外邦人亵渎而进行战斗……《约西宾之书》既反对公开的弥赛亚主义又是殉道思想的英勇先驱，因为罗马人必将迫使犹太人违反有关乱伦与偶像崇拜的《托拉》律法，而详细阐述以撒被缚与以利亚撒・本・亚尔自杀命令的主题。"[③]

尽管在中世纪也有不少犹太人注意到《约西宾之书》，但在拉比传统的笼罩下，马萨达事件显然无法在犹太集体意识中留下痕迹。在此之后，没有任何文献或记载对此进行回应就是一个例证。更为奇怪的是，这个版本虽然是充满英雄主义的战斗，后来犹太复国主义使用的是《犹太战记》的历史叙述，而非《约西宾之书》的传奇故事。可以说，该传奇的核心主题是强调马萨达守卫者在上帝的指导下英勇殉道，其主导色彩是宗教性

① 查姆・伯曼特：《犹太人》，冯玮译，上海三联书店，1991，第25页。

② David Flusser, ed. , *Sefer Yosippon*, Vol. 1, Jerusalem: The Bialik Institute, 1978, p. 430.

③ Louis H. Feldman, *Josephus and Modern Scholarship* (*1937 – 1980*), pp. 72 – 73.

的。泽鲁巴弗尔指出，“约西宾对于马萨达的修改版要比约瑟夫斯的原始版更加符合希伯来世俗民族文化的英雄主义的概念。然而很奇怪的是，后来的马萨达英雄主义叙述来自约瑟夫斯的历史叙述，而约西宾的马萨达却完全被犹太复国主义者忽视”。[①] 这很可能是犹太复国主义对于拉比叙事的排斥所致。

① Yael Zerubavel, *Recovered Roots*: *Collective Memory and the Making of Israel National Tradition*, p. 208.

中　篇

神话建构

第三章　自然的国族化：马萨达跃升为国族认同符号

第一节　20 世纪重新发现“马萨达”

记忆不是直线的，它带有强烈的选择性和建构性。马萨达在几乎被犹太人淡忘 1800 多年之后，突然再度浮现于犹太集体记忆之中。然而这种“再现”有着一系列独特的历史条件和社会背景。其中 19 世纪中叶现代考古学的兴起使人们得以首次确认马萨达的地名，马萨达也第一次出现于现代人的地理认知之中。但这些非犹太人的考古探险者对于马萨达首要关注的并非其战斗活动，而是罗马人的围攻技术。

但是，马萨达的记忆一旦被唤醒，它就不可遏制地在人们的思想意识上烙下了印记。特别是现代犹太民族主义兴起之后，为了追寻历史上的英雄事迹以资鼓舞、动员犹太人为复兴民族和重建国家而努力，马萨达从被遗忘的历史角落重新走到犹太历史的前台。马萨达事件借助约瑟夫斯《犹太战记》希伯来文版的出版而得以在现代犹太历史意识中据有一席之地，而且著名诗人拉姆丹的《马萨达》诗篇更促使“马萨达”升格为当代犹太英雄主义的典型象征与文化符号。此后，一批批的犹太青年在马萨达知识生产与社会传播的影响下，不惜跋涉人迹罕至的犹地亚沙漠远足朝拜马萨达，马萨达遂而发展为新希伯来人的集体圣所。

如前一章所述，马萨达在中世纪被犹太集体淡忘，以至人们不知道马萨达地名的存在。阿拉伯人在巴勒斯坦定居之后，将许多地名实行了“阿拉伯化”，马萨达被更名为“塞巴赫”（es-Sebbeh）。加之马萨达位于犹地亚沙漠深处，历史上前往圣地朝拜的犹太人通常不易到达。近现代以来有记载的最先确认马萨达这一历史地理场所的是一批在巴勒斯坦从事考古探险的非犹太人。1838 年，两位美国考古学家爱德华·罗宾逊（Edward Robinson）与伊利·史密斯（Eli Smith）到巴勒斯坦地区旅行，尽管他们没有实际攀登马萨达遗址，但首次对其进行了地理上的确认。罗宾逊在其访问隐基底后的旅行见闻中这样写道：

> 我的注意力为阿拉伯人称谓的“Sebbeh”废墟所特别吸引，它是……在死海岸边坐落着的一处塔状悬崖，朝向死海的一面极其陡峭，正好高于塞亚尔（es-Seyal）的河床。这个高高的孤立岩石的峰顶四面形成一处小平地，但显然是不可接近的；这个地方已经被废弃。我们为它的外观所深深触动，并用望远镜来进行仔细观察，我发觉在它的西北角有一栋建筑，在东面同样可以发现建筑物的痕迹……随后的研究几乎毫不怀疑地表明，这个地方就是古代著名的马萨达堡……①

他在文章中特别提及，将“Sebbeh”确认为马萨达是同伴史密斯的建议，此外他还正确地指出了希律宫殿的位置。一般认为，这是现代以来首次对马萨达进行正确的地理确认。

1842 年 3 月，美国传教士塞缪尔·沃尔科特（Samuel W. Wolcott）与英国绘图家蒂平（W. Tipping）一起攀登了马萨达，这是有记载的现代时期第一个攀登马萨达的事例。他们最重要的贡献就是首次在地图上标出了马萨达的明确位置。此后陆续有不少外国探险家来到马萨达进行探测。1858 年，索勒西（F. de Saulcy）绘制了首张马萨达的平面图；随后，由瓦伦（C. Warren）领导的“西巴勒斯坦调查队”于 1867 年从东面沿着“蛇道”攀登了马萨达，1875 年其成员克劳德·康德（Claude R. Conder）绘出了截至当时最为精确的平面图。1909 年，学者多玛斯泽维斯基（A. V. Domaszewski）与布鲁恩诺夫（R. E. Bruennow）对马萨达周围的罗马营地进行了系统研究。②

可以断定，这些非犹太探险家对马萨达的知识，很大程度上来自约瑟夫斯《犹太战记》的记载。尽管在中世纪的犹太世界已经完全遗忘了约瑟

---

① Yigael Yadin, *Masada: Herod's Fortress and Zealots Last Stand*, New York: Random House, 1966, p. 231.

② Yigael Yadin, "Masada," *Encyclopedia Judaic*, Vol. 11, Jerusalem: Keter Publishing House Ltd., 1971, p. 1079.

夫斯及其作品，但在基督教世界约瑟夫斯却有着不容置疑的权威地位，他被视为和耶稣同时代的历史学家，因此他的记载有着较大的可信性。基于此，非犹太的探险家来此探险以及考察的主要动机是发现罗马帝国当时的遗迹留存，而非犹太人的活动。在他们看来，马萨达遗址四围的罗马营地远比岩石顶部的犹太遗址更有价值，马萨达作为完好保存罗马帝国早期围攻战遗迹的场所而值得重视。例如，沃尔科特将马萨达遗址描述为“罗马坚定不移地征服世界的惊人证明，它如此独特地坐落在这座沙漠中，进行着具有重要技术意义的围攻活动”。[①]

显然，始于非犹太探险家的现代“发现”并未触及马萨达历史事件的内核，而只是附属于罗马帝国军事史的研究。只有当犹太人自身意识到马萨达的历史重要性时，马萨达才能获得其原有的价值。随着外国探险者对马萨达了解的逐步增多，特别是他们随后发表的探索报告不免引起了犹太人的关注。真正使犹太人与马萨达紧密联系在一起的是，1912 年以利亚撒·莱文（Eliezer Levin）率领的耶路撒冷马卡比协会到达马萨达对之进行了为期 11 天的考察，这是有记载的现代犹太人前往马萨达的开始。随后不久，赫茨利亚高中的几十名学生也组织了对马萨达遗址的参观。正是在这次活动的基础上，马萨达开始进入现代犹太集体意识之中。

随着大批流散犹太人不断涌入故土，他们迫切希望获得对于故土的历史与现实的认识。在此情形下，一切有关流散时代以前的历史记载都被伊休夫成员视为自身过去的历史。1920 年前后，著名犹太思想家阿哈德·哈姆（Ahad Ha-Am，1856—1927，又名阿瑟·金斯伯格）与约瑟夫·别尔季切夫斯基（Micha Joseph Berdichevsky，1865—1921）就马萨达是否为犹太英雄主义的代表展开了激烈的争辩。

阿哈德·哈姆与别尔季切夫斯基之间的根本分歧就在于对犹太民族本质的不同认知。哈姆将犹太历史特别是流散历史视为同质一体的发展进程，而别尔季切夫斯基认为犹太文化从来就不是一种单纯统一的价值与观念系统，它从不断变化的外部环境中汲取了许多不同的价值行为。哈姆将独特的民族道德视为犹太民族精神的最高本质，它不仅维系着犹太人的独

① Neil Asher Silberman, “The First Revolt and Its After Life,” in Andrea M. Berlin & J. Andrew Overman, eds., *The First Jewish Revolt: Archaeology, History, and Ideology*, p. 243.

特文化认同，而且是确保犹太民族免遭灭亡的根本原因。别尔季切夫斯基认为，根本不存在所谓的绝对道德，道德与其他的价值一样，都是相对的，并是环境的产物。对于哈姆来说，犹太历史就是以高尚的父辈们的卓越道德为中心主题，犹太教的核心特点是它不寻求复仇、杀戮，而是提倡宽容、仁慈；但别尔季切夫斯基认为，犹太历史与其他历史一样，充满着暴力、流血、欺骗，犹太人的道德并非至高无上。[①]

阿哈德·哈姆提出了对犹太历史的独特诠释，认为精神胜过物质、智慧优于身体："我们民族生存的秘诀就是……早在古代时期，先知就曾教导要唯独尊重精神力量，而不能过于强调身体力量。"[②] 他高度赞赏历史上先知所发挥的社会作用，认为先知由于其道德呼吁与社会抗争而体现了犹太民族的精神实质；在第二圣殿时期体现这种精神的是法利赛人，他们为捍卫民族文化的独立性做出了重要贡献；圣殿被毁之后，法利赛人竭力强调精神强于身体，以保存民族与文化的延续："政治性的奋锐党人仍在耶路撒冷城墙上挥动刀剑时，法利赛人手捧《托拉》前往亚弗内。"[③] 他认为，真正拯救犹太人的是那些在亚弗内学习的贤人，而非在耶路撒冷与罗马进行绝望战斗而流血牺牲的奋锐党人。他反对将大流散时期视为犹太人创造力匮乏、停滞时代的观点，《塔木德》与《布就之席》（*Shulchan Aruch*）就是在流散中形成的，并成为此后犹太人生活的基础。哈姆的主张实际上是一种"精神中心主义"："一个位于巴勒斯坦的，紧密团结，具有创造力的，摆脱了占统治地位的非犹太多数民族压迫的犹太社会，将给予各地的犹太人以精神影响，将把它的精神光芒射向'辽阔的周围地区和所有散居区的犹太社群，鼓舞他们建设新生活，同时保持我们民族的完全统一'。"[④]

别尔季切夫斯基对哈姆所宣称的犹太民族的特征就是鄙视身体力量而尊重精神价值的观点极其不满，与哈姆推崇追求精神超越的希伯来先知、拉比贤哲不同，他极力提倡犹太历史上的战斗英雄，从而复活了几乎完全被人们遗忘的民族象征。例如，为妇人所伤后要求士兵杀死自己的亚比米

---

① Anita Shapira, *Land and Power*: *The Zionist Resort to Force*, *1881 - 1948*, p. 20.

② Anita Shapira, *Land and Power*: *The Zionist Resort to Force*, *1881 - 1948*, p. 22.

③ Anita Shapira, *Land and Power*: *The Zionist Resort to Force*, *1881 - 1948*, p. 22.

④ 罗伯特·M. 塞尔茨：《犹太的思想》，第680页。

勒，当遭遇失败时为免遭羞辱而伏剑身亡的扫罗，选择与非利士人同归于尽的参孙。除了《圣经》中的这些英勇事例以外，他还特别歌颂了第二圣殿末期守卫耶路撒冷的战斗者，其中包括反抗希腊化的马卡比人与反抗罗马的奋锐党人和巴尔·科赫巴起义者。根据西伯曼的研究，这套犹太民族英雄谱包括："自信的犹太战士勇敢地保卫着他们的土地与自由。与迦南人、非利士人进行战斗的希伯来士师，打败了强大的希腊军队的马卡比自由战士，在古代沙漠进行绝望无助战斗的马萨达守卫者与伟大反抗领袖巴尔·科赫巴的追随者，被作为力量、决心与无畏的永恒典范。"[①]

马萨达在别尔季切夫斯基建立的民族英雄谱系中占有主要的位置。他认为，奋锐党人与马卡比人一样，都是为争取民族独立而不惜牺牲的英雄典范。他认为奋锐党人在耶路撒冷的反抗与约哈南·本·扎凯逃往亚弗内是犹太历史发展的两个方向。而犹太民族精神的真正代表并非奔向亚弗内的贤人，而是仍然坚守在耶路撒冷进行战斗的人们："比那些逃出圣城并藏在棺材中的人更为伟大的是那些死于战斗的人。"[②] 他认为，耶路撒冷的陷落并没有宣告犹太人战斗传统的结束，马萨达守卫者在以利亚撒·本·亚尔率领下英勇不屈的集体自杀才是犹太史上英雄主义的绝响。随后犹太人完全离开故土，丧失了正常的生活，战斗精神随之完全消失。著名学者阿尼塔·夏皮拉认为，这实际上是第一次有犹太作家将马萨达传奇作为犹太英雄主义的故事加以提及。[③] 受其影响，著名历史学家约瑟夫·克劳斯勒在其于1922 年出版的著作中给予马萨达守卫者很高的评价，将他们称为"从马卡比兴起到巴尔·科赫巴失败这一时期内以色列最为杰出的爱国者"。[④]

别尔季切夫斯基认为流散时期犹太民族追求学识但没有形成新的创造，犹太人虽然撰写了许多著作但都缺乏原创性，宗教知识使犹太人成为"只有大脑但缺乏灵魂的人"。因此，他号召人们从宗教道德的束缚中解放出来，重新拾起古老的民族本性，扎根于自己的土地，准备为之战斗牺

---

① Neil Asher Silberman, *A Prophet from amongst You: The Life of Yigal Yadin: Soldier, Scholar, and Mythmaker of Modern Israel*, Reading, Mass.: Addison-Wesley, 1993, p. 11.

② Anita Shapira, *Land and Power: The Zionist Resort to Force, 1881 – 1948*, p. 24.

③ Anita Shapira, *Land and Power: The Zionist Resort to Force, 1881 – 1948*, p. 23.

④ Yosef Klausner, *Jesus of Nazareth: His Life, Times, and Teaching*, New York: Macmillan Company, 1925, p. 204. 该书最初于 1922 年以希伯来文在巴勒斯坦出版，在当时产生了巨大影响。

牲。要想达到这个目标就必须重新提倡英雄主义，而马萨达被视为古代犹太英雄主义的突出代表。他以莎士比亚式的口吻发出了这样的伟大号召："生存还是毁灭！成为最后一批犹太人或者是最初一批希伯来人！"① 他呼吁在"最后一批犹太人"与"最初一批希伯来人"之间做出选择，要求放弃精神屈服的流散状态、停止以烦琐的犹太哲学思考问题，再度成为扎根土地的鲜活、自豪与英勇的民族。

第二节 拉姆丹《马萨达》诗篇及其知识生产

1917 年《贝尔福宣言》发表以及次年第一次世界大战结束后，英国占领了整个巴勒斯坦，大批东欧犹太移民涌入当地，1919—1923 年总共迁入了 4 万名左右的移民，形成了"第三次阿里亚"。这批移民有强烈的犹太复国主义倾向，对于故土的知识十分渴求。为了去除移民的流散地特征，犹太复国主义者把《希伯来圣经》视为本民族的历史性文献，也是犹太民族曾经在此生活的历史见证；提倡对《圣经》进行历史化的解读，忽略其宗教内涵，将之视为民族主义的伟大文献。除《圣经》以外，流散前的一切文献，特别是有关第二圣殿末期反抗异族斗争的记载都得到了高度重视。在马萨达形象的建构过程中，有两件里程碑式的事件——1924 年约瑟夫斯著作以希伯来文出版以及 1927 年著名诗人拉姆丹《马萨达》诗篇的发表——使之得以成功，这很大程度上与伊休夫当时迫切需要树立英雄主义的典范有关，马萨达正好被视为古代英雄主义的代表。西奥尼奇的希伯来文版《犹太战记》为马萨达提供了历史的叙事，而《马萨达》诗篇通过文学的比喻凸显了马萨达形象。

1923 年，雅各·西姆奇奥尼（Jacob N. Simchoni，1884—1926）首次将约瑟夫斯的作品从希腊原文翻译成希伯来文出版，名为《约瑟夫斯著作集》（*Works of Josephus*），共有四卷，其中包括《犹太战记》、《反阿庇安》与《自传》等。② 尽管"充满许多不准确并在文体上远远偏离约瑟夫斯"③，

---

① Alain Dieckhoff, *The Invention of a Nation: Zionist Thought and the Making of Modern Israel*, London: Hurst & Company, 2003, p. 130.

② Jacob Naftali Simchoni, trans., *Works of Josephus* (in Hebrew), 4 vols, Tel Aviv, 1925 – 1938.

③ Louis H. Feldman, *Josephus and Modern Scholarship (1937 – 1980)*, p. 35.

但它对当时许多刚刚来到圣地而缺乏足够历史知识的人来说具有重要的意义。西姆奇奥尼是首个把约瑟夫斯的著作从希腊文原版翻译成希伯来语的人，他的翻译不仅有助于当时人学习希伯来语，更重要的是，人们据此得以了解在流散中不被重视的流散前的历史。实际上，西姆奇奥尼在翻译过程中，对约瑟夫斯原著进行了不少的改动，约瑟夫斯希腊文原文的标题为“与犹太人的战争”有明显的罗马倾向，西姆奇奥尼在希伯来文中将之译为“犹太—罗马战争史”（History of the Jews' War with the Romans）。[①] 这个译本出版后，立即成为伊休夫内部的“世俗圣经”，其中关于马萨达的描述自然也为当时的许多人注意到。

必须提及的是，西姆奇奥尼推动了约瑟夫斯在犹太人中间形象的转变。这很可能是受到别尔季切夫斯基的影响，因为他对约瑟夫斯极为赞赏，并对翻译其著作的西姆奇奥尼给予了许多鼓励，这可以从后者 1923 年译本的导言中读到。[②] 在漫长的中世纪到 20 世纪之初，约瑟夫斯在犹太世界一直被视为一个卖国求荣、不知廉耻的叛徒。对约瑟夫斯“除名毁忆”的拉比们自不待说，在现代犹太历史学者那里也是如此，例如 18、19 世纪的犹太历史学家以撒·约斯特与海因里希·格雷兹均以传统的叛徒身份来称谓约瑟夫斯。西姆奇奥尼等人重新发现了约瑟夫斯的独特价值，从为民族历史提供证据的立场出发，[③] 对约瑟夫斯投降罗马的行为给予了理解，认为约瑟夫斯极为关心犹太民族的存在与延续，他的投降行为在很大程度上是出于道德的考虑，而他所撰写的一系列历史著作正是出于他对自身民族深沉的爱。[④] 很大程度上，这种态度的转变是由于 20 世纪初犹太人在寻找流散前的犹太历史记载时，发现仅有约瑟夫斯这一种世俗来源，不由对其产生感激之情。[⑤]

在马萨达知识生产与社会传播过程中，对当时以及后来产生深远影响的

---

① Jacob Naftali Simchoni, תולדות מלחמת היהודים עם הרומאים [History of the Jews' War with the Romans], Warsaw, 1923.

② Louis H. Feldman, *Josephus and Modern Scholarship* (*1937 – 1980*), p. 88.

③ Daniel R. Schwartz, “From Masada to Jotapata: On Josephus in Twentieth-Century Hebrew Scholarship,” in Honora H. Chapman & Zuleika Rodgers, eds., *A Companion to Josephus*, Oxford: Wiley Blackwell, 2016, p. 419.

④ Louis H. Feldman, *Josephus and Modern Scholarship* (*1937 – 1980*), p. 89.

⑤ Andrea Schatz, ed., *Josephus in Modern Jewish Culture*, Leiden: Brill, 2019.

是著名诗人以撒·拉姆丹（Iassc Lamdan，1899—1954）的悲剧诗篇《马萨达》（*Masada*）。拉姆丹出生于乌克兰的马里诺夫（Malinov），长大后在当地接受了世俗教育，其家人在集体迫害中丧生，仅有他幸免。在反犹暴动冲击下，他于1920年迁居巴勒斯坦。在一开始他与许多人一样从事劳动，以业余时间从事诗歌写作，1934年后他专事创作。《马萨达》诗篇开始写作于1923—1924年，1927年以希伯来文正式发表；可以说，其思想的孕育是在西姆奇奥尼的译作出版之前。"《马萨达》是一部戏剧与史诗并存的诗篇，共由六大部分构成……（这首诗）描绘了诗人在决定'阿里亚'即移民马萨达（寓指巴勒斯坦）过程中的精神斗争。"① 《马萨达》诗篇出版后，至少有11个不同的版本。② 它是除约瑟夫斯《犹太战记》之外有关马萨达叙述最有影响的作品，在马萨达社会化的过程中起到不容忽视的重要作用。

为什么马萨达被拉姆丹选择拿来作为他的主要意象而非其他诗人通常使用的圣经人物或主题？实际上，拉姆丹笔下的马萨达与约瑟夫斯的马萨达历史叙述并不存在直接的关联，而且《马萨达》诗篇的创作是在西姆奇奥尼翻译的希伯来文《犹太战记》出版之前。对于拉姆丹而言，马萨达仅仅是一种希望的象征和文学的比喻，并非实际所指的历史。有学者指出，"《马萨达》诗篇是战争、暴力、骚乱、革命与移民的产物"。③ 这首诗反映了20世纪20年代犹太世界的状况："一些犹太人离开了欧洲，不但是因为欧洲对手无寸铁的犹太人进行残暴、疯狂的屠杀，而且由于在东欧建立一个自由与平等社会希望的破碎……（马萨达）在拉姆丹的诗篇中象征着以色列地，象征着遭到破坏的东欧犹太社团的最后堡垒。"④ 在《马萨达》诗篇开始，他描绘了逃难者的形象：

一个秋天的晚上，在一张远离我们遭到劫掠的家园的病床上，我的母亲去世了：在她的眼中，最后的泪光闪烁着，她似乎要低声向我

① Leon I. Yudkin, *Isaac Lamdan: A Study in Twentieth-Century Hebrew Poetry*, p. 49.

② Nachman Ben-Yehuda, *The Masada Myth: Collective Memory and Mythmaking in Israel*, p. 221.

③ Leon I. Yudkin, *Isaac Lamdan: A Study in Twentieth-Century Hebrew Poetry*, p. 74.

④ Gideon Katznelson, "Yiẓḥak Lamdan," in Fred Skolnik & Michael Berenbaum, eds., *Encyclopaedia Judaica*, Second Edition, Vol. 12, Detroit: Macmillan Reference, 2007, p. 443.

> 表达临终前的祝福……在乌克兰的路上，散布着坟墓，痛苦在膨胀着，我可怜而纯洁的兄弟去世了，被葬在一个异教徒的墓中。[①]

在这种巨大的威胁下，他决心离开满是暴乱危险的欧洲，移居巴勒斯坦："我以我最后的勇气抓住已被破坏的灵魂，在午夜逃向流放的船只，前往马萨达。"[②]

在整个诗篇中，拉姆丹表达了巨大的希望与乐观，同时带着失落与苦闷。根据尤德金的研究，马萨达代表着目空一切的乐观主义和绝望无助的悲观主义的双重特质。实际上，马萨达的意象在拉姆丹的笔下是一个极其陌生的地区，他不时涌现对新生活难以适应的苦闷，因此在诗篇中经常流露出悲观失望的情绪。第一次世界大战后苏联的建立稳定了东欧局势，从而使前往巴勒斯坦的移民大幅度减少，犹太移民人数从 1921 年的 12 万人陡然降至 1 万人左右，几乎不到前者的 1/10。当时伊休夫的农业刚刚起步，犹太人不仅在人数上与阿拉伯人相比处于绝对少数，而且他们中绝大多数人从未从事过艰苦的农业生产。在此情况下，许多移民对在巴勒斯坦的前景感到心灰意冷，准备返回局势已经安定的欧洲。在这种惶惑困顿中，继续留在荒凉的巴勒斯坦还是返回熟悉的东欧成为摆在许多新移民面前的艰难选择。"这一年（1927）离开巴勒斯坦的人数几乎是新移民的两倍。各地都成立了返回波兰和俄国的组织……1927—1928 年间，犹太复国主义运动的前景比以往任何时候都更加暗淡。它的拥护者也极为失望和沮丧。只有少数乐观主义者相信犹太复国主义运动在可预见的将来能够得到恢复。"[③] 因此，在移居巴勒斯坦的黯淡前景中，马萨达被赋予了悲情化的特质，担心巴勒斯坦将是一个陷阱而非避难所，有可能成为"第二个马萨达"，拉姆丹在诗篇中发出了痛苦的呼告："上帝，救救马萨达！"[④]

在其诗篇中最为著名、最常被引用的名言是："攀登，镣铐之舞！马

---

① Isaac Lamdan, "Masada," in Leon I. Yudkin, *Isaac Lamdan: A Study in Twentieth-Century Hebrew Poetry*, p. 199.

② Isaac Lamdan, "Masada," in Leon I. Yudkin, *Isaac Lamdan: A Study in Twentieth-Century Hebrew Poetry*, p. 199.

③ 沃尔特·拉克：《犹太复国主义史》，徐方、阎瑞松译，上海三联书店，1992，第 386 页。

④ Isaac Lamdan, "Masada," in Leon I. Yudkin, *Isaac Lamdan: A Study in Twentieth-Century Hebrew Poetry*, p. 229.

萨达决不再次陷落！（Never Again Shall Masada Fall!）跌倒？我们当然要攀登！本·亚尔将会再度显现，他没有死去，没有死去！"[①] 特别是"马萨达决不再次陷落"这一句后来成为人们利用马萨达象征时必定提及的激动人心的战斗口号。拉姆丹借助马萨达表达出希望与乐观，"拉姆丹……使用了军事隐喻，他将巴勒斯坦的定居者比作'战斗者'，他对马萨达要塞的领袖以利亚撒·本·亚尔充满了赞美之情……"[②] 在诗歌的结尾，他力图传递出力量与希望："强大、强大，我们要强大起来！"[③] 拉姆丹通过一系列象征与比喻使马萨达从纯粹的历史叙述诗化为民族精神的内在象征，马萨达成为一种再生、复兴与重建的象征。记忆的选择性与建构性在此得到了极好的体现，人们往往忽略拉姆丹在诗歌中表现的颓废与消极情绪，而片面强调其中的勇于战斗、不怕牺牲精神。可以说，这首诗反映出的矛盾、复杂的马萨达形象被人们缩减和美化。《马萨达》诗篇因具有很高的教育价值而被伊休夫的教育部门高度重视，随后许多年一直是伊休夫与以色列学校教科书中的必读文本，它甚至成为许多基布兹逾越节上的诵读段落。借此马萨达的意象影响了一代代犹太学生与青年，融进了现代犹太集体意识之中。

甚为吊诡的是，这首《马萨达》诗篇的创作者终其一生都未到过马萨达，也没有表达过前往马萨达的意愿，这似乎是命运与拉姆丹开的一个玩笑。而成千上万的希伯来青年正是在读到拉姆丹的《马萨达》诗篇后才萌发了对马萨达的兴趣，进而不惜艰辛跋涉到人迹罕至的犹地亚荒漠前往马萨达攀登。尽管他力图避免被人们称作"马萨达诗人"，却一直活在《马萨达》诗篇所带来光环的阴影之中。拉姆丹还创作了其他许多诗歌，但他在现代希伯来文学史的地位却主要是通过《马萨达》诗篇来奠定的。甚至有些巧合的是，与古代的马萨达守卫者一样，拉姆丹于1954年选择自杀结束了短暂的一生。

---

① Isaac Lamdan, "Masada," in Leon I. Yudkin, *Isaac Lamdan: A Study in Twentieth-Century Hebrew Poetry*, p. 215.

② Barry Schwartz, Yael Zerubavel, and Bernice M. Barnett, "The Recovery of Masada: A Study in Collective Memory," *The Sociological Quarterly*, Vol. 27, No. 2 (1986), p. 158.

③ Isaac Lamdan, "Masada," in Leon I. Yudkin, *Isaac Lamdan: A Study in Twentieth-Century Hebrew Poetry*, p. 234.

第三节　“马萨达朝圣”与风景民族主义

借助于《犹太战记》希伯来文版和拉姆丹《马萨达》诗篇的出版，马萨达所代表的古代犹太英雄主义精神被发掘出来，从而跨越2000年的流散与现代犹太民族复兴运动联结起来。这些作品强化了人们对马萨达这个地理空间的关注，使得断裂了2000余年的历史获得了空间上的连续性。因此，地处边陲的马萨达在这样的努力下，被转化为凝聚国族集体记忆的文化风景与历史象征。人们借此得以通过共同地理认同的“家园”将民族成员联结起来，并赋予他们共同的文化身份。在此情况下，马萨达朝圣活动及其仪式行为成为当时蔚为壮观的政治动员，正如史蒂芬·欧文所说的“记忆的仪式”（rituals of remembrance），[①] 这些仪式性行为是为了将参与者与马萨达象征的过去结合在一起。

一　“从土地中拯救民族”

长久以来，犹太人是一个没有土地（landless）的民族，流浪在世界各地。这在“永世流浪的犹太人”传说中得到了证实。正是与土地的长期分离，使犹太人养成依附性心理，从事经商、借贷这些非体力性劳动。而近代民族主义强调理想中的犹太人是生活在自己的疆域内，自食其力、从事耕种，扎根土地、热爱土地。民族主义强调每个民族都拥有自己的明确疆域以作为群体成员认同的空间对象，即共同的领土是构成群体认同的必要条件。犹太复国主义受到西方近代民族主义的影响，强调地理空间对于民族集体的重要性；而且，犹太复国主义强调，犹太民族正常化的根本条件之一是犹太人有自己的土地，从土地中拯救民族。

与土地的结合，使犹太人由一个“圣书之民”（People of the Book）转向“圣地之民”（People of the Land）。在世俗犹太复国主义的观念中，救赎并不出于上帝，而是来自民族与土地。在犹太传统概念中，“以色列”一词恰好有土地与民族的双重含义。在犹太复国主义传统中，以色列的观

---

① Stephen Owen, *Remembrances: The Experience of the Past in Classic Chinese Literature*, Cambridge, Mass.: Harvard University Press, 1986.

念取代上帝成为新的救赎中心。返回圣地，即以色列人与以色列地的重新结合。在一些基布兹的哈加达中，犹太人视为最神圣的祈祷词“示玛”被改为：“以色列啊，你要听，以色列是我们的命运，以色列是独一的。”[①] 在犹太传统的示玛祈祷词中，上帝是绝对的主角，意为拯救来自上帝；而在这个新的祈祷词中，以色列取代上帝成为拯救的来源，因此表明他们决心用自己的努力来获得救赎。新型犹太人扎根于故土之中，充满自信并成为自己命运的主宰，而不再盲目等待上帝的救赎。

对于当时的犹太人而言，在整个以色列地旅行与游历有独特的意蕴。这不是被当作消闲娱乐的方式，而是了解故土、热爱故土的根本手段。“了解故土”（Yediat ha-aretz/Knowing the Land），成为当时极其神圣的口号。“Know”在希伯来语中有性爱意义，具有交合之意，寓指了解即结合。因此，了解也即拥有；了解了故土，与之相结合也就占有了故土。有学者强调体认故土对于民族认同的重要性：“首先且最重要的是，故土是土壤、石块与岩层，花朵与树木，山川与河谷；在这种风景之中灌注了民族之根，从而使它的精神与文化实体得以成形……我们从徒步旅行中，可以得到并不足够的理性认知与单调信息。如果缺乏对故土的认同以及真挚深刻的情感，就无法获得完全的熟悉、直接情感联系与对这个土地的归属和热爱之情。”[②] 旅行被视为重新获得犹太之根、恢复并增强与故土联系的纽带，这是新兴的世俗民族主义的重要内容。在这种意识形态的指导下，学校与青年运动组织了大量的户外旅行与攀登活动。

在早期返回圣地的犹太人那里，让他们失望无比的是，圣地极其贫瘠，到处是不长植物的沙漠荒地。这种景象可以从19世纪末到巴勒斯坦访问的马克·吐温的叙述中得到印证：“在所有景色凄凉的地方中，我以为，巴勒斯坦当可首屈一指。那里山上寸草不生，色彩单调，地形不美。谷地是难看的沙漠，沙漠周围是一些荏弱的植物，这些草木对环境也露出忧愁失望之态……周围的一切看起来都很扎眼，无遮无拦，没有远近的感觉——在

① Charles S. Liebman & Eliezer Don-Yehiya, *Civil Religion in Israel: Traditional Judaism and Political Culture in the Jewish State*, Berkeley, Calif.: University of California Press, 1983, p. 38.

② Meron Benvenisti, *Sacred Landscape: The Buried History of the Holy Land since 1948*, trans. Maxine Kaufman-Lacusta, Berkeley: University of California Press, 2000, p. 233.

这里，距离不产生魅力。这是一块没有希望的、令人沉闷伤心的土地。”① 这种现实与理想的巨大差距，与文明开化的欧洲形成鲜明的对比。

而且，返回故土的犹太人还在这里遇到了陌生的民族——阿拉伯人，阿拉伯人几乎从一开始就威胁着他们的生存。但犹太人很快以这块土地主人的姿态，认为它在犹太人离开时仍是“流着奶与蜜之地”，只是在流散后圣地被外邦人占领而逐渐荒废，尤其把圣地荒芜的责任归于阿拉伯人的到来与掠夺。② 阿拉伯人被定型化为原始野蛮的沙漠游牧民，他们被认为对圣地采取了放任和滥用的政策，破坏了自然景观，盗窃了古代遗址的基石，制造了大量的恶性瘴气。与阿拉伯人相反，犹太人是带着欧洲先进的文明和技术来到圣地，决心扎根土地，开发这个地区，以使圣地再度“流着奶与蜜”。③ 阿拉伯人忽视了这块土地，因此也就无权对圣地享有合法的所有权。而犹太人的使命是将之从野蛮和荒凉中拯救出来。

了解故土并将其再度犹太化的重要前提是地图的绘制。绘图作为一项文化举措，它的实行体现着权力的运用与选择，通过为人们接受以实现其内在目的。地图的绘制是一项权力的运作，正如哈雷与伍德瓦德在《地图学史》一书中强调的：“地图的绘制，是一项特别的思想武器，通过它可以对权力进行获取与管理，并给予合法性与正当性。”④ 地理名称的选择会带来文化与权力之争。犹太人认为，在漫长的流散时期以色列地遭到频繁的外族统治，原有的希伯来地名被篡改和歪曲，甚至完全采用了外来的地名。为了恢复犹太人对故土的主权，首先有必要从地名的变更开始。本·古里安很早就注意到地名这种“象征资本”对于实际主权的重要意义：“为了这个国家，我们必须去除阿拉伯地名。正如我们不承认阿拉伯人对这块土地的政治主权一样，我们也不承认他们的精神所有权以及他们的名称。”⑤

1925 年，犹太民族基金会（Jewish National Fund，简称 JNF）专门成立

① 劳伦斯·迈耶：《今日以色列》，第 6 页。

② Meron Benvenisti，*Sacred Landscape*：*The Buried History of the Holy Land since 1948*，p. 60.

③ Meron Benvenisti，*Sacred Landscape*：*The Buried History of the Holy Land since 1948*，p. 247.

④ J. B. Harley & David Wooward，eds.，*History of Cartography*，Vol. 1，Chicago：University of Chicago Press，1987，p. 506.

⑤ Meron Benvenisti，*Sacred Landscape*：*The Buried History of the Holy Land since 1948*，p. 14.

了命名委员会（Naming Committee），它不仅为犹太民族基金会所拥有的地区取名，还为以色列地其他许多地区命名，到建国前夕它已为犹太定居点命名了400多个名字。犹太民族基金会主席梅纳赫姆·乌西施金（Menachem Ussishkin，1863—1941）这样强调该委员会的宗旨："首先，我们必须从希伯来历史的观点来对它们进行考察。以色列地上的希伯来历史地名是这些地区自远古时代起就是我们的土地的最可靠见证，我们对这些历史悠久的地区有正当的权利。因此，如果犹太民族基金会命名委员会确信某个新定居点靠近某个地区，尤其是以色列民族在某个时候居住在以色列地，但它的命名在世代更替中被遗忘或通过许多征服者以不同的形式得以保存，它以现在的形式保存到我们这里，比如作为一个阿拉伯村庄。对于'废墟'遗存或考古遗址等，该委员会应当指定一个新的名称或恢复最原始的希伯来名称。如果该委员会不能确定这个新的或恢复的犹太定居点是否靠近在很早时期曾有犹太定居点存在的地区，委员会应当给它指定一个纪念某个人的或象征性的名称。"[①] 出于这个原因，伊休夫多次以"拯救古老的希伯来地名"为由向委任当局建议更改地名，但没有取得多少成功。伊休夫决定私自印制有大量希伯来地名的地图，并在中小学的地理教育中灌输这些新地名。1946年6月英国当局对伊休夫进行大搜捕时，在哈加纳的档案馆中发现了大批以希伯来文注明的地图，反映了地图制作与民族主权的密切关联。通过将大批地名再度"希伯来化"，使本来极为陌生的地理空间变得熟悉亲切起来，原本仅限于精神层面的故土变成具有实际内涵的故土，以色列地也由此连成一个温尼哈库所说的体现国族本真性的"地理实体"（Geo-body）。[②]

二　国族旅行与马萨达朝圣的发端

旅行作为一种空间的位移活动，也必然是一种文化行为和文化实践。徒步旅行（hiking）在20世纪上半叶的巴勒斯坦犹太社团中具有重要的文

① Meron Benvenisti, *Sacred Landscape: The Buried History of the Holy Land since 1948*, p. 27.

② Thongchai Winnichakul, *Siam Mapped: A History of the Geo-Body of a Nation*, Honolulu: University of Hawaii Press, 1994.

化和象征意义，成为认知以色列故土的重要手段。[①] 而在这些旅行选择中，马萨达占据了极为独特的地位。马萨达景象美丽壮观，远离居住区，对许多犹太人而言具有独特的神秘感，再加上约瑟夫斯的记载，使之转变为争取自由的重要象征。犹太民族主义者将民族历史、神话与记忆投射于马萨达之上，将之转化为民族性的精神家园，前往马萨达跋涉的经历被许多犹太青年视为精神提升的过程。在探索故土的风尚之下，犹太民族主义者对马萨达这个偏远的、被遗忘的遗址产生了浓厚的兴趣。

从20世纪20年代起，特拉维夫和耶路撒冷的高中生组织了若干次前往马萨达的远足旅行，这种行为被称为“马萨达朝圣”（pilgrim to Masada）。最早的一批主要来自特拉维夫的赫茨利亚中学，根据记载他们于1925年与1927年抵达马萨达。一开始由于交通的不便而没有大规模开展起来，它得到真正的发展是20世纪30年代巴勒斯坦交通设施改善之后。一直僻处犹地亚边缘的马萨达一举上升为犹太民族的集体圣所，它由一个物质性的地理空间转化为犹太民族的情感依归与集体认同的象征场域。

20世纪30年代，随着欧洲犹太人处境的日益恶化，阿拉伯人的反抗情绪逐渐加重，英国委任当局也开始扭转之前鼓励犹太民族家园发展的政策，这使巴勒斯坦的犹太人处于内忧外患之中。在此情况下，探索土地、建设家园的急切呼声不断高涨，许多有志青年及学生在民族主义意识形态的鼓动之下，陆续踏上征途，深入地处荒野的马萨达进行朝拜。马萨达不仅以其自然美景为动力，而且以认识民族疆域、强化民族认同为宗旨。由于建国前的马萨达基本属于无主地，没有相应的管理机构对来者进行登记，因此对前往马萨达的人数只能进行大致的估算。据不完全统计，从1930年至1948年，各类青年运动对马萨达进行了上千次的集体朝拜。

马萨达朝圣活动使马萨达成为犹太集体记忆中新的神圣空间，通过这种经历，新希伯来青年清楚地表达了他们与古代英雄的历史关联，得以跨越2000年的历史隔阂与流散前的历史联结起来。此朝圣行为表明新一代的犹太人决心扎根土地，与流散经历相决裂。一位贝塔尔成员这样记叙了他的马萨达朝圣经历：

---

① Rebecca L. Stein, “Travelling Zion: Hiking and Settler-Nationalism in Pre – 1948 Palestine,” *Interventions*, Vol. 11, No. 3 (2009), pp. 334 – 351.

> 在29分钟（的攀登）之后，我第一个登上了马萨达的顶部。我开始在内心思考：马萨达，自豪的要塞与英雄主义的象征。我站在这里，屏住呼吸，感受每一块石头。或许某个被围困的士兵也曾坐在这里？他是否像我一样静静地坐着，并且安然无恙？或许没有食物？这座英雄的要塞是多么壮观迷人。从这里的各个角度都可以看到如此雄伟的景观。我试着想象，那些在这里的希伯来英雄们如何为他们的自由而生活、战斗并死去……①

另一位朝拜者也描述了他对于马萨达的欣喜感受：

> 我们无法表达它给我们带来的惊异之情……对于马萨达人们无法用语言来形容……马萨达不同于任何其他古代遗迹……没有图片、没有文字、没有描述、没有故事能够像古老而孤独的马萨达遗迹这样使你具有如此高贵的感觉……马萨达是一种人们无法形容的事物。因为它无法形容，每个人都必须去参观马萨达，但不是作为一个游览者，而是带着实际行动，使身体成为这种经历的一部分。②

从以上叙述可以看出，马萨达叙述所建构的集体记忆，正是一套A. M. 阿隆索强调的特定的“框架、声音与叙述结构”所构成的修辞策略。③ 透过这样的修辞策略，马萨达与犹太民族过去的历史以及未来的命运紧密联系在一起。在他们看来，马萨达不仅是先辈曾经的浴血战斗之地，更重要的是，它还凝聚着对民族光荣过去刻骨铭心的追忆与缅怀。

朝圣马萨达的过程也往往伴随着灾难与死亡，有不少人为之付出了生命的代价。在早期由于通往马萨达的道路并不畅达，加上地形陡峭险峻，一些朝圣者不幸坠崖身亡。当时在圣地进行考古发掘的著名圣经考古学家W. F. 奥布莱特曾记载了早期前往马萨达途中的艰辛，1925年他与同伴试

---

① Nachman Ben-Yehuda, *The Masada Myth*: *Collective Memory and Mythmaking in Israel*, p. 121.

② Nachman Ben-Yehuda, *The Masada Myth*: *Collective Memory and Mythmaking in Israel*, p. 113.

③ Ana Maria Alonso, “The Effects of Truth: Re-Presentations of the Past and the Imagining of Community,” *Journal of Historical Sociology*, Vol. 1, No. 1 (March, 1985), p. 39.

图前往马萨达，途中遭遇了许多危险。[①] 1927 年，一次由赫茨利亚高中组织的朝圣活动成为一场悲剧。一个女孩不慎失足从一处悬崖跌落身亡，致使马萨达朝圣一度中断。在吸取了安全事故的教训后，这一方面的伤亡大为减少。

正是马萨达的攀登伴随着死亡的考验，才使朝圣经历充满了刺激与惊险，使之成为一项带有神秘色彩的高尚活动。那些在朝圣中献身的人获得了与马萨达守卫者同样的价值。实际上，一处景观要想成为膜拜的对象，必须与大多数人保持一定的距离，而且在前往途中要历经艰难磨炼；相反，一旦它可以为任何人接近，其神圣性势必遭到削弱。朝圣者往往把马萨达认同成为土地和自由而战的英雄事迹的象征，马萨达遗址则是当年英雄们遗留下的历史见证。马萨达朝圣成为寻找根源之旅、寻找认同之旅。正如一位攀登马萨达的女成员以无比激动的词语记述她的马萨达之旅：

> 我走在同样的路上——马萨达!! ——通向它的道路极其艰难。许多曾经身体虚弱的成员现在顿时觉得非常强壮，而毫不停息地攀登着长长的道路。这必定是马萨达的魔力所致。它使人强壮与兴奋。马萨达！我们这些来自以色列的青年战士，正行军在它神圣的土地上。在我们的眼前是浓浓的大雾，透过这场大雾就是最后的奋锐党人的所在地。我们呼吸着那些希伯来英雄们——劳动者、农民、反抗罗马军团的战士——曾经呼吸过的同样的空气。希伯来人的荣誉将不会被亵渎。[②]

第四节　古特曼与青年运动的马萨达崇拜

20 世纪 30 年代初，英国委任统治者将欧洲的现代化交通引入巴勒斯坦，投资修筑了大量公路，使人们穿越犹地亚荒漠的时间大大缩减，便利

---

① W. F. Albright, “To Engedi and Masada,” *Bulletin of the American Schools of Oriental Research*, Vol. 18 (1925), pp. 11 - 14.

② Nachman Ben-Yehuda, *The Masada Myth: Collective Memory and Mythmaking in Israel*, p. 129.

了人们前往马萨达朝拜。这一时期，青年运动对马萨达的推崇与一位著名人士——施玛里亚·古特曼（Shmaria Guttman，1909—1996）的努力密不可分。来自俄国犹太移民家庭的古特曼出生于苏格兰的格拉斯哥，1912 年又随全家迁往巴勒斯坦。他从小就生活在犹太复国主义的主流意识形态中，其父亲与大卫·本·古里安、伊扎克·塔本金都是锡安工人党的重要成员。成年后他参加了锡安青年组织，并成为青年运动的著名领袖。[①]

古特曼与马萨达的结缘始于 1933 年，他与两位朋友一起游历了整个死海地区并到达了马萨达，据称他是携带着约瑟夫斯著作的一些摘抄前往马萨达的。他在攀登马萨达时没有看到“蛇道”，而是从另一条极其艰险的道路攀爬到达马萨达顶部。马萨达壮观的景象令他十分震撼，在从马萨达返回后，他向当时的伊休夫领袖之一、犹太民族委员会主席伊扎克·本·兹维（Yitzhak Ben-Tzvi）分享了自己在马萨达的感受。本·兹维当时这样反问古特曼：“施玛里亚，告诉我，你为何如此兴奋？900 名犹太强盗从耶路撒冷逃到马萨达，而后选择了集体自杀。那又怎样？这有什么值得兴奋的？”[②] 然而，古特曼对马萨达的热情并没有因此受到影响，他有意识地将马萨达塑造成当代犹太青年敬仰的英雄象征，主要基于两大原因：一是马萨达作为位于犹地亚沙漠深处的壮观景象，前往马萨达跋涉这个过程本身就是身体和精神的双重提升，有助于增强犹太青年对故土的热爱之情；二是仅有拉姆丹的《马萨达》诗篇还不够，必须借助马萨达的英雄主义内涵，以唤起犹太青年的战斗激情。

在古特曼等人的组织下，青年运动组织了多次攀登马萨达的活动，在抵达马萨达后往往举行一定的仪式，来强化攀登者的精神体验。这一时期由于没有国家权力进行规范而没有形成固定的形式，但其中也包括一些必不可少的环节，比如诵读以利亚撒·本·亚尔的演讲或拉姆丹的《马萨达》诗篇。这种仪式性的诵读使在场者通过“想象”或“被想象”进入马萨达守卫者最后的情境之中，从而得以感受英雄先辈当时所遭遇的悲壮

① Nachman Ben-Yehuda, *The Masada Myth: Collective Memory and Mythmaking in Israel*, pp. 71 - 72.

② Michael Shashar, “Shmaria Guttman: The Creator of Masada Myth and the Exposer of Gamla in the Golan and Susia, on the Book *Bamidbar*,” *Eretz*, Vol. 1, No. 1 (1987), p. 24; Nachman Ben-Yehuda, *Sacrificing Truth: Archaeology and the Myth of Masada*, p. 63.

时刻，以为现在的艰难处境提供精神动力。尽管这些仪式是十分世俗的，但显然借用了宗教的形式。它把会堂的形式移到马萨达之上，诵读的内容由《托拉》变为《犹太战记》中有关马萨达的段落和《马萨达》诗篇，这二者成为马萨达朝圣者的神圣经典。[①]

在这种纪念框架中，仪式性诵读通常在夜晚进行。在熊熊燃烧的篝火中，青年们进行火中题词，尤为特别的是，马萨达最悲壮的时刻也发生在夜晚。在熊熊燃烧的篝火旁，共同回忆那一悲壮勇敢的时刻。火炬在近代民族主义的框架中，通常与为自由而战的意象联系到一起，美国纽约曼哈顿自由女神就是一个高擎火炬的女神。火炬在犹太复国主义青年运动中，象征着青春与活力，象征着不屈与坚强。以帆布做成的“马萨达决不再次陷落”字样在高呼后，被点燃在夜空中呈现出独特的效果，使每位在场者深深感受到马萨达的力量。

在荒凉寂静的马萨达夜空，燃起一团团篝火，势必产生出一种强烈的视觉与情感冲击；更重要的是，当年马萨达守卫者自杀也是在罗马焚烧了要塞大门后进行的，而最后一位自杀者正是一把火将马萨达焚烧。火炬的献词，创造了一种壮观的场景，无形中强化了马萨达符号所传递的民族奉献精神；而火炬的传递，象征着自由精神的传承。这种仪式意味着，旧一代的马萨达人曾在火中倒下，新一代的马萨达人将从火中崛起。

而且在时间上，朝圣者通常选择逾越节与哈努卡节来朝拜马萨达。在犹太传统中，这两大节日都与自由的精神密切相关。前者是为了纪念摩西率领犹太人摆脱法老奴役返回应许之地重获自由而设立；后者是为了纪念马卡比起义战胜塞琉古安条克四世重新夺回圣殿而为。马萨达守卫者即在逾越节前一天集体自杀；相比之下，朝圣者更多选择哈努卡节，哈努卡节在犹太传统中被称为“灯节”，朝圣中使用的火炬、篝火与之有着密切的联系。而且这种选择还伴随着对气候的考虑，哈努卡节正值 12 月，而逾越节在炎热的 4 月。[②] 在整个伊休夫时期，马萨达朝圣并没有形成固定的仪

---

① Yael Zerubavel, *Recovered Roots*: *Collective Memory and the Making of Israel National Tradition*, p. 128.

② Yael Zerubavel, *Recovered Roots*: *Collective Memory and the Making of Israel National Tradition*, p. 126.

式化行为，但诵读有关马萨达的篇章却成为纪念活动中必不可少的部分。① 透过这些仪式活动，马萨达所代表的争取自由、不惜牺牲的精神穿越2000余年，与当下联结在一起，成为新希伯来人认同和仿效的重要对象。

通过朝圣活动及其附带的仪式典礼，马萨达的特殊风景被剥离出了原有的地理意义，重新被编入一套以民族为中心的象征系统。作为一个地理空间的马萨达，因此被转化为铭刻民族记忆与神话历史的“诗意空间”。它不再是一个美学的鉴赏，而是犹太民族光荣的集体记忆。换言之，正是经由这些朝圣旅行及仪式，马萨达密不可分地与辉煌光荣的犹太历史联结在一起，成为表征民族的“神圣风景”（scared-scape）。神圣风景与民族命运紧紧相连，为之提供了情感寄托与心理支撑，是他们不惜为之付出甚至以生命为代价来捍卫象征性尊严的民族家园。马萨达所呈现的自然风景，发挥了召唤民族历史记忆的重要功能，古代的马萨达人与当代的希伯来青年得以穿越“同质而空洞的时间”，在空间上处于同一序列。这一历史体认赋予希伯来青年以共同的历史宿命与群体身份。

20世纪30年代中期之前，马萨达作为朝圣对象主要是在青年运动内部得到认可，它在伊休夫内部获得的关注仍很少。然而，1937年的分治计划使马萨达在伊休夫内部引发了讨论。围绕这份皮尔分治建议，伊休夫内部进行了激烈的争论。首要的问题是，该分治计划给予犹太人的土地太少。1937年8月在苏黎世举行的犹太复国主义代表大会对《皮尔报告》准备有条件地接受，但要求获得更多的土地。而且，该计划导致许多犹太历史遗迹不在未来的犹太国家范围之内，《皮尔报告》公布后，许多人对马萨达不在未来犹太国家之内表示了极大的愤慨。主张接受分治计划的一方，认为它承认了犹太国的范围已是十分重大的突破：“分治是一次残酷的外科手术，但是就因为像有人所说，莫迪因村（Modi’in）和马萨达要塞（Massada），犹太历史上这两个反抗的象征不被包括在犹太国之内，他们就应当放弃这次机会吗？他们应最大限度地利用历史时机。”② 反对的一方强调，作为反抗象征的马萨达决不能被放弃，无法想象马萨达不在犹太国家之内这种可能性。

---

① Nachman Ben-Yehuda, *The Masada Myth: Collective Memory and Mythmaking in Israel*, p. 85.

② 沃尔特·拉克：《犹太复国主义史》，第633页。

伊休夫领导人伊扎克·塔本金强调："我们不仅不能放弃耶路撒冷，也不能交出马萨达。这（不放弃马萨达）不仅是一种神话的价值，而且具有十分实际的价值。"[①] 在埃因·哈罗德（Ein Harod）举行的一场纪念仪式上，塔本金明确提及反抗罗马的大起义，认为它是"战争英雄主义"的代表，并强调正是对奋锐党人的记忆使犹太民族得以永存下来。甚至主张由于奋锐党人的努力，许多极其重要的犹太价值——语言、文化甚至《托拉》而得以保存。一些青年通过前往马萨达宣示主权来对分治计划表示抗议，并声称："我们所走过和思考的一切道理都在这里！在这个要塞的顶部，我们的祖先为捍卫自由而战斗！"[②]

20 世纪 30 年代后期，由于犹太人与阿拉伯人关系的恶化，阿拉伯人不断袭击前往马萨达朝拜的人们，造成新的伤亡。通往马萨达的道路一度被阻隔，但并没有吓到决心前往马萨达的犹太青年。1942 年 4 月，由青年卫士组织前往马萨达的一批朝拜者在马萨达附近遭到阿拉伯人的伏击，造成 7 死 14 伤。在极其惨重的伤亡面前，伊休夫内部就该不该前往马萨达朝拜展开争论。一名哈加纳指挥官认为，不应该冒着巨大的风险前去朝拜马萨达，这个过程造成的伤亡不是战争伤亡，因而这种死亡毫无意义。[③] 但这个看法遭到了广泛的批评，批评者指出死在通往马萨达的途中本身也具有重要意义。他们为了仿效马萨达英雄而付出生命与战死者具有同样的价值，这种追求自由与尊严的精神是一样的。由于不断发生阿拉伯人攻击朝圣者的事情，为了确保安全，伊休夫领导层决定暂时取消前往马萨达的旅行，但在青年运动中引起极大的不满。"我们应当使马萨达成为所有那些为以色列的救赎和故土的复兴而战斗的人们的纪念性要塞"，一位青年如此反抗道。[④] 因此，攀登马萨达在青年运动中得到了延续，但他们不再手无寸铁地前往，而是携带防卫武器以备在遭遇不测时进行反击。

---

① Nachman Ben-Yehuda, *The Masada Myth*: *Collective Memory and Mythmaking in Israel*, p. 128.

② Anita Shapira, *Land and Power*: *The Zionist Resort to Force*, *1881 – 1948*, p. 274.

③ Uri Ben-Eliezer, *The Making of Israeli Militarism*, Bloomington: Indiana University Press, 1998, p. 85.

④ Uri Ben-Eliezer, *The Making of Israeli Militarism*, p. 85.

第四章　马萨达处境的当代再现：作为反喻的大屠杀

第一节　隆美尔的威胁与马萨达崇拜的彰显

从1936年纳粹宣布重整军备，决心打破第一次世界大战后的国际格局开始，欧洲的厄运几乎已被注定。随后，纳粹先后公然兼并了捷克斯洛伐克苏台德地区以及奥地利。1939年9月1日，纳粹德国大规模进攻英法的盟国波兰，第二次世界大战由是正式爆发。之后，由于英法准备不足，纳粹使用闪电战术在几个月之内横扫了几乎整个欧洲大陆，到1940年6月法国投降，纳粹控制了从挪威到希腊、法国到苏联边境的欧洲大陆地区。

纳粹的迅速推进，几乎使整个欧洲大陆被纳入德国势力范围之下。意大利趁英法无暇顾及其在非洲的殖民地之际，企图夺取它们在非洲的势力范围。1940年9月，意大利军队从利比亚向东进攻，以夺取英国在中东的枢纽亚历山大里亚港与苏伊士运河。一度侵入埃及境内50公里，但军事实力羸弱的意军显然不是英军的对手，在得到增援后，1940年12月—1941年1月北非英军在韦维尔将军率领下向意军发起快速反击，成功地将意军驱赶到班加西以西地区。在此情境之下，墨索里尼被迫向希特勒求援，要求德国派军加入北非战场以扭转不利局面。[①] 为鼓舞意大利的士气使之不与英国媾和，1941年2月12日曾率领大军横扫法国的隆美尔将军被紧急派到北非战场指挥对英作战，组建了赫赫有名的“非洲军团”（Deutsches Afrika Korps，简称DAK）。隆美尔不愧为久经沙场的老将，在他统领下德

---

① Yehuda Bauer, *From Diplomacy to Resistance: A History of Jewish Palestine, 1939-1945*, Skokie, Illinois: Varda Books, 2001, p. 169.

意联军向英军发起了猛烈攻击。3—4 月，隆美尔组织了成功的快速反击，重新夺回班加西，并将战线再次推入埃及境内。[①]

随着纳粹在欧洲与北非战场的节节胜利，阿拉伯极端民族主义者也开始倒向轴心国阵营，企图投靠德国以争取独立主权。许多阿拉伯领袖也对德国的到来表示欢迎，并呼吁阿拉伯人发起针对英国人与犹太人的圣战。他们还散发了大量反犹宣传册，阿拉伯文版的希特勒《我的奋斗》及《锡安长老议事录》极为流行。[②] 1940 年 9 月，耶路撒冷大穆夫提阿明·侯赛尼（Mohammed Aminel-Husseini）派遣私人秘书前往柏林，请求德国给予阿拉伯人独立运动以实际支持；拉希德·阿里（Rashid Ali）于 1941 年 4 月在伊拉克发动了亲纳粹的军事政变；阿里·马希尔（Ali Mahir）在埃及宣布对德国和意大利持友好态度。普通阿拉伯人对于德国即将到来的消息表面似乎无动于衷，但私下却表示欢迎与赞同。[③]

由于纳粹势力向中东的扩张，在欧洲犹太人遭受纳粹灭绝性打击的同时，巴勒斯坦犹太人也面临着同样的危急时刻。伊休夫在圣地也真正感受到了纳粹的恐怖力量。在第二次世界大战爆发前，马萨达并非主流犹太复国主义的崇拜对象，仅有少数民族主义者推崇马萨达的战斗精神。在纳粹入侵的危急情况下，马萨达所代表的为自由而战的精神得到了空前的强调。马萨达也因此超脱了青年运动的象征而一跃成为全民认同的对象。伊休夫高层制订的应对纳粹入侵的计划被命名为“马萨达计划”，以借助马萨达的精神唤起民族的抵抗意识。而且，欧洲犹太人也发起了武装反抗运动——华沙隔都起义，当时人立刻将它与马萨达联系起来，使之获得了英雄般的地位，以作为“像羔羊一样走进屠场”的犹太人的对立面。随着巴勒斯坦政局的变动，马萨达得到了不断的运用与凸显，它随后在犹太人反抗英国委任统治争取民族独立的斗争中发挥了重要作用。马萨达符号的不断升腾，与巴勒斯坦犹太人局势的不断恶化有根本的关联。

---

① Klaus-Michael Mallmann & Martin Cüppers, *Nazi Palestine*: *The Plans to Exterminate the Jews in Palestine*, New York: Enigma Books, 2010.

② Klaus-Michael Mallmann & Martin Cüppers, "'Elimination of the Jewish National Home in Palestine': The Einsatzkommando of the Panzer Army Africa, 1942," *Yad Vashem Studies*, Vol. 35, No. 1 (2007), p. 15.

③ 乔治·柯克：《战时中东》，上海外国语学院英语系翻译组译，上海译文出版社，1980，第 299 页。

法国投降后建立的维希政府奉行投靠纳粹的政策，而作为法国委任统治地区的叙利亚，现在由维希法国接管。此时驻叙利亚的法军效忠于贝当的维希政权。维希政权与纳粹德国在这一地区进行了大量的合作。大量的德国特务、军事人员涌入了这一地区，贝鲁特的都城饭店成为德国在此进行控制的总部。人们一直担心纳粹将借道叙利亚，对巴勒斯坦进行南北夹击，从而将圣地的犹太人一网打尽。1941 年 11 月 28 日，希特勒在会见投靠纳粹的阿拉伯领袖、大穆夫提阿明・侯赛尼时，毫不掩饰地显露了德国在中东的政治意图："德国支持一场毫不妥协的反犹太斗争，这当然也包括反对巴勒斯坦的犹太民族家园，它正是犹太利益毁灭性影响力的焦点所在。"他随后就当前军事形势发表了看法，强调德国在东方的真实目的是"摧毁处在英国力量保护下的阿拉伯区的犹太人生活"。① 1941 年 12 月 21 日，德国对马耳他发起了猛烈的空袭行动，企图夺取英国在地中海东部的海军基地。

更为关键的是，1942 年 6 月，德军攻陷围困达 10 个月之久的托卜鲁克，随后占领马特鲁，7 月进抵距离亚历山大里亚只有 70 英里的阿拉曼，从而威胁整个埃及和巴勒斯坦的安全。而英军在阿拉曼的防线一旦被突破，就几乎没有任何阻碍地长驱直入开罗，征服巴勒斯坦便是举手之劳。当时一位驻巴勒斯坦的欧洲记者注意到："部分阿拉伯人对待德国人极其乐观的态度，很大程度上是与'希特勒即将到来'以驱逐犹太人的希望联系在一起的。隆美尔元帅已经成为一个传奇人物。因而，在今天阿拉伯人渴望德国的入侵，并反复询问德国人将于何时到来。"②

在此情况下，巴勒斯坦几乎处在法西斯的包围圈之中，北面是维希法国控制的叙利亚，东面是亲纳粹的伊拉克政权，西面是马耳他的德军，当然最为严重的威胁还是来自西南面的隆美尔军团，这几乎就是巴勒斯坦犹太人的末日。1942 年 4 月到 11 月 3 日，盟军取得阿拉曼战役的胜利期间，

---

① Klaus-Michael Mallmann & Martin Cüppers, "Elimination of the Jewish National Home in Palestine: The Einsatzkommando of the Panzer Army Africa, 1942," *Yad Vashem Studies*, Vol. 35, No. 1 (2007), p. 26.

② Klaus-Michael Mallmann & Martin Cüppers, "Elimination of the Jewish National Home in Palestine: The Einsatzkommando of the Panzer Army Africa, 1942," *Yad Vashem Studies*, Vol. 35, No. 1 (2007), p. 17.

巴勒斯坦犹太人对于这种灭顶之灾的担忧心情达到了顶点，这一时期在伊休夫内部被称为“200 天焦虑期”（200 days of anxiety）。[①] 而且，不断有消息传出英国委任统治者准备放弃巴勒斯坦，撤退到巴格达。似乎在欧洲以外，另一场大屠杀即将在巴勒斯坦上演。此情此景，与马萨达守卫者当年被团团包围的情况是何等相似。人们不断运用马萨达的象征来激励士气，表明绝不退让，誓死与故土共进退。“孤立无援”“别无选择”“战斗到底”成为当时极其流行的词语。

而且，1941 年底欧洲犹太人遭受“最后解决”的消息逐渐传开后，更是激发了伊休夫成员的斗志。伊休夫面对这种不断恶化的形势，抵抗情绪高涨，不断向委任统治当局要求成立一支犹太军队以保卫巴勒斯坦，并得到批准。1941 年 5 月 15 日，哈加纳委员会决定建立一支可供随时调遣的特别突击队——帕尔马赫，隶属哈加纳总部，由伊扎克·萨德赫指挥。而这支军队成为后来以色列国防军的基础，在独立战争中发挥了极大作用：“就英国从 1939 年到今天（1949 年）对中东政策的这个范围而论，巴勒斯坦政府的看法在逻辑上是正确的。犹太旅的老战士正如政府预见的那样，后来成为以色列陆军的核心，成为打败阿拉伯人的决定因素，而这些情况，等于是英国政策的失败，事实上也正是如此。”[②]

在民族危亡的紧要关头，马萨达成为表明抵抗决心的关键象征。许多军事组织（哈加纳、伊尔贡与莱希）和青年运动纷纷组织成员前往马萨达进行朝拜。此时，一直致力于宣传马萨达符号的古特曼也不甘落后，在青年运动中组织起了有关马萨达精神的讲习班，地点就设在马萨达的顶部，借助马萨达的象征唤起青年一代的战斗精神与牺牲意识。古特曼后来回忆举办这个班的原因时讲道：“作为一名教育工作者，我觉得有兴趣让年轻人注意到马萨达的故事。在那些艰难时期（1941—1943 年），有人担心隆美尔会通过埃及抵达（巴勒斯坦）……我想，年轻人应该怎么做？我认为他们必须被社会化，为各种情况做好准备，（特别是）为了自由和解放而战。当时我就说，没有什么比马萨达更适于这个目的。”[③] 1942 年 1 月正式

---

① Michael J. Cohen, *Britain's Moment in Palestine: Retrospect and Perspectives, 1917 - 1948*, New York and London: Routledge, 2014, p. 327.

② 乔治·柯克：《战时中东》，第 399 页。

③ Nachman Ben-Yehuda, *The Masada Myth: Collective Memory and Mythmaking in Israel*, p. 74.

图 4－1 犹太青年行军马萨达（1942 年）

资料来源：Ziv Reinstein, "Jewish Myth: 50 Years since Masada Dig," *Ynet News*, December 7, 2013, https://www.ynetnews.com/articles/0, 7340, L－4462171, 00.html。

开班，每周一次，大约有 56 名学员参加了这个讲习班，其中大部分来自青年运动。值得注意的是，参加这个讲习班的大多数成员后来成为以色列政界与军界的翘楚，其中包括著名的西蒙·佩雷斯与迈耶·阿米特（Meyer Amit）。至于讲习班的内容，大多数是讨论抵抗隆美尔入侵的计划。这些青年在马萨达学习之后，往往肩负着向其所在的组织传达马萨达精神的使命，号召人们坚决斗争："对于我们青年而言，以色列地……代表着犹太民族最后要塞的希望，马萨达是我们与故土之间契约的象征……我们将把马萨达的信息带给我们运动的其他成员……并对它宣誓：马萨达决不再次陷落！"①

第二节 "马萨达计划"的出台

随着隆美尔威胁的日益逼近，巴勒斯坦的局势不断恶化，而英国委任

① M. Brug, "From the Top of Masada to the Heart of the Ghetto: Myth as History," in David Ohana & Robert Wistrich, eds., *Myth and Memory: Transfigurations of Israeli Consciousness*, Jerusalem: Van Leer Institute, 1996, p. 223.

统治当局准备放弃此地逃往伊拉克，他们在伦敦、开罗、耶路撒冷等地讨论了许多撤退计划。1941 年 5 月，英国正式形成较为明确的撤退计划，规定只有英国公民才被允许撤离，而阿拉伯人与犹太人不许离开。实际上，已被“马萨达精神”武装的伊休夫成员决不会坐以待毙、束手就擒，他们准备效仿其精神上的先驱誓死捍卫立足不久的故土；宁可血战到底也不撤退，以表明与故土共存亡的决心。但是，伊休夫的武装力量毕竟有限，在强大的纳粹军队面前必然不堪一击。在巴勒斯坦故土也面临“最后解决”的情形之下，伊休夫领导根据地形制订了著名的“马萨达计划”（Masada Plan）。[①]

实际上，防御纳粹入侵巴勒斯坦的计划在隆美尔非洲军团所向披靡的 1941 年下半年就被哈加纳认真进行了考虑。随着德军攻势的不断加强，德军日益靠近巴勒斯坦，其中距离最近时只有 120 公里。1942 年初，英国计划将巴勒斯坦北部的卡梅尔山作为据点，集中所有军事力量抵挡轴心国的进攻，正式形成“巴勒斯坦的最后要塞”计划（Palestine Final Fortress）。与此同时，伊休夫也采取了相应的应对措施，将其计划称为“卡梅尔山上的马萨达计划”（Masada on the Carmel）或“海法—马萨达—穆萨—达格”（Haifa-Masada-Musa-Dagh）计划，也称“北方计划”（Plan of the North）、“马萨达计划”。“按照这一计划，一旦德国入侵埃及，巴勒斯坦所有犹太人将全部撤退，到北部集合。与马萨达情况相反的是，公开代号为海法计划的‘马萨达二号’作战计划不是抵抗的终点，而是长期抵抗的起点……萨德赫（计划的制订者）说：‘在英国人看来，巴勒斯坦只不过是一个后方省份，然而对我们来说，巴勒斯坦就是一切。’”[②] “马萨达计划”的内容是，集中伊休夫的所有战斗人员在卡梅尔山与海法周围的防御区，而妇女与儿童则准备撤离。这个防御区大约两百平方公里，以尽可能持久地与纳粹入侵者进行战斗。[③]

---

① Yehuda Bauer, *From Diplomacy to Resistance: A History of Jewish Palestine, 1939 - 1945*, p. 191.

② Yehuda Bauer, *From Diplomacy to Resistance: A History of Jewish Palestine, 1939 - 1945*, p. 192.

③ Michael J. Cohen, *Britain's Moment in Palestine: Retrospect and Perspectives, 1917 - 1948*, p. 327.

由于德国入侵的计划不甚明确，针对入侵的防御计划一再被讨论和修改。在一次讨论中，帕尔马赫在海法的司令官大卫·谢内特尔（David Shealtiel）提出："死在马萨达要比活在盖世太保统治下好得多……我们最好派遣3000人准备一切到山上去，进行游击战。"[①] 著名军事领袖伊扎克·塔本金就公众对德国入侵的反应说道："不可能与纳粹主义共存。这是犹太人灭绝的开始，等待每个人的注定是奴役与屈服的必然命运。他们也没有和平的解决办法，不可能在投降中逃走。未来只有通过战争与斗争……以色列地的犹太定居点今天必须成为犹太民族的中心，它必须承担起拯救人民与指导日常生活的重任……我们别无选择，只有尽我们的一切力量去战斗。"[②]

在伊休夫中间出现了这种观念：如果不进行抵抗活动，就将可能像流散地发生的那样，"像羔羊一样被屠戮"。因此，伊扎克·塔本金讲道："我们必须确保马萨达神话一直伴随着我们。"在犹太人的极力呼吁下，原本打算撤退的英国当局也制订了保卫巴勒斯坦的计划。自马萨达计划被提出后，一位青年反对为欧洲犹太人举行三天的哀悼，而宣称青年团体应该聚集在马萨达："我们达到了我们的目标……前往马萨达旅行并聚集在那里。这是我们对犹太人命运尤其是那一代人命运给予声援的象征性的表达，因为他们在马萨达没有选择奴役。"[③] 很显然，这位青年通过马萨达的古代事迹而与他们在欧洲受难的同胞建立了联系，将马萨达视为高贵死亡的典范。

帕尔马赫司令官伊扎克·萨德赫（Yitzhak Sadeh）在1942年对"马萨达计划"进行了解释："我们仅仅知道这个：我们将不会屈服，我们将战斗到底。我们将尽可能地使敌人遭受重创……我们是一个民族团体……决心进行绝望无助和英勇无畏的战斗……成为新式的马萨达人。"[④] 马萨达代表了一种没有希望获胜的延续，而对于那些可能遭受纳粹毒手的人来说，

---

① Yoav Gelber, *Masada: The Defence of Palestine during World War II*, Ramat Gan: Bar-Ilan University Press, 1990, p. 56.

② Nachman Ben-Yehuda, *The Masada Myth: Collective Memory and Mythmaking in Israel*, pp. 132 – 133.

③ Yael Zerubavel, *Recovered Roots: Collective Memory and the Making of Israel National Tradition*, p. 72.

④ Yael Zerubavel, "The Death of Memory and the Memory of Death: Masada and the Holocaust as Historical Metaphors," *Representations*, No. 45 (Winter, 1994), p. 81.

死于绝望的战斗代表着反抗的行为，这也是希望复仇的尊严之体现。但在此，新式的马萨达人显然不同于原有的马萨达人。本·亚尔并没有号召他的战友坚持战斗直到牺牲；而伊扎克·萨德赫并未提出所有成员应当杀死妇女与儿童然后集体自杀以避免成为纳粹的俘虏。

图 4-2 青年运动在马萨达顶部竖起旗帜（1943 年）

资料来源：Yael Zerubavel, *Recovered Roots: Collective Memory and the Making of Israel National Tradition*，夹页插图。

实际上，今天的马萨达人（即伊休夫的犹太战士）选择保护妇女与儿童，伊休夫的领导者在“马萨达计划”中设想一旦纳粹入侵，就将所有的妇女与儿童转移至塞浦路斯岛。伊格尔·阿隆认为：“很显然，伊休夫与哈加纳准备在这场战斗中牺牲生命与财产。我们对它没有任何幻想。然而，为拯救民族而牺牲与为‘制造’历史而牺牲是不同的。没有理由进行一场堂吉诃德式的总体战争，或者缺乏任何机会的马萨达式的战争——一场没有任何希望的战争。古代马萨达的守卫者只是在其他一切选择都被用完，才走向他们的结局。实际上，只有这样我们才敬佩他们惊人的荣耀之举。”①

① Nachman Ben-Yehuda, *The Masada Myth: Collective Memory and Mythmaking in Israel*, p. 134.

1942年10月23日至11月3日，蒙哥马利统率的北非英军在为期两周的阿拉曼战役中成功战胜了曾经不可一世的隆美尔军团，阻止了其继续东进的步伐，使巴勒斯坦犹太社团的威胁得以解除。11月8日，艾森豪威尔率领的英美盟军在北非的摩洛哥与阿尔及利亚登陆，形成对轴心国北非军队的合围，最终迫使其于1943年5月投降。尽管德国的入侵并没有在巴勒斯坦上演，马萨达符号却在当地犹太人中间得到了深入的渗透与灌输。在围困中争取生存的努力促成民族的空前一致，民族委员会主席伊扎克·本·泽维强调："我所有的努力都是致力于将伊休夫团结与凝聚成为一个整体，而隆美尔入侵的威胁刚好提供了这一机会。"[①] 在新希伯来人看来，他们几乎就要处于与历史上马萨达人同样的处境，马萨达成为在绝望无助中进行战斗的象征，有尊严地死去要比受奴役地活着高尚得多："在马萨达中，我们看到了一场追求自由的战斗、英雄主义的战斗、以少敌多的战斗、忠于故土的战斗、忠于民族的战斗！"[②]

第三节 "华沙隔都"即马萨达

马萨达的当代所指不仅超出了巴勒斯坦，而且到达了欧洲。纳粹势力不断逼近犹地亚使马萨达崇拜不断得到彰显，而纳粹对欧洲犹太人迫害的日益加剧也促使马萨达在欧洲得到推崇。这在名噪一时的华沙隔都起义中表现得淋漓尽致。华沙隔都起义是大屠杀期间屈指可数的武力反抗纳粹暴政、不惜牺牲的英雄主义事例，起义者的战斗精神与像羔羊一样走进屠场的犹太人形成鲜明对照。华沙隔都起义者陷于纳粹的重重包围中，在这场起义期间及之后，人们一再将之与马萨达联系起来。马萨达作为历史上的犹太英雄主义与华沙隔都的当代犹太英雄主义互相辉映，华沙隔都经常被称作华沙的马萨达。

---

① M. Brug, "From the Top of Masada to the Heart of the Ghetto: Myth as History," in David Ohana & Robert Wistrich, eds., *Myth and Memory: Transfigurations of Israeli Consciousness*, p. 207.

② M. Brug, "From the Top of Masada to the Heart of the Ghetto: Myth as History," in David Ohana & Robert Wistrich, eds., *Myth and Memory: Transfigurations of Israeli Consciousness*, p. 207.

一　“像羔羊一样走进屠场”

巴勒斯坦的犹太人批评欧洲犹太人“像羔羊一样走进屠场”，前者在死亡的威胁面前，决心追随马萨达的范例准备战斗到最后一刻、流尽最后一滴鲜血。“像羔羊一样走进屠场”最先被用来形容欧洲犹太人不做任何反抗地走向死亡是在维尔纳隔都的阿巴·科威勒（Abba Kovner）出版的一份传单中出现的，那里的犹太人从1941年起惨遭大规模屠戮。在这份传单中，他号召犹太人奋起抵抗纳粹的迫害，而不是像羔羊一样被屠戮。[①] 在巴勒斯坦，该用语出现于1942年底，随着欧洲犹太难民来到当地而出现。这一时期，欧洲犹太人遭到大规模灭绝的消息开始传到巴勒斯坦。

但最令巴勒斯坦犹太人关心的并非欧洲犹太人遭到屠戮的消息，而是他们在屠杀面前不反抗的态度，巴勒斯坦犹太人对欧洲犹太人的消极态度表示不解，并认为这是流散心态造成的后果。他们并不同情这些“像羔羊一样走进屠场”的流散犹太人。摩西·塔本金在一场主题为“青年面对流散地大屠杀”的集会上认为：“我们虚弱的耻辱是极为恐怖的。这个时候‘否定流散地’对我而言已成为对流散的憎恨。我们今天的虚弱是应该遭到谴责的。它是可鄙的。”随后他又慷慨激昂地说道：“如果我们不为自己，谁会为我们？……我们正当的反击就是：对权力的渴望，对权力的敏感，对权力的疯狂！这种真正的权力，是属于我们的。”[②] 不仅如此，许多青年开始将马萨达的精神与对大屠杀的反抗联系起来。在被问及对大屠杀的反应时，一位青年回答道：“在攀登马萨达和在马萨达的集会中……我们获得了我们所想要的。对于我们而言，这是我们对犹太人命运进行确认的象征性表达……由于他们拒绝选择奴役。”[③]

正是出于对流散犹太人的否定态度，伊休夫对欧洲犹太人的命运给予了很低程度的关注。研究大屠杀历史的学者耶胡达·鲍尔在讨论犹太复国主义在第二次世界大战期间的外交活动时，对伊休夫之于大屠杀的态度评论道：“伊休夫（以及整个世界的犹太人）对欧洲犹太人灭绝消息的反应

---

① Anita Shapira, *Land and Power: The Zionist Resort to Force, 1881 - 1948*, pp. 330 - 331.

② Anita Shapira, *Land and Power: The Zionist Resort to Force, 1881 - 1948*, p. 349.

③ Uri Ben-Eliezer, *The Making of Israeli Militarism*, p. 93.

是现代犹太史学所遇到的最为关键与可怕的问题之一。这一问题的某些方面已经无法澄清，也无法加以解决。”①

仅有的举措是1944年，伊休夫从250名志愿者中挑选了32人由英军空投到南斯拉夫、匈牙利和意大利的后方，以在当地组织犹太人进行抵抗并建立情报联络网。伊休夫高层很清楚，由这三十几人组成的小分队根本挽救不了欧洲犹太人的命运，甚至他们的命运也会全部断送。但这种飞蛾扑火举动的象征意义不容忽视，因为它体现了伊休夫决心与不从事任何反抗的流散犹太人决裂，正如塞格夫所说：“这场行动是犹太复国主义的民族觉醒，以拯救欧洲犹太人的灵魂，而非挽救他们生命的军事使命。”② 他们中有24人到达了预定地点，但绝大部分被纳粹逮捕。其中包括著名的女英雄汉娜·塞内丝（Hannah Senesz），她在匈牙利被捕后遭到严刑拷打，1944年在布达佩斯被处决，年仅23岁。她在法庭上诵读了《被燃烧的火焰吞没的进军是神圣的》诗篇，其成为20世纪最为流行的希伯来语诗歌之一。以塞内丝为代表的志愿战士被伊休夫宣传为英雄主义的代表，他们被誉为勇敢、坚韧和先锋精神的象征，而塞内丝几乎成为犹太人的“圣女贞德”，1950年被作为民族英雄迁葬入赫茨尔山的国家公墓。③

二　华沙隔都起义及其马萨达化

1940—1942年，纳粹德国将犹太人集中到位于华沙市区的华沙隔都中，面积大约为4平方公里，周围圈有高墙。在这个狭窄的空间中生活了大约50万名犹太人，条件极为艰苦，疾病、饥饿、瘟疫横行。1941年底，万湖会议提出了“最后解决”措施，纳粹开始分批将犹太人从华沙隔都运往奥斯维辛集中营，以这种方式运走了大约40万名犹太人。到1943年初，华沙隔都仅剩下5万名犹太人，他们在犹太复国主义抵抗组织的领导下决心进行反抗。

---

① Yehuda Bauer, *From Diplomacy to Resistance: A History of Jewish Palestine, 1939 - 1945*, p. 284.

② Tom Segev, *The Seventh Million: The Israelis and the Holocaust*, New York: Hill & Wang, 1993, p. 87.

③ Judith Tydor Baumel, "The Heroism of Hannah Senesz: An Exercise in Creating Collective National Memory in the State of Israel," *Journal of Contemporary History*, Vol. 31, No. 3 (July, 1996), pp. 521 - 546.

1943年1月18日，纳粹决定从隔都转移几千名犹太人作为苦力进行劳动，犹太复国主义青年决定组织力量进行武力反抗。他们与德军开展了极其艰苦的巷战，经过几天的战斗，大约1000名犹太人和12名德军士兵丧生。德军由于人手不够而暂停了进攻。3个月后，即逾越节前夕的4月19日，纳粹势力卷土重来，准备一举消灭抵抗力量。在随后的四周，装备大炮与坦克的2000多名德军士兵对负隅顽抗的犹太抵抗者进行了最后的攻击。5月16日，德军指挥官斯特鲁普（Jurgen Stroop）率军摧毁了华沙中心会堂，从而宣告这场战斗结束。华沙隔都起义被扑灭，许多未离开的起义战士为不落入纳粹之手而选择自杀。根据德国方面的报道，在这场战斗中，德军方面有16死80伤。华沙隔都起义在随后被无限放大，作为犹太人争取自由、捍卫尊严的英雄主义典型为犹太复国主义者不断强调，他们对起义战士进行了热情的讴歌："你们用鲜血圣化了我们的斗争，你们向我们展示了以鲜血开辟的道路。"隔都战士以其英勇战斗的实际行动与流散犹太人的消极行为形成鲜明的对照，这本身就是一种"否定流散地"。

华沙隔都起义的消息传至伊休夫，立刻在当地激起强烈的自豪感。果尔达·梅厄称赞道："我们在流散地进行反抗的战士们，不愿以投降的方式死去，而是作为英雄牺牲以捍卫将来世代以色列人的荣誉。"① 他们以马萨达作为比喻对华沙隔都的反抗表达了深深的惋惜与崇高的敬意。1943年5月16日伊休夫的一份报纸《晚报》（*Yediot Aharonot*）的头条是"华沙的马萨达已经陷落！（The Masada of Warsaw Has Fallen!）纳粹焚烧华沙隔都的残迹"。② "今天华沙的犹太人做出了他们最后的抵抗……他们以其鲜血圣化了饱受折磨与压制的民族，再现了耶路撒冷和马萨达奋锐党人、巴尔·科赫巴及其他犹太军事英雄的传统。"③ 可以说，华沙隔都起义成为激励巴勒斯坦犹太人的勇气所在，民族委员会主席本·泽维也说："我们不能忽视隔都保卫者孤注一掷的英雄主义，它在历史上自从马萨达时代以来就无

---

① M. Brug, "From the Top of Masada to the Heart of the Ghetto: Myth as History," in David Ohana & Robert Wistrich, eds., *Myth and Memory: Transfigurations of Israeli Consciousness*, p. 215.

② Ian Buruma, *Year Zero: A History of 1945*, New York: Penguin Press, 2013, chapt. 4.

③ M. Brug, "From the Top of Masada to the Heart of the Ghetto: Myth as History," in David Ohana & Robert Wistrich, eds., *Myth and Memory: Transfigurations of Israeli Consciousness*, p. 216.

可比拟。这场英勇的战斗激励着整个伊休夫的勇气，尤其是青年和我们的士兵，他们冲到前线保卫故土。这是整个民族得到鼓舞和为之自豪的源泉。”①

马萨达与华沙隔都起义这两大事件成为犹太英雄主义的古今象征而贯通在一起，尽管它们在时间和空间上存在着巨大的差异，处于完全不同的时空，但犹太复国主义者从捍卫自由、争取尊严的斗争精神中找到了共同点。首先，这两大群体都处于被包围的状态，以羸弱的少数对抗强大的敌人；其次，它们都以悲剧性的结尾收场，以人员全部牺牲而结束；最后，两大事件都发生在逾越节前夕，逾越节在犹太传统中是争取自由的节日。②

对于当时伊休夫的人们来说，马萨达在地理上离他们很近，但在时间上距他们十分遥远；华沙隔都虽然在空间上距他们很遥远，但在时间上与他们特别接近。英雄主义和牺牲精神的历史记忆将这两大事件联结起来，从而使马萨达神话借助华沙隔都起义与悲情的犹太英雄主义等同起来，深化了马萨达记忆的内涵。犹太复国主义者从华沙隔都中找到了真实的马萨达历史再现，为了反抗强权不惜牺牲一切。在古代世界，罗马帝国是不可战胜的军事帝国，但马萨达守卫者英勇不屈、决不投降；而在现代世界，纳粹德国当时横扫整个欧洲，不可一世，但华沙隔都起义者并没有为此所吓倒。将隔都战斗者视为马萨达英雄的观念在当时深入人心。在隔都起义期间，拉姆丹《马萨达》诗篇中的另一句也经常被人们引用：“本·亚尔将会再度显现，他没有死去，没有死去！”

研究马萨达象征的著名学者纳赫曼·本·耶胡达指出，将马萨达与华沙隔都起义联系起来是“20 世纪 40 年代与 20 世纪 50 年代初期伊休夫心理反应中的典型认同要素之一。在那些年代出现了在大屠杀与复兴的民族主义、大屠杀与反抗等这些历史时期之间建立联系的模式，这种模式给予这些联系以神话般的特征”。③ 将马萨达与华沙隔都进行类比在当时是如此普遍，甚至为隔都战斗者自己所接受，他们将马萨达视为一个历史上的典

---

① M. Brug, “From the Top of Masada to the Heart of the Ghetto: Myth as History,” in David Ohana & Robert Wistrich, eds., *Myth and Memory: Transfigurations of Israeli Consciousness*, p. 216.

② Yael Zerubavel, “The Death of Memory and the Memory of Death: Masada and the Holocaust as Historical Metaphors,” *Representations*, No. 45 (Winter, 1994), p. 79.

③ Nachman Ben-Yehuda, *The Masada Myth: Collective Memory and Mythmaking in Israel*, p. 213.

范，并声称隔都的英雄主义就是华沙的马萨达。当时出现一本名为《华沙的马萨达》的著作，它由拉扎·利泰（Hain Lazar-Litai）所写，主要讲述华沙隔都的反抗活动。

记忆不是直线的，而是存在着很大的跳跃性。华沙隔都与马萨达之间的关联显然是一个社会建构的产物，两者有着完全不同的时空脉络与社会内涵，并非所有人都认可将它们两者放在一起进行比较的做法，也有人对马萨达的精神表达了怀疑和抗拒。迈尔·亚力（Meir Yaari）就极力反对这种比喻："在华沙我们并非进行着马萨达式的战斗。马萨达是几千年的流散之前的犹太独立时期的最后阵痛与最后火花。我们所接受的责任（保护以色列地的人民和伊休夫）禁止我们以马萨达的方式进行思考和采取马萨达式的做法。我们不是在进行最后的战斗。我们将不会选择光荣地死去，或者是英勇地死去，我们将不会死去——而是活着！"①

实际上，华沙隔都的战士们对残暴的纳粹进行了"最后的反抗"，他们勇敢地拿起武器，在没有任何成功可能的情况下，进行着一场绝望无助的浴血战斗。而马萨达的情况并非如此。西卡里人并没有对罗马人进行任何反抗，而是选择集体自杀，从而将要塞拱手相让。此外，华沙隔都战士并没有像西卡里人那样从事抢劫、杀戮同胞的恐怖活动。因此，尽管对驻守在马萨达的西卡里人是否从事过反抗罗马的斗争存在着疑问，但华沙隔都的犹太起义者却是不折不扣的英雄主义战士。

第四节　英国委任统治者 = 罗马人？

在犹太人与阿拉伯人的共同抵制下，英国放弃了分治计划。但在欧洲局势日趋紧张的情况下，为了防止占人口多数的阿拉伯人倒向德国一边，1939 年 5 月 17 日，英国当局出台了《麦克唐纳白皮书》（以下简称《白皮书》），规定：委任政府的目标是建立一个自治政府，而在未来的自治政府中阿拉伯人将按其人口比例占据领导地位，但犹太人作为一个少数社团地位的合法权利也将得到保证。在未来五年内，进入巴勒斯坦的犹太移民总

① M. Brug, "From the Top of Masada to the Heart of the Ghetto: Myth as History," in David Ohana & Robert Wistrich, eds., *Myth and Memory: Transfigurations of Israeli Consciousness*, p. 221.

数不得超过7.5万人的限额，五年后由阿拉伯人来决定是否限额及限额的数目。同时对犹太人购买土地进行了限制。随后英国委任统治当局又颁布了《土地转让法》，规定：在占全部土地65%的A区，只有阿拉伯人有权从事土地买卖；在占全部土地23%的B区，犹太人必须取得高级专员的许可才能购买土地；完全可供犹太人自由购买土地的C区，仅占巴勒斯坦全部土地的5%。[①]

《白皮书》的发表引起犹太人的强烈反对。有学者指出，"1939年5月的《白皮书》开始了犹太复国主义运动和英国政府之间十年的冲突"。[②] 犹太人认为它违背了以前《贝尔福宣言》的承诺，因而是针对阿拉伯人武装反抗所做出的妥协退让。伊休夫的主导力量，以本·古里安为代表的锡安工人党主张维持与英国的合作大局而不致破裂，同时反对其限制犹太人的政策。在当时的情况下，反抗纳粹是英犹双方的共同目标，而且对于犹太人来说，它是压倒一切的首要任务。对此，本·古里安有句名言："就像没有《白皮书》一样同英国人一起向希特勒作战，同时就像没有世界大战一样与《白皮书》作战。"但在激进的修正派看来，这等于扼杀了犹太人建国的希望。犹太复国主义修正派与不满妥协政策的哈加纳成员共同组建军事组织伊尔贡，坚持与英国委任统治政策进行斗争。

1940年，从伊尔贡中分离出一个更加激进的组织，称为"莱希"（Lehi，即"以色列自由战士"），也称"斯特恩邦"，因其领导人为亚伯拉罕·斯特恩（Abraham Stern）而得名。该组织为《白皮书》的反犹太复国主义立场所触怒，认为必须使用直接的暴动（包括暗杀）来实现民族的拯救，而阻扰民族拯救的英国统治者正是他们最大的敌人。该组织在反英斗争过程中最为频繁地运用马萨达符号，这很大程度上与斯特恩本人对马萨达战士的崇拜有关。在创建莱希的过程中，斯特恩将自己的名字改为"亚伯拉罕·本·亚尔"，以示自己是马萨达守卫者领袖以利亚撒·本·亚尔的现代继承人，以古代犹太战士反抗罗马的精神来反抗今天的英国统治者。他认为，2000多年前奋锐党人所从事的战争是促使犹太民族得以生存的关键因素。他为莱希组织设定的目标是创建一支强大的犹太军队，以征服整个巴勒斯坦，

① 诺亚·卢卡斯：《以色列现代史》，杜先菊、彭艳译，商务印书馆，1997，第177页。

② 诺亚·卢卡斯：《以色列现代史》，第194页。

建立犹太国家，因此不可避免地与英国当局产生矛盾。

此外，与当年的奋锐党人一样，莱希组织不仅极端仇恨英国统治者，而且极力反对与英国统治者合作的犹太人。在莱希看来，今天的英国等同于提图斯与哈德良时代的罗马。由于莱希组织的极端反英政策，遭到英国当局的全力打击与迫害。1942 年初，许多莱希成员被投入监狱，亚尔成为英国人的首要目标，英国军队对其开展了多次抓捕行动。亚尔一再拒绝哈加纳提供的帮助，2 月 12 日，他在特拉维夫的藏身地被英国情报机构发现。当他试图逃走时，被英国军官杰弗里·莫顿（Geoffrey Morton）击毙。他的死去引起了极大的反响，人们纷纷以马萨达式的烈士对其加以赞颂："他牺牲于争取自由的战斗之中，以其圣徒般的死亡创造了一个供其他人仿效的模范。"[①]

亚尔的死去并未阻挡莱希武力对抗英国当局的决心。相反，其成员对英国更加充满仇恨，决心为亚尔报仇。由于两者实力悬殊，莱希决定以非常规方式进行反抗，采取大规模的暗杀行动开展报复。他们就像是现代的"西卡里人"，对英国人及与英国当局合作的犹太人进行了疯狂的暗杀行动。据学者研究，"1919—1948 年，莱希是从事政治谋杀活动最为活跃的组织。在这 29 年间发生的 81 起重大谋杀事件中，有 42 起为莱希所制造，所占比例高达 52%。如果不考虑 1919—1940 年 8 月莱希尚不存在的这一时期（22 起），……那么莱希的'贡献'就更为显著。在 59 起事件中，42 起可以归于莱希，达到了惊人的 71%"。[②]

当时许多人将莱希成员的自杀式战士比作马萨达战士，例如，"他们是两个仅有两把手枪的战士，为装备了最精良武器的军队所包围。他们（英国人）无须建造一座围攻的舷梯，因为在他们面前并不存在马萨达的岩石。只是一座简单的房屋，却是精神上的马萨达。这个房屋的门槛流淌着以利亚撒·本·亚尔的鲜血。他们将不会向敌人屈服"。[③] 作为对英军围剿的报复，英国有 15 名警察丧生。1944 年 11 月，莱希的两名成员在开罗暗杀了英国驻中东特使、曾任巴勒斯坦专员的沃尔特·莫因（Walter Moyne）

---

① Nachman Ben-Yehuda, *The Masada Myth: Collective Memory and Mythmaking in Israel*, p. 142.

② Nachman Ben-Yehuda, *Political Assassinations by Jews: A Rhetorical Device for Justice*, Albany: State University of New York Press, 1993, p. 397.

③ Nachman Ben-Yehuda, *The Masada Myth: Collective Memory and Mythmaking in Israel*, p. 144.

勋爵，成为莱希组织开展恐怖活动的顶点。莱希所从事的恐怖活动使英国统治当局大为震撼，并很快为其他组织仿效。1944 年 1 月，伊尔贡新领袖梅纳赫姆·贝京宣布发动反对英国委任当局的起义。

1945 年 5 月欧洲战场结束以后，600 多万名欧洲犹太人被屠杀，仅剩下留在集中营无家可归的几十万名犹太人。这些难民强烈要求前往巴勒斯坦，但英国坚持《白皮书》的政策，拒绝做出任何让步。大屠杀的悲惨遭遇使他们建立犹太国家的愿望更加迫切，当时有一篇文章这样写道："我们等待了 2000 年，我们不能继续等待下去，现在就要有一个犹太国家！"[①] 英国为了维持阿犹之间的均势对此极力加以阻扰。哈加纳决定对英国采取全面的武装斗争措施，以实现建国的目标。为统一各派的武装斗争，1945 年 10 月，哈加纳、伊尔贡、莱希等组织正式建立反英统一战线，宣布组成"希伯来抵抗运动"，后两者在保持组织独立和行动自由外接受哈加纳的领导："犹太人民投入了一场反对当局的斗争；他们不能同决心要毁灭我们、把移民赶尽杀绝、在我们的国土上建立警察国家、剥夺我们土地的政府合作……我们从未承认，也决不承认限制移民的合法性。我们决不承认，也永远不会承认限制购买土地的合法性。我们决不接受一个存心把我们置于死地的政权。"[②]

在反英统一战线的组织下，犹太人开展了一系列的恐怖破坏运动。1946 年 6 月 17 日，帕尔马赫破坏了许多重要的公路桥梁，伊尔贡与莱希袭击了海法的铁路与炼油厂。恼羞成怒的英国当局决定对反抗运动给予沉重的打击，6 月 29 日出动 2 万兵力对伊休夫的各个据点进行大搜捕，除本·古里安等人逃脱外，包括摩西·夏里特等许多高层在内的 2500 人被投入监狱，是为"黑色安息日"。决心进行武力反抗的犹太抵抗运动者并没有为之吓倒，他们于 7 月 22 日策划制造了举世震惊的"大卫王饭店爆炸案"。这场袭击造成 100 余人丧生，几百人受伤。该事件引起国际社会的高度关注，英国也遭受了越来越大的国际压力。

不断升级的恐怖袭击往往超出哈加纳的控制范围，"大卫王饭店爆炸案"作为伊尔贡的单方面极端行动而招致国际社会的一致谴责。伊休夫内

---

① Anita Shapira, *Land and Power: The Zionist Resort to Force, 1881 - 1948*, p. 312.

② 乔治·柯克：《战时中东》，第 57 页。

部对激进分子持强烈批评态度的是平哈斯·拉冯（Pinehas Lavon），他分别以爱尔兰人、南非布尔人的例子来说明武装反抗英国殖民当局是没有出路的，他还特别以6月底的"黑色安息日"发出警告——伊休夫无力继续与英国当局进行武装斗争，武装斗争势必激起当局更加猛烈的打击报复。拉冯用马萨达的事例来劝告激进派的朋友，"我相信那些战士们会说：我们不是必须也不想通往马萨达。但这不是一个意愿的问题。在某种途径的发展中存在着一种客观的逻辑。这种途径的逻辑就是，如果我们任其发展到最后，它必将把我们引向马萨达"。[①] 1946年8月23日，本·古里安在巴黎向马帕伊致题为《既非马萨达，也非维希》（"Neither Masada-Nor Vichy"）的公开信，把马萨达视为集体自杀的代表，把维希当作投降的代表，对伊尔贡过分推崇武力袭击而放弃政治斗争给予了批评，认为这种极端行为将导致一个现代马萨达的出现："既非马萨达，也非维希！如果在我们面前一直是困难和艰苦的日子，让我们牢记，我们没有准备好进行一场最后的战斗，我们的灵魂不希望与非犹太人同归于尽，我们也不应该处在绝望与自杀的门槛。"[②] 对此，伊尔贡的领袖贝京在其组织的报纸上进行了反击，他强调："马萨达——为了进行区分——是在军事失败之后的英雄主义篇章。但我们还没有在军事上被击败。充满斗志的希伯来军队并未被击败……因此，不存在使我们投降的客观性条件，也没有理由像他们那样去自杀。"[③]

马帕伊和伊尔贡之间围绕马萨达的论争，不仅是一场由符号表述与叙述策略所构成的文化斗争，更是一场关涉现实利益与权力角逐的政治斗争。对于犹太人的恐怖活动，英国人也采用了马萨达的处境来形容这些恐怖分子的最终下场。曾任巴勒斯坦高级专员的赫伯特·塞缪尔勋爵在历史上反抗罗马的奋锐党人与今天反抗英国的伊尔贡之间进行了类比。暗指今天的英帝国与当年的罗马帝国一样强大，并发出警告：伊尔贡将落得与奋锐党人同样悲惨的下场。作为回应，伊尔贡十分自豪地接受了这个比喻，因为奋锐党人在当时是一个光荣的称呼。但他们同时批评了塞缪尔勋爵，谴责英国人与罗马人一样企图毁灭犹太民族的自由："实际上，奋锐党人在

---

① Joseph Heller, " 'Neither Masada-Nor Vichy': Diplomacy and Resistance in Zionist Politics, 1945 - 1947," *The International History Review*, Vol. 3, No. 4 (October, 1981), p. 558.

② Jay Y. Gonen, *A Psychohistory of Zionism*, New York: Mason/Charter, 1975, p. 178.

③ Nachman Ben-Yehuda, *The Masada Myth: Collective Memory and Mythmaking in Israel*, p. 138.

战斗中全部战死，但他们的战斗、牺牲、爱国与死亡培育了希伯来民族的永恒活力，并一直存在到今天；看看这个奇迹：在2000年的流散之后，他们再度进行着为了解放神圣故土的战斗……摧毁马萨达的民族在哪里？……读一下写在这个墙上的内容便可知晓。”①

在犹太人愈演愈烈的暴力袭击下，英国委任当局感到了厌倦。更为重要的是，英国经济在第二次世界大战后陷入了极其严重的危机中。在第二次世界大战中实力遭到大大削弱的英国不得不仰仗美国的鼻息生存，而美国力主放宽对犹太难民进入巴勒斯坦的限制。1947 年 2 月，英国外交大臣贝文宣布将巴勒斯坦问题提交联合国处理。7 月，联合国派出巴勒斯坦特别委员会进行调查，随后建议实行分治，成立一个犹太国和阿拉伯国，将耶路撒冷置于国际共管之下。11 月 29 日，联合国大会以 2/3 的多数通过了建立一个阿拉伯国家和犹太国家的巴勒斯坦分治决议。

① Nachman Ben-Yehuda，*The Masada Myth*：*Collective Memory and Mythmaking in Israel*，p. 138.

第五章　国族的自然化："整个国家就像是放大的马萨达堡"

第一节　马萨达精神的国家化

以色列建国后，在本·古里安"国家主义"意识形态的运作下，马萨达经历了快速的社会化与政治化，发展为以色列建国初期的首要民族认同场所与历史记忆空间。与委任统治时期不同的是，建国后国家权力对之前较为松散自由的马萨达崇拜进行了规训与控制。以色列国防军经常组织成员到马萨达宣誓，其誓词为"马萨达决不再次陷落"，以表明以色列国坚决捍卫民族独立的愿望与决心。不但军人，社会各界也纷纷前往马萨达感受那种爱国主义氛围，以增强处在四面包围之下求生存的决心和动力。

一　独立战争中的"马萨达"

在以色列的编年史上，通常认为独立战争始于1948年5月15日阿拉伯国家组成联军从各个方向对以色列发起进攻；而在阿拉伯的编年史上，一般把第一次中东战争的起点定在1947年12月3日犹太人向阿拉伯开火。这种差异反映了两种不同的立场：以色列人从国家合法性的角度出发，认为阿拉伯联军的入侵是对国家主权的侵犯与否定，对这种入侵的反击真正体现了这场独立战争的意义。从本质来看，这两种立场都意在强调自身遭受对方的侵略，而卷入战争实属无奈之举，利用这种受害者的姿态以表明自己进行战争的合法性。实际上，抛开交战双方的意识形态来看，独立战争的开端在分治决议通过后就已开始；根据学者尤里·米尔斯坦（Uri Milstein）的看法，这场战争的起点被定在了 1947 年 11 月 30 日 8 时 12 分。[①] 一辆前往耶路撒冷的犹太公交车被袭击之时，战争就已打响。这场袭击发生于犹太城镇佩塔提克瓦与阿拉伯城市吕大之间，一群雅法阿拉伯人制造了这起事件，造成 5 名犹太人被杀。这场几乎与平常无异的冲突事件，由于发生在分治决议通过之后，引发了持续 15 个月的战争。

在以色列人看来，独立战争几乎就是从事与“马萨达”一样的战斗。阿拉伯人从各个方向对以色列发起进攻，试图将犹太国家扼杀在摇篮之中。而且，独立战争中的埃齐翁围攻战经常被直接拿来当作马萨达精神的体现。1948 年 1 月 14 日，约有 1000 名阿拉伯人包围了埃齐翁集团（包括四个基布兹），守卫者击退了一次次进攻。一队由丹尼·玛斯率领的 35 人援军赶来支援被困者，他们试图绕开阿拉伯人设置的路障，但没有成功。几百名阿拉伯人闻讯赶来将其团团围住，这些救援者全部战死。从 3 月 27 日起，外援断绝后埃齐翁集团成为与世隔绝的孤岛，守卫者与人数众多的阿拉伯人进行着殊死的搏斗。5 月 13 日即以色列宣布独立的前一天，守卫者终于难以支撑，其中一个基布兹埃齐翁村（Kfar Etzion）的守卫者全部战死，剩下的三个基布兹被迫放弃。

当时存在着许多将这一围攻战与马萨达陷落联系起来的比喻，人们从马萨达的历史遭遇中找到了它的现实对应：他们都是被敌人重重包围的犹太人，孤立无援地对抗着数倍于己的强大敌人，在没有其他选择的情况下，最后以悲剧性的结局告终。埃齐翁集团的指挥官摩西（Mosh）在最后的抵抗中，以马萨达的光荣事迹激励战士们勇敢地保卫耶路撒冷、保卫故土：“在这些条件下，下一场战斗将是最后一场……这是一场马萨达式的战斗……充满着战斗到底的决心，以便解救耶路撒冷。”[②] 当时有关埃齐翁集团围攻战的新闻这样写道：“埃齐翁集团由于连续 47 天不间断的战斗……死伤极其惨重，战士们时刻准备着进行一场‘马萨达式的战斗’。”[③] 在当时，埃齐翁集团即当代马萨达的这种表述极其流行。

---

① Meron Benvenisti, *Sacred Landscape: The Buried History of the Holy Land since* 1948, p. 101.

② David Ohana, “Kfar Etzion: The Community of Memory and the Myth of Return,” *Israel Studies*, Vol. 7, No. 2 (Summer, 2002), pp. 162 – 163.

③ Nachman Ben-Yehuda, *The Masada Myth: Collective Memory and Mythmaking in Israel*, p. 130.

二　"国家主义"与"新型犹太人"的塑造

1948年5月14日，本·古里安在特拉维夫博物馆宣读了《独立宣言》，正式宣告以色列国成立。正如皮埃蒙特在意大利完成统一大业后强调："我们已经创造了意大利国，现在我们必须创造意大利人。"① 以色列国建立后，立刻面临国民整合的艰巨任务："由于人口的文化背景多种多样，大多数人并不遵循正统犹太教，只有通过让思想向前跳跃两千年，才能尽快创立一种共同的民族意识。只有以希伯来语为媒介，回到遥远的过去，才能靠民族历史把不同地域来源的以色列人凝聚在一起。只有使犹太复国主义与几千年的历史结合在一起，才能把由移民带来的文化上千差万别的东西装入一个共同的参照系统。用新的民族意识形态克服犹太人民在地理和历史上的差异。这样，近期犹太史的复杂性和模糊性，就被几千年的民族共同性的烙印掩盖掉了。"②

以色列建国后的前三年涌入了70万名移民，比当时现有的人口还要多。根据对这些移民的统计，几乎一半来自亚非国家，35.3%来自亚洲、15.4%来自非洲，来自欧洲的移民为48.6%，而仅有0.7%的移民来自其他地区。这些新移民来自许多国家，文化习俗和社会背景迥异，几乎没有共同之处。对此，以色列国采取"熔炉政策"，本·古里安道出了这个政策的实质所在："我们必须把这一堆杂七杂八的东西熔化掉，放在复兴的民族精神这个模子中重新铸造。我们必须打破把不同部分分隔开来的地理和文化的障碍，社会和语言的障碍，而赋予他们一种单一的语言，单一的文化，单一的公民身份，专一的忠诚，赋予他们新的立法程序和新的法律，我们必须给他们一种新的精神，文化和文学，科学和艺术。"③ 为了使这些极其多元的犹太人整合到新国家之中，使所有成员为国家目标而奋斗，本·古里安发起了一场"国家主义"革命，以使所有以色列人（尤其是最近来自东方地区的新移民）接受世俗犹太复国主义的价值观念与民族象征，去除他们的流散习性与流散心态，代之以国家主义的奉献精神与忠诚意识。在此基础

① Hugh Seton-Watson, *Nations and States*, London: Menthuen, 1977, p. 107.

② 诺亚·卢卡斯：《以色列现代史》，第403—404页。

③ 劳伦斯·迈耶：《今日以色列》，第168页。

上，现代国家取代传统宗教成为新的认同核心与忠诚对象，以至有学者将之称为“公民宗教”（Civil Religion）。[①]

这种国家主义意识形态还塑造出理想国民的典范——萨布拉，即土生土长的犹太人，他们以健壮、勇敢、战斗的精神特征区别于流散犹太人的虚弱、胆怯、反战的特点。[②] 有学者对萨布拉形象进行了极好的总结：

> 他们（新希伯来人）只说希伯来语并无视犹太宗教律法哈拉哈；他们忽略了父辈的文化，更不用说祖父辈的文化。就流散地而言，他们的文化是一种完全健忘的文化。他们遗忘了流散时代的《塔木德》而记住了圣经时代的故事；他们遗忘了犹太名字而为他们的后代取新希伯来名字；他们遗忘了亚弗内的拉比而记住了巴尔·科赫巴的反抗；他们遗忘了大屠杀但记住了英勇的隔都反抗。这种记忆与遗忘的混合构成了以色列的民族精神，它来源于建国前的犹太复国主义文化，塑造了三至四代的以色列人：“开拓者”、希伯来人、“萨布拉”与以色列人。[③]

此外，以《圣经》为代表的古代文献得到高度的尊重，并被拿来作为民族历史与生活遗迹的见证。本·古里安曾说：“尽管我反对神学，但在我生命中最重要的一本书就是《圣经》。”[④] 他甚至认为《圣经》就是犹太人对巴勒斯坦拥有主权的授权证书。有学者指出：

> 由于以色列的教育，今天的绝大多数以色列人将《圣经》视为一种世俗政治的可靠历史材料的来源。犹太复国主义颁布的犹太历史将绝大多数《圣经》神话当作犹太历史的开端，而忽略神的干预。亚伯拉罕、以撒与雅各都被当作历史人物。下埃及与出埃及都是一个正在

---

① Charles S. Liebman & Eliezer Don-Yehiya, *Civil Religion in Israel: Traditional Judaism and Political Culture in the Jewish State*, Berkeley, Calif.: University of California Press, 1983.

② 艾仁贵：《塑造“新人”：现代犹太民族构建的身体史》，《历史研究》2020年第5期。

③ Uri Ram, “Historiosophical Foundations of the Historical Strife in Israel,” in Anita Shapira & Derek J. Penslar, eds., *Israeli Historical Revisionism: From Left to Right*, London: Frank Cass Publishers, 2003, p. 46.

④ Ben-Gurion, *Recollections*, ed., Thomas R. Bransten, London: MacDonald, 1970, p. 125.

> 发展中的民族世俗历史的阶段，约书亚征服迦南也是如此。《圣经》事件的顺序被接受，但其解释却是民族主义与世俗的。《圣经》的历史化在以色列是一项民族事业，由所有大学的成百上千名学者共同推动。起点是《圣经》编年，然后……将古代神话视为历史是犹太复国主义世俗民族主义的重要内容，它尝试表现出犹太民族在古代西亚开始以后的连贯叙事。它提供了一个反对拉比与流散传统的证明焦点。向以色列儿童灌输把《圣经》当作历史来接受的观点，以创造连续性的概念。亚伯拉罕（通过移居巴勒斯坦）成为第一个犹太复国主义者，约书亚征服了巴勒斯坦（消灭了迦南人，就像今天一样），大卫王夺取了耶路撒冷（就像 1967 年一样）。①

在犹太传统中，约书亚在古代英雄人物中毫不起眼，不仅无法与率领以色列人逃出埃及奔向自由、颁布十诫制定律法的摩西比拟，也无法与建立强大王国、夺取耶路撒冷的大卫王相比，甚至连后来的士师与先知的地位也不如。但在世俗民族主义者那里，约书亚由于不是祭司而专事领导民众进行征伐并占领迦南地区获得了至高的地位。《约书亚记》也因此成为伊休夫各级学校的必修内容。在犹太复国主义领袖中，对《约书亚记》最为强调的莫过于本·古里安。因为它为本·古里安提供了对土地进行军事征服以及消灭当地的迦南人与其他民族使以色列人得以定居应许之地的历史范例。本·古里安早在 1918 年在《以色列地：过去与现在》一书中就表达了这样一种基本观点：犹太人返回巴勒斯坦实际上就是约书亚对古代巴勒斯坦征服的重演。一位阿拉伯学者对以本·古里安为代表的以色列领导人借助约书亚征服巴勒斯坦的意象有一番出色的反讽：

> 引用《圣经》和使用恐怖手段去散布恐怖情绪，这是为了"收复""上帝许给亚伯拉罕的土地"并驱逐当地居民所惯用的伎俩。本·古里安和梅纳赫姆·贝京只消查阅一下《约书亚记》，就于 1948 年 4 月 9 日在代尔亚辛村和 1953 年 10 月 14—15 日在奎比亚以及巴勒斯坦其他

---

① Benjamin Beit-Hallakmi, *Original Sins*: *Reflections on the History of Zionism and Israel*, London: Pluto Press, 1992, p. 119.

地方对阿拉伯人的许多不可忘却的大屠杀中使用起在巴勒斯坦用过的那些旧日的恐怖手段来了。不过，约书亚是以年幼的耶和华的名义讲述他的故事的，而且说的是野蛮时代的情况，毫不掩饰原始人的特色；而今天的约书亚们乃是一些善于谋求私利的处理国际关系的外交家，他们的行为竟与古代的约书亚一模一样，所不同的只是他们在干了这种肮脏的勾当以后，口里却喊着："和平，和平；我们所需要的就是维持现状！"①

三 马萨达与以色列国民认同的整合

以色列建国后，随着国家主义的推崇，马萨达的崇拜开始被纳入国家权力的规制之下，所有国民成为被规训的对象。在马萨达考古中做出主要贡献的伊格尔·亚丁将军说道："通过参观马萨达，我们可以教育（流散犹太人）知道我们今天所谓的'犹太复国主义'，这要比无数次的浮夸性演讲更为有力。"② 特别是以色列在建国后与周围的阿拉伯联军（埃及、约旦、叙利亚、伊拉克、黎巴嫩等国组成）进行了名为"独立战争"的血与火的生死较量，随后又遭到周围各国经济、军事上的封锁对抗，阿拉伯世界的领袖不断叫嚣发誓要"将以色列赶入地中海"，这都使人们对于马萨达所体现的包围状态有了深切体会，"任何以色列人决不会忘记，他们的国家除了一面靠海外，是被阿拉伯国家的辽阔疆域所包围的一个狭小的岛。那种被包围感，人民的马萨达堡心理，是显而易见的。从事实上和心理上来讲，包围状态的存在在以色列是真实的，并且被人们感觉到"。③

在1963—1965年的马萨达考古期间，以色列政府专门发行了马萨达纪念邮票及纪念硬币。硬币上的文字以希伯来文与英文同时写就（不包括阿拉伯文），其正面的主体部分为马萨达要塞的形象，正下方罗马军队的营地赫然可见，强调马萨达的被包围状态，底部刻写着"我们仍是自由人"的文字表明马萨达战士的英勇不屈；"我们"一语双关，既指当时的马萨

---

① 亨利·卡坦：《巴勒斯坦，阿拉伯人和以色列》，西北大学伊斯兰教研究所译，人民出版社，1975，第92—93页。

② Yigael Yadin, *Masada: Herod's Fortress and Zealots Last Stand*, p. 168.

③ 劳伦斯·迈耶：《今日以色列》，第63页。

达守卫者，又指现今的以色列人。在其背面刻有“马萨达决不再次陷落”，四周环绕的图案是士兵及参与考古发掘的考古人员与志愿者的雕刻。通过硬币这种普及形式，马萨达符号渗透到民众生活的各个层面。

图 5-1 马萨达纪念币（正反面）

资料来源：Yigael Yadin，*Masada：Herod's Fortress and the Zealot's Last Stand*，p. 201。

成立于 1948 年的以色列情报机构——摩萨德（Mossad），其名称与马萨达有着共同的词根。更为值得提及的是，其最重要的暗杀分队直接被称作“马萨达”，象征着这个犹太国家决心建立一个坚固的要塞，为所有以色列人提供必要的安全。勇武、力量、战斗成为这个国家成立初期压倒一切的民族理想与国家目标。以色列国家邮政局还发行了以马萨达为主题的纪念邮票，其中最重要的有三枚，面值分别为 0.25 谢克尔、0.36 谢克尔、1 谢克尔。它们均包括马萨达的希伯来文、英文字母，这是当代以色列犹太人的两大主要语言。其内容分别以马萨达整体轮廓、马萨达会堂遗址、希律王宫为对象，再现了马萨达气势恢宏、辉煌庄严的特点。

1950 年，出现了著名的“千人大攀登”（The Trek of the Thousand）活动，1000 多名来自加达纳联队（Gadna）的青年在进行长途跋涉后登上了马萨达。这项活动始于 3 月 20 日，分为两队，每队各 500 人。他们于 23 日抵达马萨达，在登顶后收到了总统、总理和军队总参谋长用无线电信号发来的祝贺。这次活动的组织者埃尔哈南·伊赛（Elchanan Yishai）后来回忆道：“我第一次接触马萨达，是在我上学时读到的拉姆丹的诗篇中。它给我们留下了深刻的印象。随后，我们就对如何抵达那个地方产生了浓厚的兴趣……马萨达创造了如此之多的激动——作为加达纳的长官——我

图 5－2　马萨达纪念邮票

资料来源：Yigael Yadin，*Masada*：*Herod's Fortress and the Zealot's Last Stand*，p. 201。

决定在 1949 年率领加达纳举行一个大型活动。（这就是千人大攀登的原因）……它使许多第一次参观这个场所的青年极为激动。在我的基布兹，马萨达具有如此的影响力，以致我们在逾越节哈加达中增加了两大主题：华沙隔都与马萨达起义。马萨达陷落于逾越节第七天，华沙隔都陷落于逾越节的第二天……在哈加达中我们使用了本·亚尔演讲中的段落……在马萨达上的典礼包括对约瑟夫斯的‘审判’（是否为一个叛徒）……自杀是否为正确的事情？……火炬游行；诵读拉姆丹的段落……毫无疑问，马萨达是一个令人极其兴奋的主题。”①

这次攀登并非唯一。1955 年 3 月 30 日，1300 名加达纳成员再度集体攀登了马萨达。埃尔哈南·欧伦（Elchanan Oren）强调，“我们有兴趣地证明加达纳能够作为民族青年运动的基础……在这里有着古代英雄主义的动力……此时此刻我们不知道什么是西卡里人……那些制造马萨达神话的人们并不清楚马萨达叙事的细节……我不接受西卡里与奋锐党的区别……重要的是，我们来到了这块土地……我们将为这块必要的土地而战斗，正如 1948 年的独立战争那样。因此，这是一种精神而非一个神话”。②

---

① Nachman Ben-Yehuda，*The Masada Myth*：*Collective Memory and Mythmaking in Israel*，pp. 161－162.

② Nachman Ben-Yehuda，*The Masada Myth*：*Collective Memory and Mythmaking in Israel*，p. 161.

第二节　以色列国防军与马萨达崇拜的推广

马萨达精神社会化与政治化的最重要体现莫过于以色列国防军与马萨达崇拜的推广。本·古里安赋予军队在社会化中以特殊使命，使其不仅成为保证国家生存与国防安全的机构，更是促进国民教育与移民吸收的先锋，将之服务于国家构建的伟大目标，而且军队超越了政治与党派的偏见，成为贯穿国家主义意识形态的强力工具，在社会整合中发挥了不可估量的重大作用："以色列国防军的首要使命……是国家的安全，但这不是它唯一的使命。军队还必须作为一种服务于本土出生及移民而来的以色列青年的开拓性教育力量。国防军必须培育身心健康、勇敢忠诚的开拓一代，使他们在建设故土以使沙漠盛开鲜花的自我实现中愈合部落与流散的裂痕并完成以色列国的历史性使命。"①

一　国家构建中的军队

在以色列建国初期，军队成为一座大熔炉，将不同文化背景、宗教派别、年龄性别的人们在国家的统一目标下团结起来，培养了犹太人一种遵守纪律、团队合作、爱国牺牲的精神，以锻造出适应军事需要的新型公民。以色列国防军的缔造者与设计师本·古里安强调，"以色列国防军不仅是军事训练的机构，而且要发挥国家学校的作用，为在国防军指导下的青年提供有关这一国家的语言、地形、历史、犹太遗迹、基础教育、整洁与秩序以及热爱故土的知识"。② 萨弗兰对以色列国防军的社会作用有一番十分详尽的叙述：

> 以色列的军队好象是一座高效能的熔炉，承担了教育和社会职能，任何其他地方的军队通常是起不了这种作用的。人们共同在军队服役，塞法尔迪人和阿什肯纳兹人，萨布拉和新移民，宗教徒和世俗

① Stuart A. Cohen, *Israel and Its Army*: *From Cohesion to Confusion*, London & New York: Routledge, 2008, p. 31.

② S. Ilan Troen & Noah Lucas, eds., *Israel*: *The First Decade of Independence*, New York: State University of New York Press, 1995, pp. 596 - 597.

主义者，男子和妇女，都会聚在一起，其亲近的程度是在军队范围以外的地方难于达到的。这样，他们就能彼此了解，克服自己的某些偏见或成见，学会说同一种语言，在某种程度上共同掌握有关祖国的历史、地势以及自己居住区范围以外的城镇和城市的知识。同时，这也有助于他们具有某些共同的伦理观念、道德标准、民俗知识、风俗习惯，并使他们对本民族的状况和目标有一个基本的共同理解。①

军队不仅承担着保卫国家的职能，而且对移民吸收、社会整合起到关键作用。因而，本·古里安总结道："我们的军队不只在战争时代负有使命，而且，或许尤其在和平时期负有使命。它必须塑造我们青年人的性格，并通过青年人塑造我们民族的性格。"② 因此，以色列国防军成为本土居民与新来移民社会化的首要工具，为犹太复国主义国家意识形态的贯彻提供了必要条件。

二 以色列国防军与马萨达攀登

在以色列建国初期，马萨达成为一个重要的军事象征，国防军经常组织新兵前往马萨达攀登。以色列国防军选择攀登马萨达有以下几个重要原因。

首先，马萨达地处偏僻，适于士兵进行拉练集训与激发爱国热情。在建国初期，犹太人控制的地区大多没有连成整体，出于安全的考虑不太适宜进行军事训练，因而将士兵聚集到偏远的荒地进行训练成为必需。而且，通过伊休夫时期对马萨达的推崇，马萨达已经成为一个争取自由、保卫故土的国族象征，被视为勇敢反抗和无尽奉献的英雄主义标志。用捍卫国家自由的古代战士来激励当前保卫国家的国防军士兵，有着重要的现实意义。

其次，建国初的以色列国防军士兵多数是刚刚移民而来，对于以色列地的知识几乎很少，进行户外行军也是使他们认识民族故土、培养爱国情怀的重要手段。在前往马萨达攀登过程中，要穿越干燥炎热的犹地亚沙

① 纳达夫·萨弗兰：《以色列的历史和概况》，北京大学历史系翻译小组译，人民出版社，1973，第360—361页。

② Ze'ev Drory, *The Israel Defence Force and the Foundation of Israel: Utopia in Uniform*, London: Routledge Curzon, 2005, p. 186.

图 5-3　本·古里安造访马萨达

资料来源：Jodi Magness, *Masada: From Jewish Revolt to Modern Myth*, 夹页插图。

漠，正好是这些新来者接受国家主义教育的绝好机会。马萨达作为一个教育性象征，有助于增强新来者与故土的精神联系。正如伊扎克·阿拉德（Yitzhak Arad）所说："绝大多数新士兵都是新移民。他们几乎不懂希伯来语，他们是大屠杀幸存者与来自北非的移民。一些攀登活动在教育框架中进行，使他们了解与热爱这块土地。我们都熟悉这一切，但他们是第一次看见这个地区，听到这个故事。（我们设想）通过攀登来将他们与犹太历史联系起来。"①

最后，以色列国防军对建国前青年运动与军事组织朝拜马萨达的传统进行了延续。以色列国防军是由哈加纳、伊尔贡、莱希等军事组织整编而成，这些组织很早就开始了马萨达朝圣活动，这些活动在建国后得到了延续；而以色列独立战争面对的是周围几乎全部阿拉伯国家的一致进攻，仅凭几大军事组织显然不够，因而将大批青年召入军队，这些青年在青年运动时就曾受马萨达朝圣的影响。马萨达朝圣成为他们共同的心声："在帕

① Nachman Ben-Yehuda, *The Masada Myth: Collective Memory and Mythmaking in Israel*, p. 152.

尔马赫中，于每年的亚达月（3月）攀登至马萨达顶部成为一项传统，我们在1947年参加了帕尔马赫的最后一次攀登活动。”①

但以色列国防军对马萨达的朝拜有了新的内涵，如前所述，军队开始被纳入国家的权力运作之中，对于马萨达不再像之前由一小群热血青年的冲动所实现，而必须取得国家权力的合法许可。在极其紧张的独立战争期间及建国初的军队整编中，马萨达朝拜活动出现了一个较短的断裂期。而1949—1953年军队大整编的主持者不是别人，正是在日后对马萨达命运起到关键作用的伊格尔·亚丁将军。此时的他担任以色列国防军总参谋长一职，主导了对国防军的改造，以消除党派、政见等隔阂，将其打造成一支完全忠于国家的新型勇武之师。经过这次整编，以色列国防军很大程度上消除了原先存在的党派色彩，成为以色列社会化的重要手段。国防军在以色列有着独特的地位也始于此，许多国防军高级军官在退役后出任以色列政府主要职务，出现了现代民主政治史上独特的“军政结合”现象。军人在以色列有着崇高的威望，出身行伍的政治家数不胜数，有达扬、拉宾、沙龙等。

将马萨达朝圣与国防军联系在一起的并非国家或军事领导机构的倡议，而是自下而上的自发行为。伊扎克·本·阿里（Yitzhak Ben-Ari）率领的侦察兵于1950年及1953年对马萨达进行攀登；在随后有记载的活动中，伊扎克·阿拉德也于1953年攀登了马萨达。② 随着攀登活动的不断增加，加上军队本身需要进行仪式化的展示，1955—1956年，国家权力正式介入马萨达崇拜，从而形成一种新的军事传统。

三 马萨达军事宣誓仪式

关于以色列国防军与马萨达崇拜的关联，最重要的内容莫过于在马萨达顶部平台举行的宣誓仪式。现代军队中的宣誓仪式并不少见，甚至可以说极为普遍，体现了军队作为国家意志的工具。军事宣誓往往强调对所依存国家的政治效忠。在促成马萨达作为新兵宣誓场所过程中发挥了重要作

① Mordechai Yaakubovitz, *From Palmach to Zahal*, Tel Aviv: Amichai, 1953, p. 65.

② Nachman Ben-Yehuda, “The Masada Mythical Narrative in the Israeli Army,” in Edna Lomsky-Feder & Eyal Ben-Ari, eds., *The Military and Militarism in Israeli Society*, p. 67.

用的扫罗·贝瓦尔（Shaul Bevar）道出了以色列军队偏爱马萨达的原因："重要的是要有一个挑战，这个地方必须具有历史性的意义。在帕尔马赫成员的眼中，这种挑战和历史意义最为自然的就是在马萨达顶部。（军事联队中的）许多帕尔马赫成员，只要一说起'马萨达'，每个人都将记起在青年运动时代的仪式——吹起长笛与诵读拉姆丹的诗篇……个人经历与国家记忆结合起来……马萨达是真实的事情。在马萨达就像是在历史中行走！"①

选择马萨达作为宣誓场所并非偶然。在 1967 年"六日战争"胜利之前，可供利用的传统象征并不多，最重要的西墙控制在约旦手中，许多著名场所犹太人无法进入。选择马萨达作为象征空间有着独特的内涵，不仅作为犹太民族连续性的象征——"我们依然在此"，而且是对苦难历史的反抗与示威——"我们并未被打败"。对马萨达而言，这种仪式是对罗马第十军团乃至整个罗马军队的有力回击，表明他们并没有取得胜利。而且，这是对周围试图消灭以色列的阿拉伯国家的有力警示，以色列人有能力击败一切外来入侵者。将对历史的强调加入对现实的理解之中，象征着以色列在包围之下仍然屹然矗立。有学者指出，"对于军事部门来说，这些典礼以历史的形式提供了合法性，正如宣誓典礼上不断重复的固定措辞体现的：'由于马萨达战士的英勇，我们今天才得以站立于此'"。②

在古代遗址上举行军事宣誓，可以说是以色列人的创举。透过这种集体仪式，将马萨达的精神内化于每一位经历者心灵之中，象征着他们与2000余年前的马萨达战士融为一体：今天的以色列士兵就是古代的马萨达守卫者，他们决心为捍卫国家独立与完整而战斗，甚至不惜以牺牲生命为代价。在此，传统的民族象征得以融入新的国家之中，赋予新的国家以传统的身份。对此，有新闻媒体报道称"以利亚撒的战士们在马萨达宣誓"。③ 这很大程度上是为了接续之前的犹太历史，以色列只得借助于2000余年前的符号象征，以明确现在以色列人的集体认同。因为流散犹太人的文化生活、语言习俗各异，几乎找不到共同点。"对于军事当局来说，典礼以历史的形式提供了合法性。正如新兵援用的措辞显示的：'由于马萨达战士们的

---

① Nachman Ben-Yehuda, *The Masada Myth: Collective Memory and Mythmaking in Israel*, p. 151.

② Baila R. Shargel, "The Evolution of the Masada Myth," *Judaism*, Vol. 28, No. 3 (Summer, 1979), p. 363.

③ Nachman Ben-Yehuda, *The Masada Myth: Collective Memory and Mythmaking in Israel*, p. 185.

英勇，我们今天才得以站立于此。'"[①] 1963 年，亚丁在马萨达顶部平台举行的一次新兵宣誓仪式上作了如此发言："我们毫不夸张地说，由于马萨达战士的英雄主义——像其他与我们民族有关的英雄主义一样——我们今天才得以站立于此。古老民族的年轻士兵们，在我们四周是那些企图摧毁我们营地的废墟。我们站在这里，不再绝望无助地面对我们的强大敌人，不再进行一场孤注一掷的战斗，而是坚强自信地知道我们现在的命运，掌握在我们自己的手中，掌握在我们的精神力量之中……我们，英雄们的后代，今天站立于此并重建我们民族的废墟。"[②]

有记载的首次马萨达军事仪式发生于 1956 年 9 月 14 日，随后 12 月 10 日与 20 日又分别举行。从那时起，每一批新招募的士兵都要在马萨达的顶部平台举行宣誓典礼，这成为他们踏入军营后接受的第一堂课。起初，在马萨达举行的军事仪式并不健全，没有形成固定的形式，后来随着国家对其的不断重视而固化，马萨达宣誓仪式成为一项重要而独特的政治仪式，并发展出一整套纪念仪式的具体流程，为后来的活动所沿袭[③]：

（1）攀登马萨达并到达顶部平台。

（2）在顶部平台以特别的队伍进行排列，并以特别的队列进行阅兵。

（3）大声诵读以利亚撒·本·亚尔的"演说"，这个段落通常来自第一段落。有时也加入约瑟夫斯的其他段落。拉姆丹的《马萨达》诗篇也不时加入进来。

（4）火炬献词，内容通常是"马萨达决不再次陷落"。

（5）宣誓。誓词内容为："我在此郑重宣誓并承诺，效忠于以色列国，效忠于它的法律，效忠于它的授权政府，无条件与无保留地服从以色列国防军的纪律，遵守上级军官下达的一切指挥和命令，并用我全部的力量甚至牺牲我的生命来保卫故土以及以色列的自由。"[④]

---

① B. Shargel, "The Evolution of the Masada," *Tradition*, Vol. 28 (1979), p. 363.

② Yael Zerubavel, "The Death of Memory and the Memory of Death: Masada and the Holocaust as Historical Metaphors," *Representations*, No. 45 (Winter, 1994), p. 84.

③ Nachman Ben-Yehuda, *The Masada Myth: Collective Memory and Mythmaking in Israel*, pp. 152 – 153.

④ Ze'ev Drory, *The Israel Defence Force and the Foundation of Israel: Utopia in Uniform*, p. 24. 这段誓词于 1948 年 5 月 31 日由本·古里安亲自拟定，以确保士兵不接受任何国家权力以外的组织、政党、机构的直接或间接的指挥。

（6）由联队司令官发表演说，通常附有随军拉比的演说。

（7）向士兵个体授予武器。

图 5－4　马萨达军事宣誓仪式

资料来源：Yigael Yadin，*Masada*：*Herod's Fortress and the Zealot's Last Stand*，p. 200。

典礼结束后，士兵们在教导员带领下参观马萨达历史遗址，教导员负责讲解当年的"战斗"场景与"英勇"反抗。一份小册子对宣誓典礼有这样的描述："今天，士兵们打破了马萨达顶部原有的安静。在此，以色列的新兵们要向现代以色列国宣誓效忠。这个典礼包括庄严肃穆的宣告——马萨达决不再次陷落。960 名马萨达守卫者与今日以色列的联系无法解开、不可否认、无法打破。通过约瑟夫斯的历史叙述，犹太人从马萨达悲怆而英勇的历史中汲取力量和勇气，1900 年来一直希望有朝一日能够返回他们的故土。"①

与传统犹太教仪式中诵读《托拉》不同，马萨达军事典礼上通常诵读约瑟夫斯、拉姆丹等世俗文献，而且有军队大拉比的参与，以赋予其宗教

① Yael Zerubavel，*Recovered Roots*：*Collective Memory and the Making of Israel National Tradition*，p. 130.

合法性与正当性。在宣誓典礼上，军方通常邀请士兵的家属一同参加，其差旅费用一概由军队负担。这种行为意在提升士兵的荣誉感，在场的家属见证其亲人正式成为保卫国家光荣使命的承担者。亚丁在新兵入伍典礼上有一段讲话经常被人们引用："当拿破仑及其军队站在埃及金字塔旁时，他告诉士兵们4000年的历史正在俯视着他们。但他将不可能这样说：你们自己4000年的历史正在俯视着你们……今晚，你们誓言的回音将通过我们敌人的营地而得到回响。它的重要性并不低于我们所有的战斗装备。"① 另如以色列国防军的教育官摩迪凯·巴·让（Mordechai Bar-On）在大屠杀纪念委员会上强调的："我们努力塑造新英雄主义的一代，这种英雄主义应该被转变成朴实的和具体的词汇，可以为任何人理解，即保卫的英雄主义、斗争与行动的英雄主义……巴尔·科赫巴、马卡比与马萨达的英雄主义。"②

第三节 "最后的据点"：马萨达精神与围困心态

在犹太集体意识中，"围困心态"（siege mentality）几乎与生俱来。以色列著名政治心理学者丹尼尔·巴尔·塔勒对此有一番精确的界定："群体成员认为世界其他人对他们有着高度消极性的行为动机，这种状态就被称为围困心态。"③ 可以说，"围困心态"植根于犹太人的历史遭遇之中，同时对犹太人的思想行为产生了深远影响。在流散以后的历史上，由于没有自己的国家，犹太人在世界各地都是外来者，因而普遍地遭到其他民族的憎恨与排斥，犹太人几乎成为一个永远的受害者民族。④ 历史上的反犹主义更是加深了这一印象，因此在历代的犹太经典中都存在着犹太人认为整个世界一直在反对他们的大量表达。用利伯曼的话来说："犹太传统发

① Amos Elon, "Politics and Archaeology," in Neil Asher Silberman & David Small, eds., *The Archaeology of Israel*: *Constructing the Past*, *Interpreting the Present*, Sheffield: Sheffield Academic Press, 1997, p. 40.

② M. Brug, "From the Top of Masada to the Heart of the Ghetto: Myth as History," in David Ohana & Robert Wistrich, eds., *Myth and Memory*: *Transfigurations of Israeli Consciousness*, p. 217.

③ Daniel Bar-Tal & Dikla Antebi, "Siege Mentality in Israel," *International Journal of Intercultural Relations*, Vol. 16, No. 3 (Summer, 1992), p. 251.

④ Daniel Bar-Tal & Dikla Antebi, "Beliefs about Negative Intentions of the World: A Study of the Israeli Siege Mentality," *Political Psychology*, Vol. 13, No. 4 (December, 1992), pp. 633 - 645.

现反犹主义是非犹太人正常的、自然的反应……'以扫憎恨雅各'象征着犹太人所经历的世界。它深深地镶嵌在犹太民间传统之中。"[①]

长期以来，犹太人一直保持着独特的生活方式与宗教信仰，使其与所在地居民格格不入。犹太人经常强调自身的独特性，"这是独居的民，不列在万民中"（《民数记》23：9）；认为自己是"上帝的选民"，负有特殊的使命："因你归耶和华你神为圣洁的民，耶和华你神从地上的万民中拣选你，特作自己的子民"（《申命记》7：6）。在流散过程中，犹太人因其独特性遭受着来自非犹太人的经常性迫害与杀戮。而犹太人的敌人也早就注意到他们的与众不同，波斯王国宰相哈曼以此为由主张除灭他们："有一种民，散居在王国各省的民中，他们的律例与万民的律例不同，也不守王的律例，所以容留他们与王无益。王若以为美，请下旨灭绝他们"（《以斯帖记》3：8—9）。

每年在逾越节上诵读的《哈加达》写道："他们（其他民族）不止一次地起来迫害我们，他们每一代都要起来反对我们，并试图将我们彻底消灭。"[②] 在哈努卡节上，犹太人一再称颂马卡比人战胜了强大的安条克人，并诵读"马卡比，你率领少数人战胜了多数人"来纪念当年的英勇事迹。犹太人屡屡生活在非犹太社会之中，加上历史上几乎从未止息的反犹活动，犹太人在这种包围中，发展出了对非犹太人的不信任感。敌对与迫害的不断上演，更是使这种"集体受害意识"（collective victimhood）得以具体化、经常化。

而这种情绪又与对阿拉伯人的仇恨结合到一起。阿拉伯国家一贯奉行不承认以色列国、不与以色列谈判、不与以色列建交的"三不政策"，阿拉伯领导人及普通民众一再宣称要将犹太人赶到地中海里去。普通以色列人时刻被提醒注意阿拉伯领袖将以色列赶入地中海的做法与纳粹无异："阿拉伯人一再试图摧毁我们，他们将不会停止这种企图……一旦你给予他们土地，他们想要更多，然后直到杀死我们所有人才宣告结束。希特勒

---

① Charles S. Liebman, "Myth, Tradition and Values in Israeli Society," *Midstream*, Vol. 24 (1978), p. 44.

② Daniel Bar-Tal & Dikla Antebi, "Siege Mentality in Israel," *International Journal of Intercultural Relations*, Vol. 16, No. 3 (Summer, 1992), p. 256.

在奥斯维辛就是这么做的，阿拉伯人也将在以色列这样做……”① 卢卡斯也分析道：“以色列的建立受到阿拉伯人的坚决反对，这使得以色列往往从生存本身去看待安全问题。欧洲犹太人几近灭绝的创痛，给安全问题的前景增加了恐怖的成分。大批犹太人移民和经济发展，不仅被视为实现犹太复国主义理想的手段，而且被视为生死存亡的重要问题。这样，对外政策必须服从增强军事实力、增加人力的需要，这些需要增加了阿拉伯人的敌意，反过来又促进了这一黩武政策。”②

在“围困心态”的作用下，以色列逐渐发展出了“孤立无援”“以少敌多”“别无选择”“战斗到底”等精神，这些都可以从马萨达的处境中得到印证。

首先，“孤立无援”（total Jewish isolation）。著名学者阿利安认为“孤立无援”是一种典型的“独居的民综合征”（the People Apart Syndrome），它由两部分构成：一是上帝与我们的模式（God-and-us），指在上帝、以色列与犹太历史之间存在的一种独特而神秘的关系；二是单打独斗的模式（go-it-alone），外部世界从一开始就试图孤立犹太人，因此犹太人必须依赖自己。③ 犹太人有着被强大敌人包围的漫长历史。在许多情况下这种包围最终导致了绝望的自杀性战斗，参孙与扫罗就是两个典型。被包围的神话给犹太人的心理烙上了持久的印记，犹太人无论在何时何地都遭受着来自外来力量的迫害和排斥，这几乎是犹太人永远无法摆脱的宿命与魔咒。这种孤立和敌对情绪又与犹太人的现状紧紧联系起来，并从现状中得到印证：“任何以色列人绝不会忘记，他们的国家除了一面靠海外，是被阿拉伯国家的辽阔疆域所包围的一个狭小的岛。那种被包围感，人民的马萨达堡心理，是显而易见的。从事实上和心理上来讲，包围状态的存在在以色列是真实的，并且被人们感觉到。”④

其次，“以少敌多”（the few against the many）。以色列人在马萨达中

---

① Rusi Jaspal & Maya A. Yampolsky, “Social Representations of the Holocaust and Jewish Israeli Identity Construction,” *Social Identities*, Vol. 17, No. 2 (March, 2011), p. 217.

② 诺亚·卢卡斯：《以色列现代史》，第 351 页。

③ Asher Arian, “A People Apart: Coping with National Security Problems in Israel,” *The Journal of Conflict Resolution*, Vol. 33, No. 4 (December, 1989), p. 605.

④ 劳伦斯·迈耶：《今日以色列》，第 63 页。

看到了"以少敌多"的精神。认为所有人都在反对犹太人，历史上的反犹主义造就了犹太人的受难神话：犹太人一直以来孤独地对抗着其他所有人，以少敌多是犹太人与非犹太人关系的不变法则，而大屠杀更是将"整个世界都反对我们"的观念推演至极致。这种心理状态被摩西·齐默尔曼称为"日常生活中的迫害神话"。[①] 犹太人一再称颂马卡比人战胜了强大的安条克人，并在哈努卡节期间诵读"马卡比，你率领少数人战胜了多数人"来纪念当年的英勇事迹。马萨达同样符合这个叙述逻辑，本·亚尔率领的960名战士在马萨达对抗着1万余名罗马军队。犹太人当前争取建国与生存的斗争就是大卫与歌利亚的搏斗在现代的再现。

再次，"别无选择"（there is no choice）。人们经常强调马萨达战士们为自由而战的精神，以此唤起伊休夫内部勇于从事战斗的决心与意志。这在面临阿拉伯人不断的骚乱与反抗情况下尤为必需，从而使战士形象在伊休夫的定居者中与农民一样得到了推崇。他们甚至找到了《圣经》上的历史根据，尼希米返回故土领导人们修建耶路撒冷城墙时"一手作工一手拿兵器"（《尼希米记》4：17），这一形象成为早期复国者的理想类型。因为占据着圣地，阿拉伯人不肯妥协，所以除了开垦土地外，还必须全力保卫土地。正如塔本金在1936年阿拉伯民族大起义后说道："我们卷入了一场战斗，因为我们已经别无选择。我们必须承担精神与身体上从事劳动的定居者的使命。但这还不够。我们所设想的理想人还需要另一种品质，他必须是一个战斗者。他必须而且是自觉地制订仔细慎重的计划去做任何对于有组织的自我防卫来说必需的事情。"[②]

最后，"战斗到底"（fighting to the bitter end）。正是在"以少敌多"和"别无选择"的基础上发展出"战斗到底"精神。"别无选择"本身就

---

① 这个虚构的故事在以色列建国前后被人们深信不疑：在一次争夺巴勒斯坦地区冠军杯的足球决赛中，直到比赛临近结束特拉维夫马卡比队仍领先于英国皇家警察队。然而，裁判在终场哨响前判给皇家警察队一个点球，当时马卡比队的守门员是以善扑点球著称的维利·贝格尔。这时一名英国警察对他发出威胁，说他要是扑住了这个点球就当场击毙他。但贝格尔顶住威胁没让点球破网。那名英国警察随即拔出手枪将贝格尔当场击毙。实际上，贝格尔并没有在这场比赛中牺牲，而是一直活到以色列建国后。参见摩西·齐默尔曼《以色列人日常生活中的迫害神话》，载哈拉尔德·韦尔策编《社会记忆：历史、回忆、传承》，季斌等译，北京大学出版社，2007，第229页。

② Anita Shapira, *Land and Power: The Zionist Resort to Force, 1881－1948*, p. 206.

包含着一种必然的选择——武装反抗。这种精神还在当时流行的“特尔哈伊神话”中找到了对应。特尔哈伊是加利利北部的一个基布兹，经常遭受阿拉伯人的侵扰。第三次阿里亚运动期间来到巴勒斯坦的独臂战斗英雄约瑟夫·特鲁姆佩尔道为了保卫北部基布兹来到了特尔哈伊。这个基布兹人口极少、武器缺乏，根本无力抵挡在人数和装备上占据优势的阿拉伯人的进攻。1920 年 3 月 1 日，阿拉伯人强行要求犹太人解除武装并撤离此地，遭到拒绝后对特尔哈伊进行了猛烈的围攻，特鲁姆佩尔道领导一群开拓者与数倍于己的阿拉伯人进行着英勇不屈的战斗。最后众寡悬殊，包括特鲁姆佩尔道在内的六人战死，定居点被阿拉伯人占领。他留下的最后遗言是“没有关系，为保卫我们的土地而死是一件好事”。① 特尔哈伊战斗在伊休夫早期历史上有极为重要的价值。它彰显了在敌我力量悬殊下决不妥协的精神：“特尔哈伊战斗是犹太复国主义史上的一个里程碑，虽然在军事上以失败告终，但这个失败已转化成政治上和士气上的胜利。犹太移民拓荒者通过艰难困苦懂得，除了自己，他们谁也无法依靠。自己用血汗换来的土地一寸也不能放弃。”②

在以色列建国前后，马萨达守卫者进行着最后的反抗，“战斗到最后一刻”“流尽最后一滴鲜血”“直到最后的呼吸”等类似的词语大量出现。人们赞扬马萨达守卫者为了民族自由决不妥协的精神，以及在包围中坚持战斗、决不向敌人屈膝投降的精神。这是一种准备牺牲的精神，正如地理学家约瑟夫·布拉斯拉夫斯基（Joseph Braslavsky）写道：“在马萨达战斗到最后一刻，其最重要和最惊人的意义得以体现。”③ 正是在对马萨达守卫者“勇于牺牲”的战斗精神的强调下，死亡的方式——自杀被无限地缩小甚至被完全忽略；死亡的结果——牺牲被无限放大。一本当时极为流行的儿童故事读物《马萨达的光荣》就一再歌颂马萨达守卫者与罗马人进行了持续不断的斗争：“这就是超级英雄主义的要塞——马萨达的终结。但这

① Yael Zerubavel, “The Politics of Interpretation: Tel Hai in Israel's Collective Memory,” *American Jewish Society Review*, Vol. 16, No. 1/2 (Spring-Autumn, 1991), pp. 133 - 160.

② 哈伊姆·格瓦蒂：《以色列移民与开发百年史：1880—1980》，何大明译，中国社会科学出版社，1996，第 177 页。

③ Yael Zerubavel, *Recovered Roots: Collective Memory and the Making of Israel National Tradition*, p. 70.

不是这场起义的终结，这个终结实际上也是一个开始。这是马萨达光荣的终结。因为当马萨达惨烈的战斗最终结束、最后一名犹太人倒在自己的剑上时，犹太人也就开始获得了新生……马萨达守卫者的终结传遍了整个国家，复活了犹太民族的其他人，即使他们的敌人认为这个民族注定永久地毁灭。"①

第四节　马萨达式的生存焦虑与以色列对外行为的根源

在流散以后的历史上，由于没有自己的国家，犹太人在世界各地都是外来者，因而普遍地遭到其他民族的憎恨与排斥，犹太人成为一个永远的受害者民族。犹太人永远地具有一种被包围的感觉，似乎永久地困居于马萨达堡的顶部。敌对与迫害不断上演，更是使这种感觉得以具体化、经常化。因而，马萨达及其所代表的围困心态成为犹太民族的灵魂缩影，正是因为这一点，马萨达人所遭遇的处境迅速地为以色列所接受，他们将自己当前所进行的为生存而战视为马萨达战斗的历史性延续。马萨达在此意义上，代表了国族的根基性与本真性。正如泽鲁巴弗尔所认为的："马萨达首先以及最重要的是一种象征。它代表着以少敌多的抵抗状态，那些为政治、宗教及精神自由而宁死不降的最后一搏。"② 正是因为两者之间存在很大的相似性，马萨达逐渐发展为以色列的身份隐喻，它十分形象地展现了历史上犹太人的悲惨遭遇与现实中以色列国的艰难处境，进而成为"国族自然化"的深刻文化表征与独特心理暗示。

犹太人有被强大敌人包围的漫长历史，而且无论在何时何地都遭受着外来力量的迫害和排斥，这几乎是犹太人永远无法摆脱的宿命与魔咒。这种孤立和敌对情绪通常又与以色列的地缘政治现状紧紧联系起来，并从现状中得到印证："任何以色列人决不会忘记，他们的国家除了一面靠海外，是被阿拉伯国家的辽阔疆域所包围的一个狭小的岛。那种被包围感，人民

---

① Yael Zerubavel, *Recovered Roots: Collective Memory and the Making of Israel National Tradition*, pp. 226 – 227.

② Barry Schwartz, Yael Zerubavel, and Bernice M. Barnett, "The Recovery of Masada: A Study in Collective Memory," *The Sociological Quarterly*, Vol. 27, No. 2 (1986), p. 151.

的马萨达堡心理，是显而易见的。从事实上和心理上来讲，包围状态的存在在以色列是真实的，并且被人们感觉到。"[①] 马萨达作为一个现代政治神话，之所以能够为当代的以色列人所深切认同，关键在于马萨达及其所代表的围困心态成为犹太民族与以色列国的灵魂缩影：与当年的马萨达守卫者一样，今天的以色列人仍处于被包围的马萨达之巅，绝望无助地抵抗着强大凶狠的敌人。因此，马萨达不仅是犹太人的过去，也是他们的现在，更是他们的未来。它代表着以色列人对于自身命运及处境的深刻理解，以色列人将自己当前所进行的争取生存的斗争视为马萨达战斗的历史性延续。在建国初期，以色列国防军经常在马萨达举行宣誓仪式，其最主要的誓词即“马萨达决不再次陷落!”

自建国之初起，以色列一直秉承以下国家安全信条：通过自我依赖来片面追求绝对安全、为了消除安全威胁不惜在地区冲突中实施先发制人的打击、对周边国家采取进攻性防御政策等;[②] 这些国家安全信条的形成，很大程度上左右着领导层的决策，而且渗透到普通民众的日常行为之中。从以色列方面来看，任何威胁其国家安全的行为都将遭到以色列的强硬反击。国家安全作为备受以色列社会关注的最高核心利益，从领导层到普通民众对其都有着近似病态的追求与捍卫，这种现象显然需要从政治心理学(Political Psychology) 上给予解释。

可以说，以色列就像是一个“放大的马萨达堡”。以色列人口较少且国土面积狭小，几乎没有战略纵深，而且很容易被拦腰截断。它所承受的“边界压力”极其巨大，从约旦边界到地中海只有 10 英里，耶路撒冷和所有机场都在周围国家的重炮射程以内，从埃及、叙利亚、约旦到以色列只需 3—5 分钟的飞行。而且，大约 2/3 的全国人口生活在耶路撒冷—特拉维夫—海法的三角状沿海平原地带。“边界安全” (frontier security) 对于以色列国而言极端重要，任何对边界的侵犯都被视为对其生存的致命威胁。以色列前国防部部长达扬在《以色列的边界与安全问题》中曾总结道：“以色列的边界条件造成了一个极为反常和复杂的‘安全’问题。以色列

① 劳伦斯·迈耶:《今日以色列》，第 63 页。

② Uri Bar-Joseph, “Towards a Paradigm Shift in Israel's National Security Conception,” *Israel Affairs*, Vol. 6, No. 3/4 (Spring/Summer, 2000), pp. 99 – 115.

整个国家就是一条边境线。以色列的安全有罕见的地理上的脆弱性，这种脆弱性由于阿拉伯邻国的严重的敌对性而大大加深了。由于阿拉伯国家一贯的'不承认'政策，以色列的边境安全无法用一般国际冲突的模式来看待。"①

以色列最大的现实国情即基于中东国际政治格局的历史与现状，无可选择地处在众多阿拉伯国家的包围之中。以色列的安全困境首先在于，自建国以来始终无法走出与周围阿拉伯人处于冲突状态的怪圈。自建国之日起，以色列几乎从不间断地处在与阿拉伯国家的战争或者准战争状态之中，大的冲突就有五次中东战争，小规模的对抗则不计其数。这种对抗与仇视情绪的不断积累，导致了积重难返的状况，双方几乎永久性地处于敌对之中。反映到现实政治中，阿拉伯国家一贯奉行不承认以色列国、不与以色列谈判、不与以色列建交的"三不政策"，阿拉伯领导人及普通民众一再宣称要将犹太人赶到地中海里去。所以，以色列方面坚持认为，阿拉伯世界对以色列采取根本敌对的态度，否认以色列人的合理生存权，如果给予适当的条件，它将试图摧毁这个犹太国家；只要阿拉伯国家不改变敌视以色列国的态度，这种安全困境就永远无法消除："阿拉伯人一再试图摧毁我们，他们将不会停止这种企图……一旦你给予他们土地，他们想要更多，然后直到杀死我们所有人才宣告结束。希特勒在奥斯维辛就是这么做的，阿拉伯人也将在以色列这样做……"②

以色列的安全困境还在于其与阿拉伯人的冲突是"以一对众""以少敌多"的不对等冲突。考虑到阿以双方在人口数量、自然资源与领土疆域等常规方面的对比处于绝对的不平衡状态，以色列人争取建国与生存而与阿拉伯人开展的斗争即大卫与歌利亚的搏斗在现代的再现。本·古里安对此有严重的担忧："我们有着独特的军事问题——我们人数很少而敌人却人数众多……我们在增长，但他们也在增长……甚至是两倍、三倍或四倍的增长，我们仍将处在以少敌多的状态……而军队的兵力优势，通常是一

---

① Moshe Dayan, "Israel's Border and Security Problems," *Foreign Affairs*, Vol. 33, No. 2 (January, 1955), p. 250.

② Rusi Jaspal & Maya A. Yampolsky, "Social Representations of the Holocaust and Jewish Israeli Identity Construction," *Social Identities*, Vol. 17, No. 2 (March, 2011), p. 217.

个决定性因素。”① 原以色列国防军将军伊格尔·阿隆也分析道：“从人口的角度来看，以色列的250万名犹太人（在20世纪60年代）必须应对从大西洋到波斯湾超过一亿的阿拉伯人。在地缘战略上说，以色列是一块狭长的地带，除背靠大海以外，完全为敌方所包围；与之相反，敌人的土地构成一个次大陆。以色列是一个自然资源极度匮乏的国度，而敌对国家拥有几乎用之不竭的自然财富：丰富的石油、宽阔的大河、大片的可耕地，以及占世界一半储量的天然气。而且，在它自己所处的区域以及更大范围的世界，以色列都遭到了专门的孤立。”②

以色列的安全困境更在于其与阿拉伯人的冲突绝不是一劳永逸的。以色列官方一再认为，每一次冲突的结束都不意味着永久和平的到来，相反，遭到失利的阿拉伯人时刻在蓄谋新一轮冲突的到来；他们的敌人纵使失败许多次，无非就是国土的丧失和政治经济的损失，而以色列却经不起任何一次失败的打击，一旦失败就将失去一切，犹太人也会重新回到流散的命运。在此情况下，以色列人在对待周边阿拉伯国家及巴勒斯坦人时采取了异常强硬和决不妥协的姿态。本·古里安为以色列先发制人的措施辩护道：“从我们的观点看，永远不可能有一场最后决战：我们永远不能假定我们自己能给敌人如此的最后一击——那将是最后一战，从此以后永远不需要再进行一场冲突，或者说战争危险将被全然消除。我们的邻居的情况恰恰相反。他们可以设想决战是最终一战，可以设想或许能给以色列致命一击，以致阿以问题不复存在。”③

从许多方面看，以色列当下的处境与历史上马萨达的遭遇有着惊人的相似：一方面，与孤立在犹地亚沙漠深处的马萨达一样，今天的以色列国在中东地缘政治格局中也处于孤立无援的地位；另一方面，与当年马萨达战士面对强大的罗马军队的围困一样，今天的以色列国也遭遇众多阿拉伯敌对国家的包围。基于历史与现实的原因，为了避免马萨达的历史遭遇再次重演，以色列人在对待周围阿拉伯国家及巴勒斯坦人时采取了异常强硬和决不妥协的姿态，而这种态度在很大程度上是由一种所谓的“围困心

---

① Ariel Levite, *Offense and Defense in Israeli Military Doctrine*, Boulder: Westview Press, 1989, p. 31.

② Yigal Allon, *The Making of Israel's Army*, London: Valentine & Mitchell, 1970, p. 72.

③ David Ben-Gurion, *The Restored State of Israel*, Vol. 1, Tel Aviv: Am Oved, 1975, p. 509.

态"所导致。

为了应对来自阿拉伯国家的经常性威胁，以色列自建国之初起即采取"全民皆兵"（A Nation-In-Arms）的举国体制；[①] 以色列的兵役法规定，凡18—29周岁的男性公民、18—24周岁的女性公民，无特殊情况都要应征服现役（其中男子的服役期为3年、女子的服役期为2年）。服役期满后，除少数需要继续服现役外，其他人员一律转为预备役。除去正式服役的以色列国防军，其他公民每年都要服役1个月，用以色列国防军原总参谋长伊格尔·亚丁的话来说，以色列的公民几乎就是"每年休假十一个月的士兵"。[②] 以色列的军民比例达到了惊人的1/22（这还不包括预备役），远远高出世界平均值的1/150。以致它成为一个"要塞国或军营"："在以色列，不去理会安全措施简直是不可能的。以色列人对正在进行训练的战斗机掠过天空的隆隆声和令人战栗的呼啸早已听惯了。常常携带武器的休假或值勤后回来的士兵随处可见——在公共汽车上，在公路上搭着便车，或在大街小巷漫步。全副武装的吉普车在海滩上巡逻，在作日光浴的人群中穿行，人们也不加理会。在地平线上隐约可见以色列海军的快艇，这是把眼睛盯着地平线寻找危险信号的电子网络的一部分。载着坦克和装甲运兵车的特制卡车络绎不绝地在公路上行驶。"[③]

由生存危机感所导致的防卫心态，不仅塑造了以色列人的思想观念，更影响着他们的政治决策。这在很大程度上强化了"别无选择"的概念："'无可选择'，这个概念是了解以色列的基础。以色列人生活在一个使他们不断意识到有限性和约束性的世界之中——狭窄的国土、很少的人口，敌对的邻国，缺乏自然资源——这样，为了生存，他们必须学会最大限度地利用各种形势，并且不断地探测外表的限度，看看能否加以扩大……以色列人面对的形势是不游泳即溺水，不行动即死亡，此外无可选择，以色列人学会了行动和游泳。在这个过程中，他们形成了一种常常看起来是冷

① Uri Ben-Eliezer, "A Nation-In-Arms: State, Nation, and Militarism in Israel's First Years," *Comparative Studies in Society and History*, Vol. 37, No. 2 (April, 1995), pp. 264–285.

② David Rodman, *Defense and Diplomacy in Israel's National Security Experience*, Brighton: Sussex Academic Press, 2005, p. 13.

③ 劳伦斯·迈耶：《今日以色列》，第302页。

酷的、毫无感情的世界观。”① 实际上，“别无选择”在以色列第一任总理本·古里安看来是以色列与生俱来的：“如果我是一个阿拉伯领袖，我将永远不会接受以色列的存在。这只是自然反应。我们占据了他们的土地。的确，上帝曾将它应许给我们，但什么与他们相关？那就是反犹主义、纳粹、希特勒、奥斯维辛，但这是不是他们的错？他们只看到一件事情：我们来到并占据了他们的土地。他们或许会在一两代人内忘记，但从一开始就是别无选择。”②

艰险复杂的地缘政治环境，促使以色列社会意识到必须“自我依赖”(self-reliance)，而不久之前纳粹大屠杀的深刻教训又使这种意识得到进一步强化。当纳粹灭绝欧洲犹太人时，以盟国为代表的外部文明世界袖手旁观，拒绝对集中营的犹太人采取营救措施（尤其以 1944 年盟国拒绝轰炸奥斯维辛集中营为代表），而且在接纳欧洲犹太难民问题上一再设置障碍。外部世界的冷漠无情促使犹太人对其极度不信任，加剧了以色列人的不安全感：“差不多两千年的流亡生活是一场无休止的生存斗争。在 20 世纪，大屠杀——纳粹德国总体灭绝欧洲犹太人——的创伤昭示：在当代，真的存在作为一个民族被灭绝的可能性，就像它过去一向存在那样……世世代代的孤立培育了一种对外部不信任的自我依赖。此种心态也在很大程度上被传给了以色列，它从宣布独立之日起便在寻找和保持盟友方面经历了种种困难。”③ 过分强调“自我依赖”的结果就是相信实力政治与单边行动，奉行以武力确保边界安全的行为，为此还不惜采取先发制人的措施来达到目的。

可以说，以色列国家经历了血与火的较量才得以诞生，它从一开始就深深地烙上了战争和安全的印痕，而且自建国以来以色列与邻国一直处于正式或非正式的交战状态。这种状态体现了马萨达的深刻本质，即被包围的处境，正是这种相似性使得马萨达在当时获得极度推崇的根本条件。

---

① 劳伦斯·迈耶：《今日以色列》，第 51—52 页。

② Avner Yaniv, “Non-Conventional Weapons and the Future of Arab-Israeli Deterrence,” in Efraim Karsh, ed., *Between War and Peace: Dilemmas of Israeli Security*, London: Frank Cass, 1996, p. 144.

③ 威廉森·默里等编《缔造战略：统治者、国家与战争》，时殷弘等译，世界知识出版社，2004，第 572 页。

以色列对于国土安全几乎有着病态的追求，被包围的处境时刻提醒着以色列人必须枕戈待旦、保持警惕、随时待命，以色列几乎就是一个现代斯巴达。

为了应对以上安全困境，以色列采取了一系列积极的军事外交政策。与周边阿拉伯国家之间进行的经常性战争与冲突，使得处于高度紧张状态中的以色列国时刻保持警惕，将这些敌意与憎恨视为对自身生存持久而根本的威胁，并力求对其做出相应的激烈反应。独特的地形与地缘政治格局决定了它无法实施在其他国家可以推行的“以空间换时间”战略，而被迫执行“寸土不让”（af sha'al）和“外围防御”（haganah merchavir）的进攻性防御策略。[①] 以色列一再强调，必须以最快的速度将战争引入敌方区域，因为以色列缺乏战略纵深，来犯敌军的任何进攻行为都可能意味着以色列经济和居民中心的毁灭。以色列国防部如此强调道：“以色列国防军的信条在战略层面是防卫性的，但它在战术层面却是进攻性的。由于这个国家缺乏战略纵深，以色列国防军在认为需要时必须主动出击，如果遭受攻击则必须快速将战场转移到敌方领土上去。”[②] 在历次阿以冲突中，以色列均不同程度地采取了先发制人的进攻性防御政策。

在进攻性防御思想的主导之下，以色列对周边阿拉伯国家采取威慑政策，寻找任何潜在的威胁，单方面为后者的敌对行为划定“红线”（red lines），一旦其越过以色列认定的不可容忍的限度就将遭到先发制人的打击。越过红线的行为包括：阿拉伯军队的大规模集结、封锁以色列边界与港口、针对以色列的武力挑衅以及发动全面战争的军事威胁等。[③] 为打赢这场事关生死存亡的关键战争，有必要集中一切智慧、物力与意志，不惜违反国际惯例与国际准则对阿拉伯国家的包围和封锁进行反击。以色列经常不顾国际社会与世界舆论的压力，在地区争端中采取先发制人的强硬军事政策，通过自我依赖来解除所面临的安全威胁：1956 年埃及与叙利亚、

① Uri Bar-Joseph, “Towards a Paradigm Shift in Israel's National Security Conception,” *Israel Affairs*, Vol. 6, No. 3 – 4 (2000), pp. 105 – 106.

② Eliot A. Cohen, et al., *Knives, Tanks, and Missiles: Israel's Security Revolution*, Washington, D. C.: The Washington Institute for Near East Policy, 1998, p. 18.

③ Israel Tal, *National Security: The Israeli Experience*, trans. Martin Kett, Westport: Praeger, 2000, p. 55.

约旦联合组成阿拉伯联邦并建立阿拉伯联军统一指挥部，特别是埃及封锁埃拉特港直接引发以色列军队做出反应，苏伊士运河战争爆发；1967 年“六日战争”前，埃及强行关闭苏伊士运河与蒂朗海峡并派军进入西奈半岛，致使以色列的忧患感上升至顶点，作为对威胁的反应，以色列率先发动“预防性战争”，以战止战、以战促和。在以色列军方看来，最好的防守办法就是进攻，以进攻减轻乃至消除防守的压力：“我们认为进攻就是最好的防守。我们绝大多数的训练是有关如何进攻，我们的观念为这个信念所主导：如果你进攻，你将拥有更多成功的机会。你无法通过防守来获取胜利……防守是非常危险的，因为它将主动权交给了攻击者。作为防卫者，就必须被迫根据进攻者的所有行动做出反应。”①

① Y. Ben-Horin & Barry Posen, *Israel's Strategic Doctrine*, Santa Monica: Rand Corporation, 1981, p. 32.

第六章 “马萨达决不再次陷落”的传衍、规制与推广

第一节 “决不重演”在以色列社会中的深刻内涵

在以色列建国初期，“决不重演”（Never Again）成为一种带有具体政治内涵的号召，[①] 它作为文化棱镜代表了犹太人对于自身命运及其生存处境的深刻理解。以色列国建立于犹太历史上空前规模的民族浩劫——纳粹大屠杀——结束后不到三年的时间里。以色列作为从纳粹大屠杀的灰烬中飞出来的犹太凤凰，与后者之间有千丝万缕的联系：“对巴勒斯坦的六十五万人说来，有一个教训是至为重要的——犹太人必须掌管自己的事务、自己的命运。大屠杀作为以色列事务中的一个因素的重大意义，是无论怎么强调也不过份的。单单理解大屠杀的影响并不能懂得以色列的全部经历。但是除非也理解大屠杀的影响，否则便不可能理解以色列和现代犹太人。”[②]

纳粹大屠杀作为以色列集体认同的“奠基神话”（founding myth），[③] 很大程度上塑造了以色列的独特民族性格与国家安全意识。以色列人一再担心纳粹大屠杀民族悲剧的重演，他们强烈地认为，与被纳粹屠杀的欧洲犹太人一样，今天的以色列人时刻处于被包围的状态，绝望无助地抵抗着

---

① 参见 Ronald Aronson, “Never Again? Zionism and the Holocaust,” *Social Text*, No. 3 (Autumn, 1980), pp. 60 – 72; Yechiel Klar, Noa Schori-Eyal, Yonat Klar, “The ‘Never Again’ State of Israel: The Emergence of the Holocaust as a Core Feature of Israeli Identity and Its Four Incongruent Voices,” *Journal of Social Issues*, Vol. 69, No. 1 (March, 2013), pp. 125 – 143。

② 劳伦斯·迈耶：《今日以色列》，第 24 页。

③ 艾仁贵：《纳粹大屠杀纪念日的确立及其英雄主义内涵》，《学海》2014 年第 3 期。

强大且凶狠的敌人。以色列方面对阿拉伯人的敌对态度高度敏感，时刻提醒人们注意阿拉伯领袖将以色列赶入地中海的做法与纳粹无异。这种担心纳粹大屠杀悲剧重演的焦虑情绪尤其还与当前对阿拉伯人的仇恨结合到一起："大屠杀的灾难以及同阿拉伯人的冲突的灾难交织在一起。大屠杀的经历给犹太复国主义者的心灵留下不可磨灭的印象。同阿拉伯人的长期冲突以及争取生存的斗争将创伤转移到一个新的背景下。在紧接着欧洲犹太人遭到大屠杀之后的时期，在以色列地发生大屠杀的可能性必须予以注意。这样，以色列社会就适应了被包围的现实，并且发展出一种被包围的心理状态。"①

以色列人从纳粹大屠杀的空前悲剧中吸取的一个教训，即在对待威胁民族生存的问题上，必须采取针锋相对、毫不妥协的铁血政策。第二次世界大战期间数百万名欧洲犹太人面对迫害不加反抗、"像羔羊一样走进屠场"的软弱举动，实际上是为纳粹的灭绝计划助了一臂之力。正如卢卡斯所说："以色列的建立受到阿拉伯人的坚决反对，这使得以色列往往从生存本身去看待安全问题。欧洲犹太人几近灭绝的创痛，给安全问题的前景增加了恐怖的成分。大批犹太人移民和经济发展，不仅被视为实现犹太复国主义理想的手段，而且被视为生死存亡的重要问题。这样，对外政策必须服从增强军事实力、增加人力的需要，这些需要增加了阿拉伯人的敌意，反过来又促进了这一黩武政策。"②

从现实主义政治出发，纳粹大屠杀的另一个重要后果即犹太人迷信权力与实力政治，以极端现实主义的态度处理外部事务。大屠杀作为以色列脆弱和孤立无援的首要象征，成为以色列对外行为的"道义依据"（moral justification）。从以色列作为受害者的角度来看，为避免历史悲剧的重演，它有权采取进攻性防御以确保自身安全；③ 因此，纳粹大屠杀以一种特别的方式为其采取先发制人的强硬政策赋予了合法性与正当性："以色列人民吸取了他们的教训，不扎根于他们的故土，犹太人与犹太民族的存在将

① 凯马尔·H. 卡尔帕特编《当代中东的政治和社会思想》，陈和丰等译，中国社会科学出版社，1992，第396—397页。

② 诺亚·卢卡斯：《以色列现代史》，第351页。

③ Shlomo Aronson, "Israel's Security and the Holocaust: Lessons Learned, but Existential Fears Continue," *Israel Studies*, Vol. 14, No. 1 (Spring, 2009), pp. 65-66.

没有前途。他们还吸取了另一个残酷的教训：那些弱者除了懦弱以外，不能做任何事情。”[①] 我国学者张倩红也注意到：“值得思考的是，后大屠杀时代以色列作为世界上惟一的犹太国家经历了由诞生到成熟的发展期，而这一期间正是以色列国民性格的成型期……大屠杀的经历在很大程度上塑造了以本民族利益为核心、强悍的意志力、极端的忧患意识、执着的成就感、漠然对待非犹太世界为主要特征的犹太民族个性。”[②]

在大屠杀悲剧“决不重演”社会氛围的形成和发展过程中，马萨达的历史遭遇作为今天以色列人现实处境的隐喻被经常提及，在以色列的集体心理中发挥了持久的文化作用。在马萨达具有的象征性力量中，“马萨达决不再次陷落”具有极其重要的地位。该用语来自著名诗人以撒·拉姆丹于 1927 年发表的《马萨达》诗篇，随后成为犹太人决心捍卫故土的著名口号。该口号尤其在以色列建国初期被作为民族口号大力提倡，不仅为许多普通民众使用，而且成为以色列国防军的誓词，“马萨达今天被用来作为所有那些珍爱自由者的象征。现代以色列国经常发出这样的宣誓：马萨达决不再次陷落”。[③] 以色列议会一位议员这样强调马萨达的意义：“马萨达远不只是一处考古或历史场所，它是犹太民族独立精神和英雄主义的表达”，他还表示无法想象他的民族认同可以“缺乏马萨达”。[④]

学者泽鲁巴弗尔追溯了“马萨达决不再次陷落”口号的两种代表性用法。一种是“积极性纪念叙述”（activist commemorative narrative），该叙述与华沙隔都起义相联系，将马萨达视为面对压迫时的反抗：“许多在马萨达举行的军事、民族和宗教典礼（例如青年朝圣、士兵宣誓和成人仪式）持续地强调英雄主义、爱国牺牲和民族复兴，这些都是由积极的叙述所推动的。”[⑤] 另一种是“悲剧性纪念叙述”（tragic commemorative narrative），

---

① Dalia Ofer, “The Strength of Remembrance: Commemorating the Holocaust during the First Decade of Israel,” *Jewish Social Studies*, Vol. 6, No. 2 (Winter, 2000), p. 49.

② 张倩红：《后大屠杀时代：纳粹屠犹的社会后果分析》，《史学月刊》2005 年第 9 期。

③ Brad Olsen, *Sacred Places around the World: 108 Destinations*, San Francisco, C. A.: CCC Publishing, 2004, p. 47.

④ Nadia Abu El-Haj, *Facts on the Ground: Archaeological Practice and Territorial Self-Fashioning in Israeli Society*, Chicago: University of Chicago Press, 2001, p. 1.

⑤ Yael Zerubavel, *Recovered Roots: Collective Memory and the Making of Israel National Tradition*, p. 195.

将马萨达与东欧集体迫害和纳粹大屠杀联系起来，马萨达被视为犹太人遭受敌人灭绝的古代事例，这种叙述不关注马萨达守卫者是否从事反抗，转而强调马萨达事件中的集体自杀，将之作为犹太人遭受围困和迫害极端状态的顶点；这种叙述将焦点从军事抵抗罗马统治者转移到马萨达守卫者绝望无助的境地，契合了犹太人的集体受害心理：在古代，马萨达是犹太受害状态的主要代表，而现在，大屠杀是犹太人遭受迫害的最大证明。①

在犹太复国主义者看来，马萨达是以色列的视觉化形象，象征着犹太人在故土的主权，“马萨达决不再次陷落”意即犹太人对故土的主权决不允许再次丧失。很大程度上，马萨达所具有的力量所在就是其悲剧性的结局。戏剧研究者通常指出，悲剧往往更能唤起人们内心的认同，因为它象征着人类某些不可避免或者难以克服的苦难。正如著名民族主义理论家额内斯特·勒南所言：“在民族的记忆中，苦难通常要比胜利更有价值，因为苦难要求责任、号召集体的奉献。”② 对民族苦难的政治化获得了无比的力量，使得处于此一共同体的成员牢记民族创伤，提醒人们它曾经所遭受的不幸，并向人们传递道德的要求：认同和奉献。

在此意义上，马萨达已不再只是一处地理场所，也不完全属于古代的历史遗迹，而是一个勇敢战斗不惧死亡的精神象征与文化符号：“马萨达是一种象征、马萨达是一个指南、马萨达是一份期盼、马萨达是一声呐喊、马萨达是一座灯塔……马萨达是犹太人与全人类最伟大的英雄主义之象征。青年一代完全为马萨达所唤醒。这一代人创造了这个国家，并在许多方面保卫了这个国家。马萨达是解放这个国家的力量，它还是扎根并保卫全部领土的勇气之来源。”③ 因此，马萨达在古代英雄主义与现代英雄主义之间架设起了一座桥梁，使其成为联结古代民族独立与现代民族独立之间的精神纽带。2000 余年前马萨达所进行的反抗罗马人的最后战斗，超越了时间的束缚进入现代犹太人为争取民族自由与国家独立的战斗意识之中；它所激发的无穷民族力量与战斗意志，成为民族精神的根本内核。

---

① Yael Zerubavel, *Recovered Roots: Collective Memory and the Making of Israel National Tradition*, p. 193.

② Ernest Renan, “What Is a Nation?” in Homik Bbabha, ed., *Nation and Narration*, p. 19.

③ Tsvi Ilan, *To Masada in the Zealot's Footsteps*, Tel Aviv: Shreberk, 1973, p. 3.

第二节 教科书及儿童文学中的马萨达

如前所述，在以色列建国前的伊休夫时期，马萨达就通过约瑟夫斯的《犹太战记》与拉姆丹的《马萨达》诗篇，分别进入中小学的历史与文学必修课程之中。通过这两大文本的影响，绝大多数本土希伯来人了解了马萨达的英雄主义，并主动接受了犹太复国主义的爱国宣传，在民族动员情况下推动着马萨达神话的进一步发展。以色列建国后，教育体制正式完全被纳入国家权力的运作之下。在此情况下，马萨达也得到了前所未有的普及与推广。在各级世俗学校体制中，马萨达都是超级英雄主义的代表。而且这一形象还延伸至儿童文学之中，意在从小就培养国民捍卫故土、不惜牺牲的战斗精神。分析教科书与儿童文学中的马萨达形象，有助于从大众层面探究马萨达象征符号的渗透力度与接受层次。

实际上，教育体制集中体现了历史与记忆之间的重要联系，因为它致力于向青年一代灌输知识与价值。如果成功地实现了这一使命，将使青年一代转变成忠诚的公民，从而有助于达成一种共同的认同感与统一的归属感。因此，教育体制也是国家构建中的重要环节，它通过对民族集体记忆的塑造而影响着国民认同的整合。有趣的是，过往的许多历史学研究对教科书与集体记忆之间的政治、社会联系并未给予足够的关注。学者们往往过分强调国家用来创造集体记忆的显性手段——历史编纂、仪式典礼、纪念碑、战争创伤等——而忽视了教科书这种隐性手段在影响民族记忆中的重要作用。与此同时，研究教科书的学者很少将其研究置于集体记忆的框架之中，通常忽略了社会环境对于教科书的塑造。

控制了教科书，实际就是控制了一个群体的集体记忆，这种对于过去的控制是用来塑造当下及未来的。在此意义上，学校制度与教科书成为国家动员的记忆工具，其目的是确保向青年一代传递某些“被认可的知识”。而这些知识又借助国家权力的运作，渗透到大众的意识之中，最终达到维护并巩固现有权力合法性的目的。有学者一针见血地指出，教科书实际上充当着“最高历史法庭”（supreme historical court）的职能，其使命是辨认“一切累积下来的‘过去的片段’与‘真实’的集体记忆，以明确哪些内容适于容纳进权威的民族历史叙述之中”。[①] 在建构集体记忆过程中，教科书起着双重的作用：一方面，它们提供一种在过去与现在之间连续性的意识；另一方面，它们改变或者重写了过去以迎合当下的需要。

教科书被以色列官方用来将青年社会化，以进入新兴的民族国家认同之中。为此，教育部门确立了许多理想典范，以供青年一代进行模仿与学习。有学者专门探究了以色列建国前期教育体制中塑造的“民族英雄谱”，大致有三大标准：在伊休夫及建国初期政治生活中发挥主要作用的政治家；谱写出许多文学、哲学及文化作品的知识分子；体现了开拓精神、推动故土重建的实干家。在此标准下，民族英雄包括：犹太国家的奠基者西奥多·赫茨尔、哈伊姆·魏兹曼、本·古里安，民族诗人哈伊姆·比亚里克、亚科夫·卡汉，体现开拓精神的大卫·戈登、亨利埃塔·索尔德，等等。[②]

教科书对马萨达集体记忆的塑造表现得尤为显著。马萨达在20世纪初就已进入犹太民族史的课程之中，最初关于它的内容只有两三行字，而且通常只是附属于犹太—罗马战争的主题之下。到后来，特别是20世纪30年代以后，教科书中的马萨达内容被给予了相当大的篇幅，长度达两三页，甚至单列一个主题来专门进行强调。在语文课程中，以撒·拉姆丹的《马萨达》诗篇拥有很高的地位，人们往往将其中的一些段落选入课文之中，而最频繁被选用的段落包括“马萨达决不再次陷落”的内容。在历史课程中，约瑟夫斯《犹太战记》关于马萨达的描写通常被强调，特别是以利亚撒·本·亚尔发表的两篇演说经常被选用，而且往往将两篇演说压缩成一篇来加以选用。此外，教科书在这两大马萨达文本之外，还采用了许多当代人对马萨达的英雄化叙述。

在以色列建国之初的学校课程设置中，许多教科书中有关马萨达的内容都鲜明地突出了马萨达守卫者的英雄主义精神。为达到英雄主义的效果，教科书对马萨达历史中的具体细节进行了许多人为的修改与增删。具

---

① Baruch Kimmerling, “Academic History Caught in the Cross-Fire: The Case of Israeli-Jewish Historiography,” *History & Memory*, Vol. 7, No. 1 (Spring/Summer, 1995), p. 57.

② Na'ama Sheffi, “Israeli Education System in Search of a Pantheon of Heroes, 1948 – 1967,” *Israel Studies*, Vol. 7, No. 2 (Summer, 2002), pp. 62 – 83; Tali Tadmor Shimony, “The Pantheon of National Hero Prototypes in Educational Texts Understanding Curriculum as a Narrative of National Heroism,” *Jewish History*, Vol. 17, No. 3 (2003), pp. 309 – 322.

体表现为：西卡里人的真实身份被忽视；他们抢劫隐基底犹太同胞的行为被省略；认为他们是在耶路撒冷陷落后来到马萨达的，因而参与了圣城保卫战；遭受围困的时间被延长至两年或者三年；增加了马萨达守卫者与罗马军队的战斗内容；以利亚撒·本·亚尔的两段演讲被压缩成一段；幸存者的情况有时没有提及……

当时一本教科书中这样记述了马萨达事件的详细经过：

> 在奋锐党人来到马萨达七年后，罗马人抵达了马萨达……经过七个月的围攻，成千上万的士兵成功地破坏了外墙……当被围困者意识到没有任何希望时，他们摧毁了自身所有的财产……以利亚撒·本·亚尔……在一篇感人的演说中劝导他们集体自杀以便不会……沦为奴隶。这花了一段时间来说服他们，最终他们都应允了……仅有两名妇女和五个孩子幸存。①

从修辞内容的特点来看，关于马萨达的叙述大多充满了英雄、反抗、自由的字眼，其中的英雄主义色彩不言而喻。一本卓有影响的教科书这样写道：“犹地亚最后的英雄就这样死去了……马萨达所体现出来的英雄主义、战斗激情、自我牺牲，任何其他弱小民族反抗强大力量的战争都无法与之相比……马萨达已经成为许多世代的民族英雄主义之象征。”② 另一本教科书也对马萨达的死难给予了高度评价：“英雄们视死亡高过奴役。马萨达事件直到今天仍是一个知道如何无所畏惧地死去就像他们知道如何无所畏惧与不知疲倦地战斗的英勇民族之象征。”③ 总体来看，教科书中的马萨达叙述迎合了将之神话化的趋向，这种选择性利用下的马萨达叙述可以归纳为：英勇的犹太战士们是耶路撒冷惨烈战斗的幸存者，在圣城不幸失陷后逃到了马萨达；他们在这里孤立无援地进行着“以少敌多”的战斗，这场反抗强大罗马军队的战斗持续了至少两年半；当没有逃脱的希望时，所有人都甘愿死去而不投降遭受奴役，于是他们决定集体自杀。

---

① Nachman Ben-Yehuda, *The Masada Myth*: *Collective Memory and Mythmaking in Israel*, p. 111.

② Nachman Ben-Yehuda, *The Masada Myth*: *Collective Memory and Mythmaking in Israel*, p. 167.

③ Nachman Ben-Yehuda, *The Masada Myth*: *Collective Memory and Mythmaking in Israel*, p. 167.

从历史求真的标准来看，几乎各种教科书都没有严格遵循约瑟夫斯的历史叙述，而是或多或少、或有或无地制造、虚构、省略、添加了一些内容，使之符合教育部门对于理想公民的设想。通过这些建构手法，马萨达原本复杂、带有疑问的历史被简单化为一种英雄主义的内容。因此，他们提供了一种带有偏见、不够准确，甚至产生误导的马萨达“历史”知识。实际上，这种所谓的“历史”知识，很大程度上可以称为“神话”。国家权力对教科书中的马萨达形象的运作，在很大程度上构成了建国初期以色列民众对于马萨达的认知。这种宣传策略内在地契合着犹太复国主义意识形态，意在塑造一个理想人格与锻造一支强大军队的目标。

在儿童文学中，也充满类似的修辞策略。以马萨达为主题的儿童文学创作始于隆美尔威胁达到顶峰的1941年，这一年及次年接连出现了三种在后来影响深远的儿童文学作品：摩西·布拉斯拉维斯基的《当马萨达陷落时》(*When Masada Fell*)[①]、梅泽尔的《前往马萨达》[②]与舒梅尔的《马萨达的福音》[③]。这些儿童文学著作的普及促使马萨达的形象印在当时儿童的脑海中，当他们长大，经过教科书的运作，更是对马萨达神话的内容深信不疑。马萨达的英雄主义内涵几乎成为他们极其自然的表达。

儿童文学本身需要可读性、趣味性，因此在马萨达的故事中人为添加了许多成分，在此情况下，马萨达的英勇行为被极度放大。[④] 儿童文学中，通常要凸显马萨达的两大要素：一是反复强调人数很少的犹太英雄抵抗数量众多的罗马士兵，这也契合“以少敌多”的马萨达神话的核心主题；二是将守卫领袖以利亚撒·本·亚尔熟悉化、形象化，以亲切而直接的方式描述这位反抗斗士，在他身上赋予了许多理想化的道德特征与政治才能。经过这样的修饰，儿童文学提供了一个完美的马萨达形象：在没有任何机会的情况下，人数很少的犹太自由战士对抗着数量庞大且装备先进的罗马帝国军队；当他们面临将要沦为奴隶的困境时毅然选择了死亡，这些犹太人不是消极地赴死，而是战斗到最后一刻。

---

① Moshe Breslavski, *When Masada Fell* (in Hebrew), Tel Aviv: Am Oved, 1941.

② B. Meizel, "To Masada," *Davar Leyladim*, Vol. 12, No. 21 (February 12, 1942), p. 162.

③ Avi Shmuel, "The Gospel of Masada (An Ancient Legend)," *Davar Leyladim*, Vol. 12, No. 33 (May 7, 1942), p. 259.

④ Nachman Ben-Yehuda, *The Masada Myth: Collective Memory and Mythmaking in Israel*, p. 210.

与教科书中马萨达内容的连篇累牍相比，儿童文学中的马萨达要少得多，而且描述马萨达的儿童文学比其他内容的儿童文学也要少。具体来说，主要有以下原因。首先，历史中的马萨达本身就是含糊不清且存在争议的，这种模糊性难以形成比较稳固的主题和情节。其次，许多儿童故事都有一个“愉快的结局”,[①] 而马萨达并非如此。这一故事的结尾充满悲剧色彩，而且是以集体自杀告终的，这个环节如何向儿童解释？对此，儿童文学往往将马萨达守卫者的集体自杀进行淡化或者干脆抹去，因为这种悲惨的方式对于儿童来说容易起到不好的暗示。最后，马萨达并非一个新鲜的故事，它发生在遥远的2000余年前。发生在如此遥远的时代，对形成一个明确、可信的故事提出了挑战。对于不太具有历史知识的儿童而言，无疑在理解上存在困难，因而在接受度上难免大打折扣。

在建国初期，英雄主义主题遍布当时整个以色列文学界。在此情况下，儿童文学自然也要迎合这个主旋律。儿童文学的根本主题是强调犹太复国主义接续马萨达英雄的辉煌，这种英勇不屈的战斗精神自古至今没有中断过，而完全将流散的历史抛在一边。一本极其有名的儿童书籍《马萨达的光荣》，在叙述马萨达的结尾时写道：“这就是超级英雄主义的要塞马萨达的结局。但这并非反抗的结束。这个结局实际上是一个开端。这就是马萨达的辉煌结局。因为当最后一位犹太人在马萨达倒在自己的剑下、惨烈的战斗接近尾声之时，犹太民族就开始再度复活。难道不是这样吗？”[②]

第三节 神话叙事的意识操控与话语实践

米歇尔·福柯指出：“我们应该承认，权力制造知识；权力和知识是直接相互连带的；不相应地建构一种知识领域就不可能有权力关系，不同时预设和建构权力关系就不会有任何知识……（总之,）权力—知识，贯穿权力—知识和构成权力—知识的发展变化和矛盾斗争，决定了知识的形式及其可能的领域。”[③] 实际上，话语即政治权力的体现。在一个社会中，

① Nachman Ben-Yehuda, *The Masada Myth: Collective Memory and Mythmaking in Israel*, p. 211.

② Yael Zerubavel, “The Death of Memory and the Memory of Death: Masada and the Holocaust as Historical Metaphors,” *Representations*, No. 45 (Winter, 1994), p. 82.

③ 米歇尔·福柯：《规训与惩罚》，刘北成等译，三联书店，1999，第29—30页。

主流的话语往往代表当权者一方的论述，而话语的运作正是与权力的贯彻如影相随、不可分离。思想意识中的马萨达话语对于人们具有强大的精神控制作用，这种潜移默化的影响往往不为人们所察觉，但人们却在无意中对之不加拒绝地接受。

一　现代政治神话及其运用技巧

犹太裔著名思想家恩斯特·卡西尔提出了现代政治神话的概念，认为神话并未真正远离人们的生活，现代世界中的政治神话超出了理性的控制而难以抗拒。卡西尔认为，使现代政治神话区别于古代神话的关键就在于它们是否被用于政治目的，它们以理性化的手段被用于非理性的目的："新的政治神话绝不是丰富想象力随意结出的果实。它是极有技巧和心计的艺术家的人工创造物。我们可以毫不含糊地说：我们眼前所见到的这些东西是一种新型的理性化了的神话。20 世纪创造出一种先前世纪所没有的神话思维技术。因此，神话就以与机关枪和战斗机同样的意义和方式被发明、被生产。"[①] 而且，它们可以随意地被创造，而创造政治神话的能力与神话影响的大小取决于运用神话的技巧。卡西尔以纳粹党在德国的统治为例，具体探讨了四种技巧。但他并没有将它们限定在某一特定国家的特定时期，而是认为它们同样可以为其他政权所使用。具体来说，现代神话的运用技巧主要有以下几种。

首先，语言的操控。对语言进行控制，可以影响个体的思想和行动，这些具有神话和宗教般的特征足以唤起魔力般的回应。"如果我们研究现代的政治神话及其运用，我们就会在其中出乎意料地不仅发现我们道德价值的某种转换，而且还会发现一种人类语言的变化：巫术的言语重于语义的言语……这些词以前被用作一种描述性的、逻辑的或语义上的含义，而现在是当作要产生某种效果和激励起某种情感的巫术上的词语来使用的。"[②]

其次，仪式的使用。在很大程度上，神话功能的发明借助各种仪式加以推广。"每一种政治活动都有其特殊的仪式……它们就像我们在原始社会里所看到的仪式一样固定、严厉和不可抗拒……这些新仪式的效果是很

---

① 卡西尔：《符号·神话·文化》，李小兵译，东方出版社，1988，第 201 页。

② 卡西尔：《国家的神话》，范进等译，华夏出版社，1999，第 343—344 页。

明显的。没有什么东西能比该仪式的不变的、统一的、单调的表演更能销蚀我们的全部活动力、判断力和批判的识别力，并攫走我们人的情感和个人责任感了。事实上，在受仪式支配和统治的原始社会里的个人的责任是一种未知的东西。我们在这里所发现的只是一种共同的责任。”①

再次，价值的灌输。卡西尔认为对于价值的强调“像强烈的腐蚀剂那样在发挥作用，成功地化解了一切其他的价值”。“现代的政治神话则以颇为不同的方式进行，它们并不是从要求或禁止一定的行为开始，而是为了控制人们的行为而改变人。政治神话的行动方式活像一条毒蛇，它在攻击其牺牲品之前先努力对其进行麻痹，使人们没有怎么抵抗就沦为它们的牺牲品，他们还没有认识到实际上发生了什么事就已被击败和征服了。”②

最后，历史的误读。卡西尔认为在对历史的理解中极容易将之解释为神话。历史的阐释者实际就是神话的制造者。“几乎在世界的所有神话里，我们都遇到一种不可避免、不可抗拒、不可改变的命运观念。宿命论看来是不能和神秘的思想相分离的。”③ 实际上，误读历史成为许多神话诞生的重要条件；通过对历史的错误解释，使之用于政治目的以达到动员民族的效果。

此外，卡西尔还指出虽然神话很难被摧毁，但通过全面深入地探究神话的“来源、结构、方法和技巧”就可找到解构神话的手段：“摧毁政治的神话是超出哲学能力之外的。神话在一种意义上来说是驳斥不了的，因为它不接受理性的辩驳，不能为三段论所驳斥。但哲学能给我们以别的重要的帮助。它能使我们理解对手。为了战胜敌人必须了解敌人是正确战略的一条首要原则。知彼不是说只要知道对手的缺点或弱点，而且也必要知道其力量。我们大家都已能很容易地理解这种力量。当我们初听到政治神话时，我们觉得是如此的荒谬绝伦、荒诞离奇，以至很难将其放在眼里。现在我们大家都清楚的是，这是一个很大的错误。我们不应该第二次犯这同样的错误。我们应该仔细地研究政治神话的来源、结构、方法和技巧。为了认识对手、战胜对手，我们必须面对面地观察对手。”④

---

① 卡西尔：《国家的神话》，第 358 页。

② 卡西尔：《国家的神话》，第 347 页。

③ 卡西尔：《国家的神话》，第 347 页。

④ 卡西尔：《国家的神话》，第 352 页。

二 马萨达神话叙述的特征及内涵

毫无疑问，根据卡西尔的理论，马萨达就是一个不折不扣的现代政治神话，而且其运作技巧也大致与卡西尔强调的内容类似。集体记忆往往对过去赋予新的意义，对其进行润饰、削减、完善，从而赋予它们一种不曾拥有的魅力："依靠社会记忆的框架，个体将回忆换回到脑海中。换言之，组成社会的各类群体在每时每刻都能重构过去。但是，正如我们所看到的，在重构过去的行动中，这些群体往往同时也将过去歪曲了……这个群体距离这些事件越是遥远，也就越有可能会对它所保存的意象进行润色粉饰，加以重塑和完善。"[①] 有学者对集体记忆所导致的对过去的扭曲进行了系统研究，认为它具体存在以下七种形式：（1）选择性忽略（selective omission）；（2）虚构（fabrication）；（3）夸大与美化（exaggeration and embellishment）；（4）联结或脱离（linking versus detaching）；（5）谴责敌人（blaming the enemy）；（6）指责环境（blaming the circumstances）；（7）背景框架（contextual framing）。[②]

经过一套特定的"框架、声音与叙述结构"的叙述，历史中的马萨达已经被进行彻底的改造，被剥离出原先的具体时空脉络，转化为表征国族精神的英雄主义神话。在民族主义的操控下，马萨达事件原有的历史面貌遭到不同程度的诠释、延伸与歪曲，从而被赋予一个全新的形象与意义。其中所包括的一些消极因素遭到彻底的抹杀与忽略，消失得无影无踪。通过与本书第一章讨论的"历史化"叙述进行比较，就可以发现"神话化"的马萨达叙述已经在原来的基础上有了许多偏离和修改，尽管如此，仍有些历史因素在几乎所有的神话叙事中得到了保留：其一，敌者的身份没有改变，始终是罗马人；其二，进攻的方式没有改变，罗马人对马萨达进行了围攻；其三，守卫军领袖以利亚撒·本·亚尔对其同伴发表了演讲；其四，最终的结局大致一样，当这些反抗者意识到反抗无望时会选择死亡而

---

① 莫里斯·哈布瓦赫：《论集体记忆》，第303—323页。

② R. F. Baumeister & S. Hastings, "Distortions of Collective Memory: How Groups Flatter and Deceive themselves," in J. M. Pennehaker, B. Paez & B. Rimé, eds., *Collective Memory of Political Events: Social Psychological Perspectives*, New Jersey: Mahwah, Lawrence Erlbaum Associates, Inc., 1997, pp. 277 – 293.

非投降。

更为关键的是，在这些基本事实以外，神话叙述对许多细节进行了英雄化的处理，使之成为一段英雄主义的传奇事迹。仔细对神话化的叙述进行爬梳整理，其主要体现在以下方面。

（1）马萨达反抗者的真实身份往往语焉不详或张冠李戴。通常以马萨达的“战士”“守卫者”来指代他们，此外就是将他们误认为“奋锐党人”（例如，著名考古学家亚丁就将之身份确认为奋锐党人）。仔细研究约瑟夫斯的《犹太战记》，就可以发现他们是西卡里人，约瑟夫斯毫不含糊地指明了他们的具体身份。该群体专门以抢劫和刺杀其他犹太人为生，并未像奋锐党人那样进行任何程度的反罗马斗争。而使用“战士”“守卫者”这些内在含有英雄意味的词语来称呼他们，无疑使他们的行为显得高尚。此外，“奋锐党人”是领导犹太反罗马斗争的主力军，为马萨达反抗者赋予这个身份会使之进一步合法化。

（2）占据马萨达的西卡里人对附近犹太村庄尤其是隐基底的抢劫杀戮行为被完全忽略。而这些西卡里人的抢劫活动与其谋杀犹太同胞的本质相一致，对于这些细节约瑟夫斯都给予了极其清楚明确的论述。对于这些行为的忽略是与将他们的身份不确认为西卡里人联系在一起的，因为他们不是西卡里人，所以就自然没有以上这些邪恶行径。更重要的是，不将他们认定为西卡里人，就避免了在阅读约瑟夫斯的著作时将马萨达反抗者等同于西卡里歹徒的困境。

（3）罗马军队围攻的时间被过分夸大。通常将罗马围攻的时间设定在耶路撒冷陷落之后，认为罗马军队随即就来到了马萨达对之展开了长达三年的漫长围困。这显然有违约瑟夫斯的叙述，他明确提及指挥罗马军队围攻马萨达的统帅是弗拉维乌斯·席尔瓦，而后者是在前任于公元 72 年去世后上任的；这也违背了常理，在极其偏僻的犹地亚沙漠补给供应极度困难，对于习惯速决战的罗马军团来说，围攻三年为不可能之事。然而，将围攻起点延长至耶路撒冷陷落也迎合了将他们的身份确定为奋锐党人的做法，认为奋锐党人在耶路撒冷陷落后将战场挪至马萨达进行最后的反罗马斗争。因此，夸大围攻时间有助于形成马萨达反抗者的英雄形象。

（4）罗马军队围攻的人数也被极度夸大。强调马萨达反抗者以弱小的少数对抗强大而众多的罗马军队，将罗马围攻人数夸大为三五万以至十万。正如亚丁所说，“仅这座建造营可以容纳几乎 9000 人，但毫无疑问，全部的围攻人数必定十分巨大，如果我们加上几千人规模的被用来运送饮水和食物的犹太俘虏组成的辅助部队，可能达到 1.5 万人”。[①] 根据严格的考证，围攻罗马的人数应该为五六千人，与马萨达的近一千人相比的确形成多数，但也不至于像神话叙事强调的那么悬殊。这一点通常与围攻时间结合起来，意在说明马萨达守卫者在极其不利的情况下与罗马人进行了长达三年的斗争，最后不幸失败。

（5）围攻开始后，双方进行过激烈的交战。认为马萨达守卫者主动出击并对罗马人造成了伤亡，甚至马萨达被夸大为犹地亚反抗罗马的新中心。这一点符合了夸大围攻时间的做法，从而将根本不存在的战斗夸大为长达三年的战斗。而根据约瑟夫斯的记述，马萨达顶部的西卡里人自始至终没有与罗马人进行正面的交锋，直到最后罗马人围困马萨达也没有冲出要塞与之进行决战。神话叙述强调马萨达进行过战斗，有助于证实他们是马萨达的“战士”“守卫者”。

（6）本·亚尔的两段式演说通常被缩略成一段，并将其间的挣扎和犹豫完全忽略。通常过分强调本·亚尔第二段演讲中的“我们宁可光荣地死去，也决不做罗马人的奴隶”，完全忽略了本·亚尔在第一段演说讲完后，许多人犹豫不决并不想就此死去的片段。这个忽略意在体现马萨达守卫者毫不犹豫地选择死亡以避免成为罗马人的奴隶，英雄主义精神也就此得以凸显。

（7）马萨达守卫者的自杀行为被淡化，只强调宁可死亡也不投降的精神。马萨达守卫者的集体自杀是极其敏感的行为，因此在神话叙事中对此做了模糊化处理，极力强调他们宁可作为自由人死去也不做罗马人的奴隶。通过激发对罗马人的仇恨，将他们的死亡选择归咎于罗马人，从而得以将他们升华为自由战士。实际上，马萨达守卫者并非只有死亡这一选择，约瑟夫斯记载了许多被围攻的犹太城市在与罗马人达成协议后安然无事。通过强调马萨达守卫者的唯一选择，凸显了他们为自由而战的意义。

（8）七名幸存者的事实往往被忽略。对躲藏在地下水道逃避死亡劫难的幸存者不予提及，因为这不是英雄主义的做法，他们的行为与死去的 960 人

---

① Yigael Yadin, *Masada: Herod's Fortress and Zealots Last Stand*, p. 218.

相比就是懦弱的行为。提及他们，显然有损马萨达守卫者反抗罗马人的英雄形象；而忽略他们，可以强调罗马人的极端残忍与马萨达守卫者的极度英勇，实现他们战斗到最后一人的誓言。

从神话的制造手段来看，（1）为模糊，（2）与（8）为忽略，（3）与（4）为夸大，（5）为虚构，（6）为缩减，（7）为淡化；从神话的实际效果而言，（1）、（2）与（3）强调“孤立无援”，（4）强调“以少敌多”，（5）与（7）强调“别无选择”，（6）与（8）强调“战斗到底”。这些要素之间都是环环相扣的，相互之间形成联系，从而共同维系神话叙事的稳固与延续。实际上，权力运作下的话语为其推广提供了合法性：“这种话语实际上借助关于利益、表象和符号的理论，借助该理论所重构的序列和发生过程，为统治权力的行使提供了一种通用的处方：权力以符号学为工具，把‘精神’（头脑）当作可供铭写的物体表面；通过控制思想来征服肉体；把表象分析确定为肉体政治学的一个原则，这种政治学比酷刑和处决的仪式解剖学要有效得多。”① 如果对马萨达神话叙事进行归纳和总结，包括一些真实的历史以及对某些方面的扩大与缩小、省略与添加，可以形成一套马萨达神话叙事的“理想类型”：

> 在罗马人摧毁耶路撒冷之后，残余的奋锐党人逃往马萨达。极其众多（甚至有十万之众）的罗马军队随即对马萨达展开了漫长的围攻。在长达三年的围困中，奋锐党人与罗马人进行了英勇的对抗并袭击了他们的营地（因而马萨达在三年时间中成为反抗罗马的中心）。然而，当他们意识到没有取胜的希望而面临着要么走向死亡要么沦为奴隶的抉择时，守卫领袖以利亚撒·本·亚尔发表了一篇演说，在其号召下，他们所有人毅然选择了死亡而决不做罗马人的奴隶。

① 米歇尔·福柯：《规训与惩罚》，第113页。

第七章　民族主义主导下的马萨达考古

第一节　考古学与现代犹太民族身份构建

现代科学莫不以客观、真实为宗旨，但实际上这只是一种理想，考古学作为现代科学的门类，其最主要的特点就是致力于为明确与过去建立联系而提供物质材料与实际证明。实际上，古代遗址对各个国家爱国热情的凝聚发挥着重要作用。考古学可以被称作一门“过去的政治学”（politics of the past），考古发现通常是被用来证明新兴国家合法性的重要资源，从而为民族认同提供了不朽的象征性资源。在很大程度上，考古学是一种国家层面上的团体活动，国家支持也同时要求知识精英们“以考古的名义去生产与控制过去”。[①] 研究考古学与民族主义之间关系的著名学者菲利普·科勒认为，现代考古学与民族主义都兴起于19世纪的欧洲，这种同步性为它们之间的相互利用提供了极大可能，他还具体列举了许多国家借助渺远的过去遗迹以重塑民族认同的实例。[②]

对于具有悠久历史的犹太人而言，自然不会轻视考古学的作用。考古学提供了犹太人曾经生活在故土的历史见证与心理支撑，由此成为历史叙

---

① Joan Gero, “Socio-Politics of Archaeology and the Woman-at-Home Ideology,” *American Antiquity*, Vol. 50 (1985), p. 342.

② 有关民族主义与考古学之间关系的重要研究有：Philip L. Kohl, “Nationalism and Archaeology: On the Constructions of Nations and the Reconstructions of the Remote Past,” *Annual Review of Anthropology*, Vol. 27 (1998), pp. 223 - 246; Philip L. Kohl & Clare Fawcett, eds., *Nationalism, Politics, and the Practice of Archaeology*, Cambridge: Cambridge University Press, 1995; Philip L. Kohl, Mara Kozelsky, and Nachman Ben-Yehuda, eds., *Selective Remembrances: Archaeology in the Construction, Commemoration, and Consecration of National Pasts*, Chicago: The University of Chicago Press, 2007, etc。

事的合法性文化资源与政治手段。早在1920年耶路撒冷就成立了“巴勒斯坦及其古代研究的希伯来协会”（Hebrew Society for the Study of Palestine and Its Antiquities），其秘书长佩雷斯（Yeshayahu Peress）宣布建立该组织是出于文化与民族政治的迫切需要，号召以“以色列的精神”为主题来研究这块土地上的古代史，并将之作为一项“神圣的使命”。[①] 在许多以色列人看来，考古发掘是一种寻根的科学活动：“考古学成为一项民族工具，通过它以色列人得以恢复他们在遥远过去与古老家园的根。参与到考古发掘之中……是从事一项跨越流散重建与民族过去及民族记忆之间联系的爱国主义行为。”[②] 但由于建国前的战争环境与动荡时局，加上许多历史遗迹被控制在阿拉伯人手中，考古学的相关工作并没有真正开展起来。

以色列建国以后，考古学逐渐发展成为一种大众性的民族崇拜：“对于以色列人来说，对历史的相信已成为对宗教信仰的替代。通过考古学，他们发现了自身的宗教价值。在考古学中，他们发现了自己的宗教，他们得以知晓父辈三千年前生活在这个国家。这就是考古发掘的价值所在，因为它们进行战斗，因为它们得以存活。”[③]

考古发掘不仅被用来确定过去的年代，更重要的是赋予新移民共同的集体记忆与身份认同。它成为以色列认同构建的一部分，因为考古发掘为他们的身份提供了旁证，据此把来自世界各地的移民，无论是极端正统派还是世俗人士，联结在一起。因此，在整个以色列地寻找古希伯来遗址，在本土层面上增强了一种今天与过去的整体意识，从而有助于构建一种国家认同。而且在对外上，考古学成为阿以冲突在另一个战场的延伸，对这个没有硝烟的战场的争夺甚至更加剧烈。考古发掘在某些情况下充当着改变景观以抹去阿拉伯人居住的证据，并从物质上增强古代和现代犹太定居点之间的连续性。[④] 在考古发掘的推动下，许多阿拉伯人的遗迹被选择性忽略。

---

① Yaacov Shavit, “Archaeology, Political Culture, and Culture in Israel,” in Neil Asher Silberman & David Small, eds., *The Archaeology of Israel: Constructing the Past, Interpreting the Present*, Sheffield: Sheffield Academic Press, 1997, pp. 48–49.

② Anthony D. Smith, *National Identity*, London: Penguin Books, 1991, p. 149.

③ Amos Elon, *The Israelis: Founders and Sons*, New York: Holt, 1971, p. 289.

④ Nadia Abu El-Haj, *Facts on the Ground: Archaeological Practice and Territorial Self-Fashioning in Israeli Society*, p. 167.

以色列的考古学是有选择性的，它主要关注犹太人在以色列地定居的历史以及这一地区的犹太文化，而对基督教、伊斯兰教时期的留存不甚关心。此外，绝大多数以色列考古学家接受的是犹太史与《希伯来圣经》领域的学术训练，这更加使他们在情感上与学术上产生了倾向性。阿尼塔·夏皮拉指出，在建国初期的那一代中，他们出于对流散历史的厌恶而产生了对历史的回避，流散前的历史主要是通过考古来接近的。在此情况下，考古学被赋予了特殊的民族意义：

> 由历史逃向考古有着无法衡量的魅力：历史是极不光彩的、十分压抑的、令人厌烦的；而考古则是令人鼓舞的、饶有趣味的、充满神秘的。它为走向政治强盛、文化繁荣、空间扩张打开了一扇窗户……考古被认为要比斯特透（东欧犹太村镇）更加贴近当地，更加真实具体，而后者对本地青年来说代表着一切外来之物：语言与文化，生活与传统，气候与景观，依附、屈辱与虚弱。考古为希伯来人在以色列地的存在、为他们抛开2000年流放而返回锡安走向救赎提供了合法性。①

在建国初期，考古学成为以色列公民宗教的重要组成部分，它不仅被用来确定过去的年代与事件，而且赋予过去事物以新的意义与象征，在整合民族认同和国家凝聚上起到不可替代的重要作用。考古学在1948—1967年的以色列，有着近似于神圣的地位。对历史遗址的发掘，可以给予现代犹太定居地诗意般的证实。考古学几乎成为引发全民狂热的行为，每一项发掘都被寄予寻找民族历史之根、认同之根的神圣使命。考古学在以色列占据着极其特殊的地位，以色列为此圈定了大量的考古遗址，并有数量惊人的职业考古人员与研究机构。考古活动几乎无处不在，伊格尔·亚丁在谈及考古对于民族热情的激发上有过系统的表达：

> 公众对于这块土地古代史的兴趣……几乎是异常的……这种巨大的兴趣并不仅仅来自对于考古的兴趣。每个人都知道他正在发现和发

① Anita Shapira, "Whatever Became of 'Negating Exile'?" in Shapira, Anita, ed., *Israeli Identity in Transition*, London: Praeger Publishers, 2004, pp. 80 - 81.

掘，发现物与遗留物都是来自他的父辈。而且，每个发现物都是这个民族与这块土地联系和契约的见证。由此，考古研究增加了一种重要的民族维度……就以色列而论，对我来说已经提及的这个因素——寻找和建构这个民族与这块土地之间的联系——必须给予考虑。在我看来，（考古学）增强着希伯来意识，可以说是对于古代犹太教和犹太意识的认同和联系。①

安东尼·D. 史密斯也认为，犹太人对历史遗迹通过可触摸的对象产生了过去的在场感："对于犹太人而言，考古学与宗教狂热结合在一起，以便确定以色列故土和区分它的边界……以及使人文遗迹与自然风景结合起来，因而使人民与它的故土联结起来……通过对遗迹的魅化，共同体得以在空间和时间上被确定。我们便得知'我们从何处来'。"②

第二节　马萨达考古的历史由来

马萨达精神的社会化与国家化不仅来自军事力量和民间大众，而且来自学术研究。这一方面的最重要表现是1963—1965年由伊格尔·亚丁主持的马萨达考古发掘活动。这场考古发掘使犹太人对马萨达的推崇达到新的高度，借助于这种独特的历史记忆塑造出一种新的国家意识。然而，过去的塑造可能混淆真相，通过修改、删减、增加、模糊，以达到操纵者的目的。透过马萨达考古的具体实践可以发现，权力与知识共同联手对人们的思想观念和身份认同进行了干预。马萨达考古是马萨达神话的巅峰之作，它将马萨达的政治运作发挥到极致，在以色列史上有非凡的意义与独特的作用。

由于马萨达遗址的重大历史价值，加上保存相对完好，对于马萨达的考古发掘由来已久。自从马萨达旧址于1838年在近代首次被确认以来，许多来此游历的参观者对马萨达进行了勘探，其中不乏专业考古人士。但令

① Neil Asher Silberman & David Small, eds., *The Archaeology of Israel: Constructing the Past, Interpreting the Present*, Sheffield: Sheffield Academic Press, 1997, p. 37.

② A. D. Smith, *The Ethnic Origins of Nations*, Oxford: Basil Blackwell, 1988, p. 188.

早期非犹太的考古探险者更感兴趣的是处于马萨达遗址四周的由当年罗马军队留下的八座营地，而非坐落于马萨达顶部的犹太遗迹。在马萨达的早期研究者中，公认为最重要者是德国学者阿道弗·施库滕（Adolf Schulten），他于1932年对马萨达进行了为期一个月的考察，留下了许多重要的考古记录。正如亚丁所评价的，“他的发掘活动为这座废墟的未来研究奠定了基础”。[①]

随着犹太人对马萨达了解的深入与崇拜的开展，一些人士开始意识到它所蕴含的巨大考古价值。马萨达崇拜的推广者古特曼本人就是一位考古爱好者，对马萨达的多次攀登使之受到巨大的刺激，决心从这座废墟中发掘出更多有力的证据以进一步推广马萨达。正如马萨达最终发掘报告的作者之一内泽尔评价的：古特曼是“第一位对马萨达进行研究的领军人物”。[②]以色列建国后，他与考古学家阿扎利亚·阿隆（Azaria Alon）一起对希律建造的马萨达供水系统进行了研究。这些研究引起了希伯来大学以色列地及古代探险协会与以色列政府文物部的关注，二者由此开始组织马萨达考古发掘的计划。对于马萨达的首次系统发掘是在1955年3月，由纳赫曼·阿维加德（Nachman Avigdad）、迈克尔·约拿（Michael Avi-Yonah）、约哈南·阿哈罗尼（Yochanan Aharoni）以及古特曼组成的一支考古小组对马萨达进行了为期10天的短期发掘。他们此次发掘的主要目标是对马萨达表面所有可见的遗迹进行彻底的清查并对希律北宫进行一定程度的发掘。次年，约哈南·阿哈罗尼与古特曼返回马萨达进行为期十天的再次考察，继续发掘宫殿并对其中的一个储藏室进行小型发掘。这两次发掘取得了一些重要的发现，他们于1957年发布了考古报告——《马萨达考古调查，1955—1956年》（“The Archaeological Survey of Masada, 1955 - 1956”），[③] 并为后来的大规模发掘积累了重要经验。而且，古特曼还单独对马萨达进行多次探险，除了顶部的犹太遗迹之外还对罗马军队的营地进行了探究，找到了被

① Yigael Yadin, *Masada: Herod's Fortress and Zealots Last Stand*, p. 243.

② Joseph Aviram, Gideon Foerster, and Ehud Netzer, eds., *MASADA II: The Yigael Yadin Excavations 1963 - 1965: Final Report*, Jerusalem: Israel Exploration Society and Hebrew University of Jerusalem, 1989, p. 185.

③ Michael Avi-Yonah, Nahman Avigad, Yohanan Aharoni, I. Dunayevsky, Shmaryahu Gutman, "The Archaeological Survey of Masada, 1955 - 1956," *Israel Exploration Journal*, Vol. 7 (1957), pp. 1 - 60.

掩埋达2000余年的蛇道，并建议以色列国防军对之进行修复，由此使得通往马萨达顶部的通道变得更便捷。

更为重要的是，在古特曼的推动下马萨达的考古走向顶峰。发掘马萨达这样一处庞大的历史遗址，需要动员大量的人力、物力，没有政府与军队的鼎力支持显然难以深入开展，古特曼清楚地意识到仅凭他自己有限的影响力，无法做到此点；而在当时有一个人能够做到此点，说服他参与将是马萨达考古发掘成功的关键所在。这个人就是曾任以色列国防军总参谋长、现任希伯来大学考古学教授的伊格尔·亚丁。然而，在一开始亚丁对于发掘马萨达并不热心，他认为那只不过是一座希律关押罪犯的要塞而已。在古特曼的多次劝说之下，亚丁决定对这一历史遗迹进行发掘。对于古特曼的推动作用，亚丁进行了专门叙述："毫无疑问，使马萨达成为以色列青年的教育基地和朝圣场所的主要人物就是纳安基布兹的施玛利亚·古特曼，许多年来他将大部分的精力、时间与才智奉献于马萨达的研究之上。他不仅第一次（1953年）正确辨认了蜿蜒曲折的'蛇道'，而且首次修复了这条道路，发掘了它的大门并重建了罗马A号营地。此外，他极大地推动了希律供水系统的研究。最后，他推动了以色列的科研机构对于马萨达的考古发掘。"① 正是在著名考古学家伊格尔·亚丁介入马萨达后，马萨达考古发掘才成为一场声势浩大、影响深远的活动。

第三节 伊格尔·亚丁与考古的政治化

伊格尔·亚丁于1917年3月21日出生在耶路撒冷，其父是现代以色列杰出的考古学家埃利泽·苏克尼克（Eliezer Lipa Sukenik），苏克尼克在1947年极力将流落海外的《死海古卷》设法收购，这被誉为与联合国分治决议出台同等重要的事件。1957年，亚丁对其父购买《死海古卷》的行为赋予了极为崇高的象征意义："我不可避免地察觉到经卷的发现及获得在以色列国创建特定时期的某种象征意义。好像这些手稿一直在山洞中等待了2000年一般，从以色列人丧失独立直到以色列人返回家园并重获自由。这种象征性因我父亲在1947年11月29日为以色列购得了首批三种经卷而

① Yigael Yadin, *Masada: Herod's Fortress and Zealots Last Stand*, p. 245.

得到了增强，这一天正是联合国投票通过赞成犹太国家2000年后在以色列再度创建的日子。"[1]

正是在这种民族主义的家庭氛围下，亚丁早年投身军旅，参加了哈加纳并以其突出才能得到快速提升，1947年被委任为哈加纳主管训练和作战计划的将军，并在独立战争中以总参谋部作战部部长的身份统筹战局，为战争的胜利立下了赫赫功勋。1949年他被本·古里安任命为新成立的以色列国防军总参谋长，这一职位是以色列军队中的最高职位，成为亚丁军旅生涯的顶点。战争结束后，亚丁对以色列国防军进行了大规模的军事整编。1952年，亚丁辞去军职来到希伯来大学从事考古研究。1955年，他以《死海古卷》中光明之子与黑暗之子的争战为研究对象，并最终获得博士学位，之后一直任教于希伯来大学。亚丁甚至一度有望成为以色列的总理，[2] 1959年本·古里安试图将亚丁召入内阁任职，但他以巩固学术地位为由而加以拒绝。1963—1965年，他主持了举世瞩目的马萨达考古发掘，之前还主持了巴尔·科赫巴考古发掘。1973年赎罪日战争中他被任命为调查委员会成员，对这次战争的准备情况进行调查。1977年以色列政坛动荡之际，亚丁再次出山从政，在全国大选前夕创建了一个新党——达希党（Dash，意为"民主与变革党"）参选，取得不小的成功，占据了议会120席中的15席。该党随后加入贝京领导的利库德内阁，一举改变了工党独揽政权30年的局面。亚丁出任新政府的副总理，达到个人政治生涯的辉煌顶点。该党由于政治立场不甚明确而很快分崩离析，亚丁也于1984年6月去世。他一生游走于军事、学术与政治之间，可以说是现代以色列政坛的传奇人物。

正是在古特曼的极力鼓动下，亚丁决定对马萨达进行系统的考古发掘。这场大型发掘使得马萨达考古成为具有世界影响的重大事件。以色列政府正式授权亚丁为首席专家对马萨达遗址进行系统彻底的发掘。亚丁具有其他人所不具备的条件：首先，亚丁曾担任以色列国防军总参谋长，在以色列军界、政界享有崇高威望，可以借助必要的人事关系为考古活动提

---

① Yigael Yadin, *The Message of the Scrolls*, New York: Simon and Schuster, 1957, p. 14.

② 1964年古里安在信中写道："我曾经以为（现在我仍持这个意见）伊格尔·亚丁是有资格成为总理的人选……"参见米迦勒·巴尔-祖海尔《现代以色列之父：本-古里安传》，刘瑞祥等译，中国社会科学出版社，1994，第78页。

供诸多便利；其次，亚丁是以色列最重要的考古研究机构——希伯来大学考古学系的主持人，他手下有一大群专业考古人员作为考古团队组成人员；再次，亚丁具有与媒体打交道的天赋，使得新闻媒体足以为之使用。[①]正如亚丁的传记作家西伯曼在传记标题中干脆将之称为“从你们中间兴起的先知”“战士、学者、神话制造者（mythmaker）”，并对其进行了高度赞赏：“亚丁的天赋是他能够使人进入一个神话之网，进入一种深深的群体意识之中……在马萨达发掘过程中，凭借亚丁的惊人才华，考古发掘与科学研究一样传递给公众以爱国主义的启迪。”[②]

由于犹地亚夏季极其炎热而无法开展发掘，这次考古活动分为两个阶段：第一期从 1963 年 10 月至 1964 年 5 月；第二期从 1964 年 11 月至 1965 年 4 月。前后总共历时 11 个月，几乎把马萨达的所有重要目标进行了彻底的发掘，正如亚丁所说“发掘了 97% 的场所”。[③] 这场大规模的考古发掘

---

① 亚丁的宣传天赋在 1960 年的巴尔·科赫巴考古发掘中得到了极好的体现，他这样记述了巴尔·科赫巴书信与现代以色列国总统的历史关联：“圣地上的所有发掘都令人兴奋不已，因为在任何地方考古学者们都在勘探一段丰富的历史尘埃。以色列总统不时地邀请考古学者前往他家中汇报考古发现已成为一个惯例。在 1960 年的一次会议中邀请了在犹地亚荒漠发掘山洞的四个团队的带头人。当时有总理，即大卫·本·古里安阁下，内阁部长，议会成员，以及著名作家与其他嘉宾。我领导着四个团队中的一个，因而我要在总统家中陈述我的发现。在本·泽维阁下（时任以色列总统）家中立起了一块屏幕，当轮到我作报告时，我通过幻灯片将一片书卷的有色照片投影到屏幕上，并大声念出写在它上面的第一行字：‘西蒙·巴尔·科赫巴，以色列全地的总统。’随后，我转向我们的国家元首说道：‘阁下，我荣幸地告诉您，我们已经发现了 1800 年前以色列最后一位总统书写与签发的 15 封书信。’这一瞬间，听众似乎陷入了沉寂之中。随后，他们就以自发的惊叹与欢呼打破了沉默。当晚，国家电台中断了它预定的节目而播放这个发现的新闻。第二天，这个宣告遍布于各大报纸的头版头条。”参见 Yigael Yadin, *Bar-Kokhba: The Rediscovery of the Legendary Hero of the Second Jewish Revolt against Rome*, New York: Random House, 1971, p. 15。

② Neil Asher Silberman, *A Prophet from amongst You: The Life of Yigal Yadin: Soldier, Scholar, and Mythmaker of Modern Israel*, pp. 284 – 288.

③ Yigael Yadin, *Masada: Herod's Fortress and Zealots Last Stand*, p. 203. 亚丁的马萨达考古发掘报告在 1989—2006 年由 Joseph Aviram、Gideon Foerstor 与 Ehud Netzer 等人陆续出版，内容分别为：第一卷是有关出土的陶片、铭文与钱币，第二卷是有关希腊与拉丁文献，第三卷讨论马萨达的建筑地层与建造风格，第四卷包括屋顶、结构、积木、弩石与遗骸，第五卷集中分析马萨达的建筑与艺术，第六卷是有关马萨达出土的希伯来残片，第七卷是有关马萨达出土的陶器、军事装备、攻城锤等。参见 Joseph Aviram, Gideon Foerstor, Ehud Netzer, eds., *MASADA I-VII: The Yigael Yadin Excavations 1963 – 1965, Final Report*, Jerusalem: Israel Exploration Society and Hebrew University of Jerusalem, 1989 – 2006。

不单是一次学术活动，更是一场政治运动。它由以色列国防军全程提供人员、器材与物资的运输，以及住宿装备的安放。所需资金主要由英国《观察者》杂志与海外捐助者提供，而《观察者》杂志获得了首先披露发掘成果的特权。很难计算这次发掘所耗的费用，据保守估计也在200万美元左右，如此庞大的开支并非出自以色列的财政，以色列当时的经费大量用于国防。正是通过与媒体的合作，此次考古真正成为一场现代意义上的国家动员运动。

图7－1　伊格尔·亚丁在马萨达考古工地

资料来源：Ziv Reinstein, "Jewish Myth: 50 Years since Masada Dig," *Ynet News*, December 7, 2013, https://www.ynetnews.com/articles/0, 7340, L－4462171, 00.html。

这次发掘招募了大量的志愿者，他们来自世界各地，年龄不等、职业不同。每两周一班，总共有2000余名志愿者参加了这次发掘。据以色列报纸的记载，这些志愿者来自23个国家。正如亚丁在谈到志愿者对于马萨达的心理感受时强调，“我十分确信在他们（志愿者）的马萨达经历结束后回到家中，马萨达及其考古、民族及历史意义将与我们一样在他们的意识中占有重要地位”。[①] 在记载一位来自伦敦的少女不辞辛劳搬动沉重的巨石时，她向亚丁解释这个原因：“只有移动这些沉重的石头，才能体验其他

① Yigael Yadin, *Masada: Herod's Fortress and Zealots Last Stand*, p.247.

人在过去2000年所没有从事的事情。”[1] 在1964年的哈努卡节期间，一群基布兹青年在马萨达山脚表演了一出短剧。他们不断高呼古代英雄主义的段落，高举火炬爬上马萨达，使夜色中的马萨达突然明亮。这给在场的亚丁留下了深刻的印象：“我们站在罗马营地废墟的黑暗之中，往上凝视，不由想起1900年前的场景，当时罗马第十军团站在他们的基地上，目睹夜色中的马萨达燃起熊熊大火，就如我们站在自己的土地上，独立的以色列的后代，见证着自由的火炬再度照亮马萨达。”[2] 这种景观必定给在场者留下深刻的印象。

有许多志愿者对马萨达产生了浓厚的情感，在考古发掘结束后仍对之眷恋不舍。尽管天气极度炎热，考古发掘不得不在夏天中止一段时间，但一些志愿者仍然坚守在马萨达发掘工地。一些人在整个发掘结束后留在马萨达充当导游员或看管者，成为马萨达忠诚的现代守卫者。

实际上，亚丁开展马萨达考古设定了一些明确的目标：首先是科学研究，其次是爱国教育。一方面，开展考古发掘的目标极其明确，其中最为重要的就是力图证明约瑟夫斯叙述的准确性。正如亚丁所说：“我们考古发掘的任务之一是为约瑟夫斯的叙述提供支撑的证据……他（约瑟夫斯）对公元73年的那个春天的夜晚发生在马萨达峰顶的事扣人心弦的描述几乎无人能比。无论什么原因，或者是良心上的剧痛或其他我们所知道的原因，事实是他的叙述是如此详细，读来是如此真实，他对以利亚撒·本·亚尔的言辞的记载是如此令人信服，看来很明显的是他完全为自己已经抛弃的民族的英雄主义事迹所彻底征服。”[3] 另一方面，马萨达具有十分重要的民族象征意义，它被亚丁视为勇气的象征：“它的科学重要性是极其巨大的。但不止于此，马萨达对于所有我们以色列以及其他地区的考古学家与普通人而言，都是一个勇气的象征，一座我们那些选择死亡而非肉体生存与道德奴役的民族伟人和英雄的纪念物。”[4] 亚丁大力颂扬马萨达守卫者的战斗精神，并以爱国主义精神对之加以阐发：

---

① Yigael Yadin, *Masada: Herod's Fortress and Zealots Last Stand*, p. 247.

② Yigael Yadin, *Masada: Herod's Fortress and Zealots Last Stand*, p. 251.

③ Yigael Yadin, *Masada: Herod's Fortress and Zealots Last Stand*, p. 15.

④ Yigael Yadin, *Masada: Herod's Fortress and Zealots Last Stand*, p. 13.

> 幸亏本·亚尔及其战友们的英勇反抗，他们选择死亡而非奴役，焚烧粮食以作为反抗敌人的最后壮举，他们将马萨达提升为一个孤注一掷的勇气的不朽象征，这个象征激励着过去19个世纪的全部精神。它使学者和外行们攀登马萨达。它促使现代希伯来诗人（拉姆丹）高呼："马萨达决不再次陷落！"它促使成千上万的犹太青年一代以庄严的朝圣形式攀登到它的顶峰。现代以色列国防军的新兵入伍在马萨达顶部平台进行宣誓："马萨达决不再次陷落！"①

在考古发掘中，马萨达神话在以色列达到顶峰，马萨达的英雄形象由此深入千家万户，并在犹太集体意识中深深扎根。马萨达成为他们集体记忆中英勇抵抗、争取自由的代名词。正如西伯曼所言："由于他们（考古学家）的努力与他们的发现，马萨达成为以色列考古史上最为著名的发掘以及——或许仅次于图坦卡蒙陵墓的清理——20世纪最引起公众关注的发掘活动。"② 在发掘之前、期间及之后，亚丁因其卓越贡献而被人称为"马萨达先生"（Mr. Masada）。为使这次发掘更为人知、更具影响，亚丁亲自将此次考古发掘的主要情况撰写成书。1966年，该书的希伯来文名为《马萨达——那时此刻》（*Metzada*：*Bayamim Ha-hem Bazman Ha-Zeh/Masada*：*In Those Days*，*At This Time*），表明这部著作探讨的是这次发掘过程（"此刻"）以及考古学家的发现（"那时"），"那时此刻"在犹太传统中通常被用来歌颂反抗异族并取得胜利的马卡比人的英雄主义。③ 可以说，这个标题的使用充分体现了过去与当下的联系，将古代马萨达的英雄抵抗与当前犹太复国主义的战斗行为联系在一起，隐含着后者是前者的精神继承者之意。

1966年，亚丁推出的该书英文版标题改为《马萨达：希律的要塞与奋锐党人最后的抵抗》（*Masada*：*Herod's Fortress and Zealots Last Stand*）。④ 该

---

① Yigael Yadin, *Masada*: *Herod's Fortress and Zealots Last Stand*, p. 197.

② Neil Asher Silberman, *Between Past and Present*: *Archeology*, *Ideology*, *and Nationalism in the Modern Middle East*, New York: Anchor Books, 1989, p. 89.

③ Baila R. Shargel, "The Evolution of the Masada Myth," *Judaism*, Vol. 28, No. 3 (Summer, 1979), p. 365.

④ Yigael Yadin, *Masada*: *Herod's Fortress and Zealots Last Stand*, New York: Random House, 1966.

书出版后迅速成为畅销书，并被翻译成法语、德语、意大利语等主要语言，并改写了一个便于儿童阅读的版本。[①] 必须注意，标题中使用的是奋锐党人而非西卡里人，表明亚丁倾向于使用带有积极色彩的奋锐党人，而非负面色彩浓厚的西卡里人。[②] 亚丁著作倒数第二章的标题为“开拓者”(The Pioneers)，专门讨论亚丁之前来到马萨达进行考察的专家，而最后一章“志愿者”（The Volunteers)，介绍参与发掘的志愿工作者。这两个词语反映着以色列国家构建的实际成分，“开拓者”（Halutzim）是这个国家的创造者，而“志愿者”则是国防军的主要组成部分。而且，亚丁在对马萨达守卫者与大希律的对比描述中存在明显的情感偏向：“马萨达守卫者……没有留下宏伟的宫殿，没有留下镶嵌画，没有留下壁画，甚至没有留下可以被称为建筑的遗物，因为他们只是在希律的建筑结构之外增加了简陋的隔墙以适于居住……但对我们来说，这些残留物比希律时代的所有豪华建筑都更为宝贵……没有其他残留物比这个更能显示出公元66年的马萨达与希律时代的马萨达之间的巨大反差。奋锐党人及其家庭不需要奢华的宫殿。他们面对着非生即死的生存残酷考验，希律的宏伟建筑对他们来说毫无意义。”[③]

在这场发掘中，以亚丁为首的考古团队通过对马萨达历史的误读、夸大，甚至歪曲，达到了迎合并维护马萨达神话叙述的重要目的。其主要表现有：其一，将马萨达守卫者的身份确认为“奋锐党人”而非“西卡里人”，亚丁关于发掘的重要著作——《马萨达：希律的要塞与奋锐党人最后的抵抗》在标题中使用了更具积极意义的“奋锐党人”一词；其二，认定在马萨达顶部发生了一场激烈的战斗，这在约瑟夫斯的历史化叙述中是不存在的，而考古团队强调马萨达的守卫者进行了“最后的抵抗”，其中的英雄主义内涵便不言而喻；其三，在考古中发现的一块刻有“本·亚尔”（Ben-Yair）的陶片被认定为守卫领袖以利亚撒·本·亚尔最后用来自

① Neil Asher Silberman, *Between Past and Present: Archeology, Ideology, and Nationalism in the Modern Middle East*, p. 99.

② 当时介绍马萨达考古的另一本畅销书——《马萨达上的奋锐党人》在其标题中也十分明确地将马萨达守卫者断定为奋锐党人。参见 Moshe Pearlman, *The Zealots of Masada*, London: Hamish Hamilton, 1967。

③ Yigael Yadin, *Masada: Herod's Fortress and Zealots Last Stand*, pp. 16 - 17.

杀的抽签片，实际上很可能是后来人留下的。透过这一整套“框架、声音与叙述结构”所构成的修辞策略，加上考古学具有现代科学的神圣光环，从而完成本·耶胡达所说的“对真相的牺牲”（sacrificing truth）。[①] 通过对真相进行掩盖，神话的内容就更加牢固地确立，人们几乎不加怀疑地接受了马萨达考古发掘过程中的宣传动员。

图 7-2　刻有“本·亚尔”字样的陶片

资料来源：Yigael Yadin, *Masada: Herod's Fortress and the Zealot's Last Stand*, p. 199。

第四节　作为以色列国防军战士先驱的“马萨达遗骸”

非同凡响的是，马萨达发掘还首次引发了宗教界对于马萨达的兴趣。原本一直被宗教界排斥与抵制的马萨达得到一部分宗教人士的青睐，这主要在于犹太净身池与会堂的发现。考古发掘开展不久后，考古人员在马萨达城墙西北部发现了一种毗邻城墙而建的奇怪建筑结构。虽然它整个结构建造在马萨达内部，却不同于其他任何一处建筑物。随着发掘的不断深入，这处遗址被确认为古代犹太会堂的残迹。[②] 该发现对于犹太教正统派人士而言，无疑是个振奋人心的消息。

① 参见 Nachman Ben-Yehuda, *Sacrificing Truth: Archaeology and the Myth of Masada*, New York: Humanity Books, 2002。

② E. Jan Wilson, "The Masada Synagogue and Its Relationship to Jewish Worship during the Second Temple Period," *Brigham Young University Studies*, Vol. 36, No. 3 (1996-97), p. 269.

图 7-3 马萨达会堂遗址

资料来源：Jodi Magness, *Masada: From Jewish Revolt to Modern Myth*，夹页插图。

1964 年 2 月 10 日，在马萨达东南地区发现了一处用来洗浴的小坑。亚丁认为这可能是犹太教徒的净身池（Mikve）。犹太律法对净身池的建造有极其严格的规定，如果这一事实得以确认，无疑将为马萨达增添宗教上的合法性。仅在次日，由净身池律法领域的权威大卫·慕兹伯格（David Muntzberg）拉比与埃利泽·阿尔特（Eliezer Alter）拉比率领一群正统派人士造访了马萨达，对发掘出的净身池进行检查。当时处于极其炎热的正午，而这些严格守教的正统派参观者穿着极其厚重的深色衣服，带着黑色的礼帽。对此，亚丁有极其细致的描述："他们顶着酷热的太阳从东面攀登陡峭的'蛇道'，穿着他们那颇具特色的厚厚衣服，还伴随着一群哈西德信徒。尽管他们不再年轻，但在他们最终抵达顶部之前不肯停下来歇息；他们也不愿浏览任何希律王美观精致的建筑物。他们只想做一件事情：直接奔向净身池……在他们看来，这个净身池比马萨达上的其他一切都更为重要。"① 随后拉比们就地开展测量工作，经过仔细而反复的检查，这个小坑被拉比们确认为"所有优者中的优者，七倍的七倍"的净身池。

① Yigael Yadin, *Masada: Herod's Fortress and Zealots Last Stand*, p. 166.

会堂与净身池的发现，被正统派视为马萨达守卫者是虔诚犹太教徒的证明，他们在如此干燥缺水的马萨达顶部仍然坚持建造符合犹太教规的宗教设施值得敬佩。这些宗教设施的发现，一定程度上改变了之前宗教人士对于马萨达的排斥心理，但他们仅限于对这两处设施有好感。

图 7-4 正统派拉比勘察马萨达净身池

资料来源：Yigael Yadin, *Masada: Herod's Fortress and the Zealot's Last Stand*, p. 167。

1963 年 11 月，在马萨达顶部发现了许多遗体残骸，人们围绕这一问题开展了大规模的讨论，从而爆发了一场“遗骸争夺战”。这场争论波及整个政坛，遗骸的安葬仪式问题引发了巨大的分歧，几乎各个党派都被卷入其中，使得马萨达符号再度深入人心。在这些遗骸中，有 3 具发现于希律北宫的较低平台，而 24 具遗体发现于马萨达悬崖的最南部。亚丁在 1965 年完成的第一阶段考古报告中颇为谨慎地写道：“不能确切地断定，这些遗骸就是那个最后的战士的家人，他杀死了他的家人并使宫殿燃起大火……但毫无疑问的是，这些遗骸都是大起义的那些战士们留下的。”[①] 这个消息一经公布，许多媒体对此进行报道，纷纷将之称为“马萨达战士”的遗体，要求为之举行一场隆重的国葬典礼；反对者则质疑他们的犹太身

① Nachman Ben-Yehuda, *Sacrificing Truth: Archaeology and the Myth of Masada*, p. 87.

份，甚至认为他们是犹太人的敌人——罗马人留下的，因为罗马人也曾在马萨达之上驻扎。据约瑟夫斯的记载，马萨达守卫者有 960 人之多，而这里发现的 20 多具遗骸显然大大差于这个数目。由于考古发掘仍在继续开展，人们希望能够找到更多的遗体，争论也就暂时得以平息。

到 1967 年 3 月，这个问题再度引发讨论。这一次是由极端正统派的以色列正教党成员提出，他们在议会中要求对发现于马萨达遗址的遗体立即举行犹太式葬礼。根据犹太教规，死者必须尽快入土为安。对此，以色列文化与教育部部长阿哈龙·亚德林指出，在这些遗骸的身份没有得到完全确认的情况下，应该由议会成立一个专门的委员会来进行鉴定。他的建议随后被采纳。以色列议会文化与教育委员会和以伊格尔·亚丁为首的考古团队就此问题在 1968 年 2、3 月进行了特别的讨论，其中首要的目标就是解决这些遗体的犹太身份问题。确定这些遗骸的身份有重要的历史与民族意义，因为它是确认马萨达事件是否真实存在的关键所在。以色列正教党在此期间不断呼吁立即举行犹太葬礼。但直到 1969 年 3 月该委员会才得出最终鉴定结果，认定他们为“马萨达英雄们的遗体”并提议举行隆重的国葬典礼。

然而，在选择安葬地址问题上再起争端。一直推动马萨达崇拜发展的亚丁对此问题却表现出了极度的谨慎，并要求推迟举行国葬典礼，因为确认遗体身份的证据并不充分，尽管他认为这些遗骸极有可能是马萨达战士所留下的，① 而且他坚持就算要下葬也只能以私下的方式在其被发现的地方进行。但宗教势力认为马萨达战士是极端虔诚的犹太教徒，古代犹太虔诚者一般被葬在神圣的橄榄山。对此，宗教事务部发言人强调：“马萨达的英雄来自耶路撒冷并曾为圣城而战斗，因此他们的遗骨应该安放在橄榄山上，那里在第二圣殿时代就是犹太人的墓地。”② 此外，世俗力量则从现代以色列国防军的角度出发，认为他们是现代犹太战士的先驱。1969 年 3

① 从后来巴尔·科赫巴战士遗骸的重新安葬中也得到了佐证：1980 年，以色列总理贝京决心仿效 10 年前重新安葬马萨达战士遗骸的先例，为 20 多年前在犹地亚沙漠山洞中发现的据称是巴尔·科赫巴起义者的遗骸重新安葬，主张规格超出马萨达，并举行公开的国葬典礼，进行电视直播。而此时担任副总理的亚丁极力反对这种政治作秀式的表演，但亚丁的反对并没有使贝京改变决定。装有科赫巴起义者遗体的棺木上覆盖着以色列的国旗，并由四位将军亲自抬举至墓地下葬。

② *Haaretz*, March 13 (1969), p. 3.

月，以色列政府中以贝京为代表的一些成员建议将这些遗体葬在耶路撒冷赫茨尔山的国家公墓中，与为国牺牲的现代以色列战士们长眠在一起。面对这三派有分歧的意见，议会只得设立一个委员会来处理此事。

1969 年 7 月，这场旷日持久的“遗骸争夺战”终于落下帷幕，委员会对争执几方采取了折中的措施，规定由以色列国防军大拉比主持这场军事葬礼，这些遗骸将安葬在马萨达遗址附近的山丘上。由拉比主持葬礼显然是为了顾及宗教方面的情感，这也符合以色列涉及民事方面的事务由拉比当局管理的措施；举行军事葬礼，满足了世俗力量的要求，将马萨达守卫者塑造成为国捐躯的英勇战士；将遗体安葬在马萨达，分明是考虑到以亚丁为代表的考古人士的要求。在此问题上，争持三方达成一定的平衡。

1969 年 7 月 7 日，这些 6 年前发现的遗骸最终以官方的军事葬礼形式在马萨达附近的一座山丘下葬，这座原本无名的山丘随即被命名为“保卫者之山”（Hill of the Defenders）。这场葬礼由军队大拉比格伦主持，吸引了包括梅纳赫姆·贝京、伊格尔·亚丁等在内的许多政要出席。格伦、贝京、亚丁分别代表宗教力量、政治力量与学术力量在葬礼上进行了致辞。这些遗骸的棺木上覆盖着现代以色列国的国旗，并由国防军士兵抬举棺椁至安葬地点，最后在全体士兵行脱帽礼中正式下葬。

图 7－5　马萨达遗骸安葬仪式

资料来源：Yael Zerubavel，*Recovered Roots*：*Collective Memory and the Making of Israel National Tradition*，夹页插图。

对于这场军事葬礼，以色列国家电台这样宣布：“（这场葬礼）以一个完全的军事典礼形式在马萨达悬崖顶部举行，以色列向 2000 年前在保卫这个要塞时牺牲的 27 名奋锐党人致以最后的敬意。”[①] 以色列政府决定对马萨达守卫者的遗体举行官方的军事葬礼，这种仪式表达充分反映了马萨达象征符号凝聚以色列全体国民的重要意义。乔治·莫斯对两次世界大战期间阵亡士兵的纪念活动进行了研究，认为对阵亡士兵的崇拜使民族得以神圣的仪式复兴、后辈得以效仿先烈的光荣：“对死者的召唤是为了使民族年轻化，因为‘战斗、死亡与复兴’即民族的本质所在。从他们的死亡中，民族将得到恢复。”[②] 在马萨达的事例中，这些古代的自由战士与为保卫以色列国而牺牲的士兵一样，象征着古代的死者进入现代的纪念序列之中，成为当代公民的道德典范和精神楷模。在此意义上，马萨达葬礼成为国家权力对历史记忆的公开展示与权力控制手段。正如安德森所言：

> 没有什么比无名战士的纪念碑和墓园，更能鲜明地表现现代民族主义文化了。这些纪念物之所以被赋予公开的、仪式性的敬意，恰好是因为它们本来就是被刻意塑造的，或者是根本没人知道到底是哪些人长眠于其下……尽管这些墓园之中并没有可以指认的凡人遗骨或者不朽的灵魂，它们却充塞着幽灵般的民族的想象。[③]

---

① Nachman Ben-Yehuda, *Sacrificing Truth: Archaeology and the Myth of Masada*, p. 136.

② George L. Mosse, *Fallen Soldiers: Reshaping the Memory of the World Wars*, New York: Oxford University Press, 1990, p. 78.

③ 本尼迪克特·安德森：《想象的共同体：民族主义的起源与散布》，吴叡人译，上海人民出版社，2005，第 9 页。

下　篇

回归历史

第八章　宗教阵营对马萨达神话的抗拒和消解

第一节　亚弗内还是马萨达？

如本书开始部分所分析的，马萨达在漫长的拉比传统中一直是被忽视的历史，“遗忘马萨达成为记住亚弗内的方式”。[①] 在现代犹太复国主义运动兴起后，马萨达作为一个被发明的传统，为从民族历史中寻找反抗斗争的精神资源被强调和凸显，随着民族危机的加重进而被塑造成民族认同的巨型符号。20 世纪 60 年代以前，在世俗民族主义的话语霸权之下，犹太传统的继承者——犹太教正统派对马萨达的反对之声被掩盖和忽视，甚至有些宗教复国主义者部分接受了世俗力量主导的马萨达神话叙事。但是，这种叙事随着建国初期激情的衰退而有所松弛，特别是“六日战争”后宗教力量的抬头使得原先被遗忘的反对之声重新扬起。“记忆不只是精英证实权力的来源，而且对于无权者来说也是不服从甚至抗拒的潜力。”[②]

在此情况下，出现了对马萨达神话的质疑声音，这股对马萨达神话的解构之风首先来自以色列之外的美国学术界。美国犹太教正统派——美国拉比委员会（Rabbinical Council of America）的机关刊物《传统：正统派犹太思想杂志》（*Tradition*：*A Journal of Orthodox Jewish Thought*）在“六日战争”到赎罪日战争期间（1968—1972）连续发表了 7 篇犹太教对于马萨达

① Robert Paine，“Masada：A History of a Memory，” *History and Anthropology*，Vol. 6（1994），p. 392.

② Rudy J. Koshar，*Germany's Transient Pasts*：*Preservation and National Memory in the Twentieth Century*，Chapel Hill：University of North Carolina Press，1998，p. 16.

态度的文章。[①] 总体来看，这些文章大多讨论马萨达与犹太律法之间的关系，认为马萨达守卫者的行为并不符合犹太教律法“哈拉哈”，从而对神话的解构起到重要作用。考察宗教界对马萨达神话持不同意见群体的态度，可以窥见马萨达集体记忆在以色列社会的多元面相与复杂历史。

作为马萨达神话的反对者，宗教人士经常提及犹太传统的另一源头——拉比传统的源头亚弗内。在圣殿被毁之后，亚弗内成为凝聚犹太文化、团结犹太民族的新精神中心。《塔木德》对于马萨达叙事的忽略，很大程度上来自亚弗内传统对于犹太—罗马战争惨痛遭遇的选择性遗忘。在古代文字保存十分有限的情况下，书写很大程度上代表着主导权力一方的选择与压制。马萨达与亚弗内作为犹太—罗马战争时期犹太民族应对灾难的两种方式，通常被人们当作犹太民族在第二圣殿被毁后的关键转折时期的两种不同的道路。

对于现代犹太人来说，亚弗内和马萨达分别代表着犹太人在面对极端困境时的两种不同应对方法。马萨达象征着犹太人决心成为自己命运的主人，在面对外部压迫时必须采取强硬措施进行自卫，即使是在没有取胜可能的情况下。[②] 以色列军队在马萨达顶部平台举行的新兵宣誓仪式中的誓词“马萨达决不再次陷落”反映出犹太人决心保卫自己的民族独立，在必要情况下甚至不惜牺牲自己的生命。而亚弗内则代表妥协和顺应时局的应对方式，强调将犹太人的注意力从与外部世界的争斗转向内部的精神建设。在亚弗内的逻辑中，武装斗争不能带来最终的救赎，犹太人必须将全部的精力专注于遵守神圣的诫命，为此不惜通过妥协退让求得民族的生存和完整。而且，拉比传统认为，犹太人遭受异族统治本身也是上帝意志的一部分。正如学者雅各·纽斯纳指出的：

---

① 这些文章按时间先后顺序为：Bernard Heller, “Masada and the Talmud,” *Tradition*, Vol. 10, No. 2 (Winter, 1968), pp. 31 – 34; Sidney B. Hoenig, “The Sicarii in Masada-Glory or Infamy?” *Tradition*, Vol. 11, No. 1 (Spring, 1970), pp. 5 – 30; Shubert Spero, “In Defense of the Defenders of Masada,” *Tradition*, Vol. 11, No. 1 (Spring, 1970), pp. 31 – 43; Louis I. Rabinowitz, “The Masada Martyrs According to the Halakhah,” *Tradition*, Vol. 11, No. 3 (Fall, 1970), pp. 31 – 37; Zvi Kolitz, “Masada-Suicide or Murder?” *Tradition*, Vol. 12, No. 1 (Summer, 1971), pp. 5 – 26; Dov I. Frimer, “Masada-In the Light of Halakhah,” *Tradition*, Vol. 12, No. 1 (Summer, 1971), pp. 27 – 43; Sidney B. Hoenig, “Historical Masada and the Halakhah,” *Tradition*, Vol. 13, No. 2 (Fall, 1972), pp. 100 – 116。

② Jacob Neusner, *A Life of Yohanan Ben-Zakkai ca 1 – 80 CE*, Leiden: Brill, 1970, p. 175.

有两条离开耶路撒冷的道路，一条通向亚弗内，另一条通向马萨达。奋锐党人逃往死海，把自己关在了希律王的大型要塞之中。他们在那里坚持了三年多，要么进行绝望的战斗要么被迫投降。他们带着妻子和儿女，或许总数在1000人左右，凭借先进的围墙和工程奇迹，直到围墙被攻破，他们顶多再抵抗一天时间。在那个晚上，父亲杀死了他们的妻子和儿女，然后士兵之间也选择自杀，直到最后一名奋锐党人，由于没有人活着也选择了自杀……没有任何东西留存下来。奋锐党人没有留下任何遗产，他们的未来也看不到任何希望。他们仅仅提供了一个好战的斯巴达式的理想：宁可自杀也不愿被奴役。如果马萨达的战士代表着犹太人的唯一选项，那么犹太教将永远地结束了，正如驻守在马萨达的奋锐党人设想的那样。这个犹太团体可以苟延残喘，但不会存在太久。通向亚弗内的道路……是另一条道路。它是一条犹太人不进行集体自杀和不把灾难作为悲剧历史的最后一幕的道路。他们并不认为军事失败标志着最后的灾难。这些犹太人对以赛亚的启示有更清楚的记忆，即相信刀剑是对上帝的傲慢。他们保持着上帝而非刀剑将最终带来救赎的希望。约哈南·本·扎凯领导了这条通向亚弗内的道路……犹太教作为一种持久的信仰存活下来，犹太人作为一个持久的民族从那时存活到现在。马萨达及其军事冒险是一个死胡同。犹太人通过亚弗内及其尝试和充满希望的信念找到了通向未来的道路。①

马萨达与亚弗内之间的巨大张力充分反映出犹太民族在面对圣殿被毁这场空前灾难时的不同应对办法，前者是坚决反抗的象征，后者则是妥协适应的代表，这两种不同的应对办法可以归结为民族主义的军事反抗与文化主义的顺从适应。正是犹太—罗马战争使犹太民族的好战力量消灭殆尽，而和平主义的适应派——以约哈南·本·扎凯拉比为代表的拉比学者成为民族文化的领导者，他们在亚弗内的学院进行了重新整合，从此专注于内在的文化建设而抛弃了武装反抗。正是他们避免了犹太人在反罗马斗争中全部覆没的命运，相反，通过与罗马统治者开展合作维持了民族的延

① Jacob Neusner, *A Life of Yohanan Ben-Zakkai ca 1 – 80 CE*, p. 175.

续与生存。从后来的历史经验来看，很显然，拉比贤哲代表的亚弗内道路挽救了犹太民族和犹太教，而马萨达的反抗战士遭到了彻底的失败。可以说，亚弗内道路是犹太人应对极端处境的正确方式。“是亚弗内而非马萨达拯救了犹太民族、犹太文化！”成为宗教力量反抗马萨达神话的最强音。在拉比传统看来，不折不扣的“犹太英雄”属于约哈南·本·扎凯，[①] 而非守卫马萨达的战士。

在马萨达与亚弗内的二元对立中，前者代表死亡的选择，后者则是存活的希望。雅各·纽斯纳就此评价道：“马萨达所遗留下的不过是一些衣服、硬币、陶器与遗骸的碎片，这是一处代表无用且无益的勇气的遗迹。而亚弗内所遗留下的则是20个世纪的生机，甚至更多。”[②] 另如便雅悯·克达尔所说：“实际上，犹太教的主要道路并非通过马萨达而是通过亚弗内实现的。马萨达是一条死胡同，是悲剧性死亡的终点与激动人心的终曲。在马萨达举行的新兵入伍宣誓典礼上说‘多亏马萨达守卫者的英雄主义，我们今天才能站在这里’的那些人活在错误之中，而且误导着其他人。犹太教的存活、犹太民族的存活，并非由于马萨达而是由于亚弗内，并非由于以利亚撒·本·亚尔而是由于约哈南·本·扎凯。”[③] 在许多宗教人士看来，约哈南·本·扎凯是“犹太教的拯救者”（Savior of Judaism），[④] 也是犹太民族的拯救者。

在宗教界重新强调亚弗内的作用的情况下，一些世俗人士也开始肯定亚弗内对于犹太民族的独特作用：“毫无疑问，亚弗内从灭绝中拯救了犹太民族。但是，马萨达能够这样拯救吗?”从犹太历史发展的延续来看，亚弗内对于文化与民族的存在至关重要，可以说如果没有亚弗内，犹太文化和犹太民族能否存在是值得怀疑的。总之，在宗教人士看来，以马萨达作为民族崇拜的对象显然不合适：

---

① Amram Tropper, “Yohanan Ben Zakkai, *Amicus Caesaris*: A Jewish Hero in Rabbinic Eyes,” *JSIJ.*, Vol. 4 (2005), pp. 133 – 149.

② Jacob Neusner, *A Life of Yohanan Ben-Zakkai ca 1 – 80 CE*, pp. 174 – 175.

③ Binyamin Kedar, “Masada: The Myth and the Complex,” *Jerusalem Quarterly*, Vol. 24 (Summer, 1982), p. 59.

④ Eyal Ben-Ari, *Defining Israeli Culture: An Anthropological Approach*, Jerusalem: Hebrew University of Jerusalem, 1993, p. 152.

现在对马萨达发掘有集中的宣传。这种宣传致力于使马萨达成为第二圣殿被毁时期以色列人生活的中心。这种宣传的目标是使马萨达成为……许多代人的象征……对此，必须说马萨达“不是正道”以及不是以色列的传统。我们必须告诉孩子们……马萨达并非一个象征，它从来就不是一个象征，它永远不会成为一个象征。[①]

第二节　集体自杀还是谋杀?

马萨达困扰宗教人士的最根本问题就是它所涉及的集体自杀问题。犹太教对生命给予了超乎寻常的尊重，自杀被视为对上帝诫命的违反，因为人的生命是神所赐予的。人不能自行对生命加以控制，而必须尊重和珍惜生命。人作为上帝最重要的造物，为上帝所喜爱，自杀即否定上帝的主宰力，从而毁坏了上帝的创造。犹太律法规定凡自杀者死后永远不可得到救赎，在来世没有一席之地。根据犹太传统，唯一的例外是为了宗教目的的殉道，它被称为“圣化上帝之名”（Kiddush Ha-Shem）。犹太律法对殉道和自杀的态度截然不同，前者被视为最神圣的宗教义务，将自己的身体作为祭品奉献给上帝，正如“以撒被缚”（Binding of Isaac）那样，另如马卡比起义时因拒绝吃猪肉而被处死者、巴尔·科赫巴起义中的许多殉道者（包括以阿吉巴拉比为首的“十殉道者”）。殉道的事例在犹太人整体性流散到外邦世界的中世纪极其频繁，特别是十字军东征时期，许多犹太社团在迫害面前选择整个地殉道。而自杀被视为一项极大的罪恶。自杀与殉道并非必然对立，两者在一定程度下可以相互转化。犹太教只有在三种情况下可以选择自杀殉道：乱伦、崇拜偶像、谋杀。

20世纪60年代末70年代初，在《传统：正统派犹太思想杂志》发表的一系列讨论马萨达的文章中，西德尼·赫宁格的《马萨达的西卡里人：光荣还是恶行?》和泽维·柯利兹的《马萨达：自杀还是谋杀?》引发了广泛的讨论。西德尼·赫宁格认为，马萨达不应该作为现代以色列的典范，以色列取得的一系列军事胜利并没有受到马萨达事件的激发：“马萨达不是以色列的军事典范。它仅仅是极端主义分子的肖像——这些人将生命视

---

① Nachman Ben-Yehuda, *The Masada Myth: Collective Memory and Mythmaking in Israel*, p. 231.

为人的不幸。为了不使灵魂遭受奴役，他们宁愿选择死亡也不从事战斗以争取自由。”[①] 柯利兹更进了一步，认为马萨达守卫者的集体自杀甚至可以被理解为一场谋杀行为，是守卫领袖不愿面对罗马军队的懦弱的表现。[②]

在宗教界人士看来，马萨达守卫者的集体自杀实际是一场彻头彻尾的悲剧，不仅不能拯救犹太民族，而且将自己的生命全部断送。马萨达守卫者的死亡方式在《犹太战记》中有详细而具体的记载。根据约瑟夫斯的叙述，马萨达守卫者在聆听了本·亚尔的激情演说后，先是杀死他们自己的妻子儿女，然后通过“十一抽杀法”杀死同伴，直到最后一人倒在自己的刀剑上自尽。实际上，根据这段叙述，能否称为“集体自杀”是值得怀疑的，或许只有一人（最后的那个人）是通过自杀的方式死亡的，而其他所有人都是被自己的亲人或同伴杀死的。因此，将之称为“集体谋杀”或许更加合适。以至于克达尔极力反对将这种自杀行为圣化为当代以色列青年的爱国典范：

> 我们应该以最为严肃的方式反问自己：我们应该以这个神话来教育青年吗？马萨达事实上是否为一个“牺牲与志愿”的例子，就如加达纳司令官最近对数百名17岁青年男女们所说的？我们难道真的应该把马萨达守卫者的集体自杀作为一种榜样？[③]

当然，宗教群体对马萨达的态度并非完全一致，而且随着时代的变迁发生着改变。当世俗群体不再神圣化马萨达时，致力于在世俗犹太人中间促进宗教遵守的卢巴维奇运动却从马萨达中看到了宗教复兴的力量。由于马萨达考古中发现了犹太会堂与净身池，不仅使之具有作为宗教场所的神圣性，而且表明马萨达守卫者对宗教诫命的严格遵守。卢巴维奇运动认为，反抗罗马的马萨达守卫者在荒无人烟、不受约束的马萨达都能继续坚

① Sidney B. Hoenig, “The Sicarii in Masada-Glory or Infamy?” *Tradition*, Vol. 11, No. 1 (Spring, 1970), p. 28.

② Zvi Kolitz, “Masada-Suicide or Murder?” *Tradition*, Vol. 12, No. 1 (Summer, 1971), pp. 5–26.

③ Binyamin Kedar, “Masada: The Myth and the Complex,” *Jerusalem Quarterly*, Vol. 24 (Summer, 1982), p. 59.

持从事宗教活动与遵守宗教诫命，今天的犹太人就更没有理由拒绝遵守律法。因此，当马萨达在世俗人士中间丧失神圣性时，一些宗教人士却建构了马萨达对于他们的神圣意义。卢巴维奇运动的一份宣传小册宣称："马萨达永恒！古代就是现代……过去就是现在……净身池在这里！"① 这份宣传册意在表明宗教遵守不受时空制约的永恒性，强调世俗犹太人对宗教律法的忽视与违反。在此解释框架下，马萨达不再代表不顾一切的自由战士，而是代表被世俗犹太人所抛弃的宗教律法。

① Yael Zerubavel, "The Politics of Remembrance and the Consumption of Space: Masada in Israeli Memory," in Daniel J. Walkowitz & Lisa Maya Knauer, eds., *Memory and the Impact of Political Transformation in Public Space*, Durham & London: Duke University Press, 2004, p. 249.

第九章　“马萨达情结”与集体安全意识的悖论

第一节　“马萨达情结”的由来及其内涵

马萨达不仅是犹太人的过去，也是他们的现在，更是他们的未来。马萨达成为犹太人的隐喻象征和视觉形象，代表他们对于自身命运及生存处境的深刻理解。与当年的马萨达守卫者一样，今天的以色列人仍处于被包围的马萨达之巅，绝望无助地抵抗强大且凶狠的敌人。反映到现实政治中，阿拉伯国家一贯奉行不承认以色列国、不与以色列谈判、不与以色列建交的“三不政策”，阿拉伯领导人及普通民众一再宣称要将犹太人赶到地中海里去。以色列将这些敌意与憎恨视为对自身生存持久根本的威胁，并力求对其做出相应的激烈反应。为打赢这场事关生死存亡的关键战争，有必要集中一切智慧、物力与意志，甚至不惜违反国际惯例与国际准则对阿拉伯国家的包围和封锁进行反击。实际上，以色列国可以被视为一个放大了的马萨达堡，每个公民都是守卫马萨达的战士。正如泽鲁巴弗尔所说：“在一个它的集体经历经常为战争所打断的社会，马萨达不再只是来自古代的抽象故事，而且是一种为当代以色列人提供自身处境之隐喻的鲜活而有力的视觉形象。”①

到20世纪60年代末，犹太人宁愿牺牲生命来保全其荣誉的精神状态开始遭到批评，批评者将这种心理状态称为“马萨达情结”（Masada Complex）。著名学者路易斯·菲尔德曼对马萨达所代表的心理状态有一番系统的

---

① Yael Zerubavel, “The Death of Memory and the Memory of Death: Masada and the Holocaust as Historical Metaphors,” *Representations*, No. 45 (Winter, 1994), p. 88.

论述：“在第二犹太联邦历史上没有任何事件在近年比马萨达的陷落获得了更多的讨论……这甚至发展为一个词语‘马萨达情结’，以探讨今天以色列政府对待与阿拉伯人媾和的态度……由亚丁领导的马萨达发掘的惊人发现使马萨达成为这个将考古发掘作为真正祈祷词形式的民族的圣地。”[①]

“马萨达情结”一词最早出现在1963年底，正值伊格尔·亚丁领导的对马萨达进行大规模考古之时，该词与“马萨达综合征”（Masada Syndrome）并用，用来形容以色列必须面对自己无法克服的困难的态度。1963年12月27日，英国的《犹太观察者与中东评论》杂志发表了一篇题为《马萨达的教训》（“The Moral of Masada”）的匿名文章。作者指出：“本·古里安（以及魏兹曼）认为，犹太人的幸存取决于犹太领袖摆脱马萨达情结——光荣地在失败中死去要比不够动人地胜利与幸存更为可取——的程度。”作者还认为所谓的“马萨达情结”，就是“以色列永久地视自己势单力薄。幸运地，它不是那些企图最终消灭犹太人的人们的观念，也不是马萨达守卫者们的伟大精神，而是使他们通向悲剧性与政治上徒劳目的的错误与幻觉。”[②] 实际上，这些评论已经触及马萨达情结的实质性内容。但在当时马萨达考古占据主导地位的情况下，这样一篇另类文章显然很难引起人们的重视。它的意义必须结合社会背景而得到彰显。由于马萨达考古在世界范围内激起的重大影响，许多非犹太人也开始使用马萨达的意象。但非犹太人显然体会不到犹太人的被围困处境，所以在使用马萨达符号时往往较为公正。

对于“马萨达情结”的讨论在20世纪70年代初达到了高潮。“六日战争”中以色列占据了埃及西奈半岛，埃及和以色列军队隔着苏伊士运河对峙。“六日战争”后，以色列与埃及进行了时断时续的消耗战，也有人将之称为“正式战争”。埃及与以色列的长期对峙致使苏伊士运河长期不能通航。由此引起许多大国尤其是美国与苏联的关注，它们联合起来要求开放苏伊士运河。但这一提议遭到以色列方面的拒绝，失望的美国将原因归于时任以色列总理梅厄，以至整个民族的心态。美国政府试图说服果尔达·梅

---

① Louis H. Feldman, “Masada: A Critique of Recent Scholarship,” in Jacob Neusner, ed., *Christianity, Judaism and Other Greco-Roman Cults*, Leiden: Brill, 1975, pp. 764–765.

② “The Moral of Masada,” *Jewish Observer and Middle East Review*, Vol. 7 (1963), p. 2.

厄妥协，与埃及政府合作，在此过程中，时任美国国务卿罗杰斯使用了“马萨达情结”来指代以色列政府拒绝妥协的态度。美国负责近东与南亚事务的助理国务卿约瑟夫·西斯科（Joseph Sisco）也指责梅厄具有“马萨达情结”。

“马萨达情结”这一概念真正进入大众视野是在1971年。1971年7月12日《新周刊》（*Newsweek*）发表了著名评论员斯图尔特·阿尔索普（Stewart Alsop）的文章，指责梅厄政府拒绝对埃及做出任何妥协，认为这是中东和平的障碍：“这个不寻常女人的‘马萨达情结’是一切中东问题的主要障碍。而且，她的‘马萨达情结’为许多同胞所拥有——这是以色列的基本力量。”① 在阿尔索普看来，马萨达所代表的是决不妥协的固执精神。阿尔索普的文章随即在以色列国内外引起轩然大波，围绕这一问题展开了激烈的讨论，“马萨达情结”一词由此成为风靡一时的政治用语。

政治分析家亚科夫·勒乌尔（Jaacov Reuel）在一篇题为《西斯科与马萨达情结》的文章中这样写道：“那位美国外交的魔术师约瑟夫·西斯科博士也以美国近东与南亚事务助理国务卿而著称。谣传他试图为总理梅厄的‘马萨达情结’提供诊治的疗程。其目的是竭力确保苏伊士运河的重新开放。如果真是如此，他可以明确地放弃他的工作：所谓的情结，如果存在的话，那它绝不是梅厄夫人个人的不幸，而是整个民族的精神疾病；它至少在某种程度上，是对外部世界所注意到的事实的公开合理的反应。”②

1973年初，阿尔索普再度引发了公众对于“马萨达情结”的探讨。他对以色列总理梅厄夫人进行了专访，随后其内容于3月19日在《新周刊》杂志正式发表。在梅厄被问到以色列为何在与周围邻国关系的处理上采取拒不妥协的立场时，阿尔索普这样描述了梅厄夫人对于“马萨达情结”的态度：

> 她突然以很奇怪的眼神转过来注视着我，“至于你，阿尔索普先生，”她说道，“你说我们具有马萨达情结。的确如此，我们具有马萨达情结，我们具有集体迫害情结，我们具有希特勒情结。”然后，她

① Stewart Alsop, “The Masada Complex,” *Newsweek*, July 12 (1971), p. 19.

② Jaacov Reuel, “Sisco and Masada Complex,” *The Jerusalem Post*, August 3, 1971; Nachman Ben-Yehuda, *The Masada Myth: Collective Memory and Mythmaking in Israel*, pp. 244 – 245.

作了有关以色列的精神以及犹太历史上选择死亡而非向黑暗恐怖势力投降的简短而感人的演讲。①

阿尔索普在其文章中一再重申，正是由于所谓的“马萨达情结”，以色列与其邻国之间问题的和平解决毫无进展。此时距灾难性的赎罪日战争的爆发只有不到 7 个月的时间。工党元老、以色列财政部部长平哈斯·沙皮尔（Pinhas Sapir）在议会中也宣称：“我们具有华沙隔都情结，这是一种憎恨犹太人的情结，就正如我们充满马萨达情结一样……从华沙隔都战斗者、隔都与丛林战斗者以及其他集中营那里，我们继承了这种难以摆脱的正当情感。这种情感在许多斗争与战争中指引着我们。”② 对此，文学批评家罗伯特·阿尔特（Robert Alter）评论道：“我担心马萨达顶部平台的火炬军事典礼，以文学上的隐喻形式准确和含糊地进入公共生活之时，总理把大屠杀、集体迫害与以色列当前的围困状态归在马萨达的标题之下……必定会混淆人们对于非常重要的政治问题的思考。”③

第二节 参孙典故与马萨达情结的对应

犹太历史上不乏悲情的英雄，士师参孙、扫罗王就是代表。参孙是《圣经》中的著名士师，力大无穷、英勇无比，但也有其致命的弱点——其力量存在于头发之上，一旦剃光其头发，力量也就不再有。以色列人在参孙率领下对非利士人取得一场场胜利。非利士人知道参孙喜好女色的弱点之后，通过妓女大利拉得知参孙的秘密。非利士人趁参孙熟睡之时剪去其头发并剜掉他的双目。随后参孙又被缚在两根大柱之间任由敌人戏弄，在此情形下他抱定了必死的决心，祈求上帝赐给他力量使之与敌人同归于尽。最后，参孙选择与敌人同归于尽：“我情愿与非利士人同死！”（《士师记》16：30）参孙死的时候杀死的敌人比活着时还多，但他自己也因此丧命。

在现代国际政治中，国家间军事竞争的不断升级通常不会带来安全感

① Stewart Alsop, “Again, Masada Complex,” *Newsweek*, March 19 (1973), p. 104.

② *Haaretz*, April 29 (1973), p. 5.

③ Robert Alter, “The Masada Complex,” *Commentary*, Vol. 56, No. 1 (July, 1973), p. 20.

的增加。一个国家为了保障自身安全而采取的措施，会降低其他国家的安全感，从而导致该国自身更加不安全的现象，即“安全困境”（security dilemma）。“安全困境”的核心问题是国家间的恐惧感和不信任感，一个国家即使是出于防御目的增强军备，也会被其他国家视为需要做出反应的威胁，这样一种相互作用的过程是国家难以摆脱的一种困境。这一概念由美国政治学家约翰·赫兹（John Herz）在1951年首先提出；同年，巴特菲尔德也接受了这个用法并把它形容为“霍布斯式的恐惧”（Hobbesian fear）。① 在这种情况下，双方都以为对方是有敌意的、无理性的，都不肯做出可使大家都获得安全的保证或承诺，军备竞赛的不断升级、敌对心理的不断加剧就是“安全困境”状态的产物。

应对“安全困境”的办法在以色列的核战略中得到了淋漓尽致的体现。以色列将核武器视为国家安全与生存的终极保证，当作应对阿拉伯国家军事威胁的“最后的撒手锏”；为了确保自身的核优势，不惜以各种手段（包括以武力的形式）阻扰周边国家获取核武器，实施核威慑和核遏制政策。以色列政府从20世纪50年代初开始借助法国的核技术，在内格夫沙漠深处的迪纳摩建造了核试验基地，制造了用于实战的核武器，成为事实上的第六个有核国家（仅次于美、苏、英、法、中，这五个有核国家都是联合国安理会常任理事国），尽管以色列政府从不公开承认这一事实。② 以色列想借助核武器这种非常规武器取得对周边众多邻国的心理优势，并且它不允许周边国家发展任何程度的核武器。为此，1979年与1981年以色列两次派遣轰炸机长途奔袭摧毁伊拉克核基地；2009年，派遣军机摧毁了叙利亚核设施；近年来，在伊朗核危机问题上，以色列持续对伊朗保持高压态势，多次声称不放弃军事打击伊朗核设施的计划。③

十分有趣的是，以色列的核政策也以另一种形式与“马萨达情结”联

---

① John Herz, *Political Realism and Political Idealism*, Chicago: University of Chicago Press, 1951, p. 3; Herbert Butterfield, *History and Human Relations*, London: Collins, 1951, p. 21.

② 有关以色列发展核武器的历史，参见 Edwin S. Cochran, “Israel's Nuclear History,” *Israel Affairs*, Vol. 6, No. 3 – 4 (2000), pp. 129 – 156。

③ 对于伊朗核危机与纳粹大屠杀的隐喻关联，参见 Shmulik Nili, “The Nuclear (and the) Holocaust: Israel, Iran, and the Shadows of Auschwitz,” *Journal of Strategic Security*, Vol. 4, No. 1 (2011), pp. 37 – 56。

系到一起。以色列发展核计划的代号为“参孙的选择”（Samson Option）。[①] 参孙历来被视为一个与敌人同归于尽的悲情英雄，这是穷途末路的最后选择。“参孙的选择”不只是以色列核反应战略的简单代号，其中蕴含着巨大的意义，它更是一种提示与警醒，传递出以色列与其敌人血拼到底的决心，为了自身安全，宁可玉石俱焚。参孙的悲情故事通常被视为犹太人在绝望处境下的孤注一掷，它在“马萨达情结”中得到了许多呼应，参孙也经常被作为自杀的典型拿来与马萨达的最终结局进行比较。正如有学者指出的，“应该注意到参孙和马萨达的守卫者之间自杀动力的共同点，它们在现代以色列社会的集体心理中持续地显现”。[②]

第三节　赎罪日战争对“马萨达情结”的质疑

1973 年 10 月 6 日，埃及、叙利亚分别从南北两个方向同时对以色列发动了突然的猛烈攻击，引发了第四次中东战争（以色列方面称“赎罪日战争”）。在战争初期以色列几乎一败涂地，使 1967 年“六日战争”带来的巨大安全感荡然无存。国防部部长达扬被迫辞职，承认有“马萨达情结”的梅厄夫人也黯然下台，以色列遭受了建国以来第一次重大的考验。赎罪日战争的结果虽然以以色列的逆转告终，媒体也经常用“巨大的胜利”来指代这场战争，但事实上它不仅造成了巨大的人力、物力损失，而且带来了不可弥合的精神创伤，使得“以色列国防军不可战胜”的神话顿时破灭。这场战争使建国初期的英雄主义精神受到大大削弱。

这场战争直接动摇了以色列人的安全感，总理梅厄夫人在战争爆发后不久的讲话中强调：“毫无疑问，这场战争的目的在于反对再度建立的犹太国家的根本存在。这是一场威胁我们作为一个民族与一个国家存在的战争。”[③] 一位战争亲历者记载了战争初期以色列军队遭遇溃败而被迫撤退的

---

① Seymour M. Hersh, *The Samson Option: Israel's Nuclear Arsenal and American Foreign Policy*, New York: Random House, 1991; Louis R. Beres, "Israel and Samson: Biblical Lessons for Israeli Strategy in the Nuclear Age," *Israel Affairs*, Vol. 11, No. 3 (2005), pp. 491 - 503.

② Moshe Halevi Spero, "Samson and Masada: Altruistic Suicides Reconsidered," *Psychoanalytic Review*, Vol. 65, No. 4 (Winter, 1978), p. 632.

③ Tirza Hechter, "Historical Traumas, Ideological Conflicts, and the Process of Mythologizing," *International Journal of Middle East Studies*, Vol. 35, No. 3 (August, 2003), p. 443.

艰难历程："今天，在回顾撤离这个要塞的决定时，它是当时所能采取的唯一合理步骤。但在20年前，那时处于'战斗到最后一滴鲜血'神话的社会化中，就如在马萨达一样……做出这个决定时极为艰难。"[①] 在当时普遍流行的悲观情绪中，许多人质疑以色列是否有能力防止下一场马萨达悲剧的重演，而赎罪日战争表明了马萨达存在再度陷落的可能。一位当时人记录了这次战争给以色列人带来的巨大心理震荡：

> 一九七三年前的岁月里，我们怀着对战争的恐惧经历了以色列—阿拉伯冲突的各个阶段，这种恐惧是极为合理的。但基本上我们有安全感。当时我很清楚，同我交谈的人也都很清楚，即使爆发另一次战争，当然这次战争将是灾难性的，许多人会死去或受伤，但毫无疑问我们最后会占上风。换句话说，我们不能想象以色列国会被毁灭。
>
> 我认为赎罪日战争粉碎了这个基本信念。我们忽然发现，如果有一天趁我们不备，所有阿拉伯国家都向我们开火，他们能把我们作为一个民族—政治实体消灭，把我们作为个人消灭……所以说，最近这次战争使我们作为一个民族的安全感破灭了。[②]

赎罪日战争之后，亚科夫·拉彼（Yaakov Rabi）对"马萨达情结"评价道："我们有义务使自己摆脱这个创伤性负担"，因为"沉浸于过去将造成极大的危害"。[③] 战争最为深远的意义还不止于此。这次战争中阿拉伯人所表现出的惊人战斗力，使以色列人不再迷信武力能够解决一切问题，军事上的绝对优势地位荡然无存。务实的政治家们开始寻求以和平与妥协的方法来化解旷日持久的阿以冲突。"马萨达情结"所体现出来的"决不妥协"精神被迫改变，1977年执政达30年之久的以色列工党丧失政权沦为在野党，更为惊人的是，1977年11月曾亲自发动赎罪日战争的埃及总统萨达特访问了耶路撒冷，并在以色列议会发表了演讲。1979年，以色列与埃及签订了和平条约。随后，以色列与约旦、叙利亚也达成协议。通过与

---

① Nachman Ben-Yehuda, *The Masada Myth: Collective Memory and Mythmaking in Israel*, p. 256.

② 劳伦斯·迈耶：《今日以色列》，第314—315页。

③ Nachman Ben-Yehuda, *The Masada Myth: Collective Memory and Mythmaking in Israel*, p. 248.

周边阿拉伯国家的一系列条约，虽然没有从根本上改变冲突的存在，但以色列的安全形势得以大大改善。

学者克达尔认为，以色列领导层必须不能怀有马萨达情结，这种心理状况必定使之失去如实判断的能力，从而使以色列陷入危险之中：“一个以色列领袖认为自己站立在马萨达的顶部，当然很容易失去他如实判断的能力。这将导致另一种危险：因为对马萨达的认同，不可避免地重蹈它的覆辙。如果某个人认为‘整个世界都反对我们’，那么他将产生‘我们反对整个世界’的行为，这种行为注定导致不断的孤立，这在许多重要的方面类似于本·亚尔及其同伴……在马萨达陷落1900多年后，我们应当使自己很好地与它的神话分离并根除这种情结。像我们这样的古老民族拥有不止一个可以获得象征的单一过去……让我们选择《以赛亚书》而非《约书亚记》。”①

与马萨达一样，巴尔·科赫巴起义也是古代犹太人反抗异族斗争的代表，都在20世纪被犹太复国主义者推崇为英雄主义的象征，它们都对当代以色列的思维方式和政治行为产生了深远影响。1983年，以色列学者哈尔卡比提出了著名的“巴尔·科赫巴综合征”（The Bar Kokhba Syndrome）概念，认为它深深地扎根于以色列文化中，他将之视为民族主义狂热的表达。令哈尔卡比感到吃惊的是，“作为一个历史的讽刺，一场几乎使我们整个民族陷于灭绝的灾难性后果的起义，突然转变为民族复兴的象征”；②“政治智慧的首要条件是致力于预判议程上的某项行为的结果。相反地，赞赏巴尔·科赫巴大起义就是赞赏反抗和英雄主义，并对其后果不负责任。这就是‘巴尔·科赫巴综合征’。这是一种执拗的思维方式，它越是深深扎根和成为习惯，就越容易带来相反的结果。在这种综合征的支配下，人们支持的领导层及其政策与其外在表象（例如，领袖对民族力量和民族自豪的吹嘘）相一致，而不留意它所带来的后果”。哈尔卡比警告说，这种情绪将最终吞噬整个犹太民族，就像2000余年前的反抗者那样：“问题不是巴尔·科赫巴如何犯下错误——这可以得到解释——而是我们如何

---

① Binyamin Kedar, “Masada: The Myth and the Complex,” *Jerusalem Quarterly*, Vol. 24 (Summer, 1982), pp. 57 - 63.

② Yehoshafat Harkabi, *The Bar Kokhba Syndrome: Risk and Realism in International Politics*, Chappaqua, N. Y.: Rossel Books, 1983, p. 105.

赞赏他的错误，以及它如何影响到我们民族的思维。通过赞赏巴尔·科赫巴大起义，以色列人使自己陷入崇尚民族毁灭的陷阱之中，并为民族自杀的行为欢欣鼓舞……巴尔·科赫巴错误估计了起义的结果。问题不在于巴尔·科赫巴，而在于我们自己。”①

① Yehoshafat Harkabi, *The Bar Kokhba Syndrome: Risk and Realism in International Politics*, p. 105.

第十章 向历史回归：神话解构与多元叙述的出现

第一节 大屠杀记忆的苏醒与犹太英雄主义内涵的变迁

真正使马萨达意义发生根本性改变的是大屠杀在以色列人集体意识中的兴起，伴随大屠杀创伤记忆复苏而来的，是对第二次世界大战期间英雄主义内涵的重新定义。在与大屠杀的比较中，马萨达的意义经历了几重变迁。泽鲁巴弗尔指出，“马萨达提供了一个矗立于犹地亚荒漠中的巨大岩石的具体形象，而大屠杀代表着犹太历史上的一段空虚、象征性的深渊”。[①]正是在与大屠杀的二元对观下，马萨达开始真正走下神坛。马萨达的内涵也经历了由死到生的转变，它从争取自由、不惜牺牲的象征转化为维护生存、追求延续的代表。

以色列建国初期对于大屠杀的历史记忆，很大程度上是片面强调隔都起义武装反抗的英雄主义而忽略集中营死难者的消极屈从，以符合建国之初内外交困的政治需要。1953 年，以色列议会通过“大屠杀与英雄主义纪念法”，并决定在耶路撒冷的赫茨尔山建立名为“亚德·瓦谢姆”（Yad Vashem，意为名字和纪念）的大屠杀纪念馆，以展示并保存大屠杀遇难者的集体记忆。在此，英雄主义被抬高到与大屠杀本身同等的地位。不仅如此，1959 年议会再度通过法案，决定以犹太历尼散月 27 日为“大屠杀殉难者与英雄纪念日”（*Yom Hashoah ve Hagevurah*/The Holo-

① Yael Zerubavel, “The Death of Memory and the Memory of Death: Masada and the Holocaust as Historical Metaphors,” *Representations*, No. 45 (Winter, 1994), p. 85.

caust Martyrs' and Heroes' Remembrance Day），而这一天正是华沙犹太隔都起义之日。大屠杀纪念馆与大屠杀纪念日分别从空间与时间的维度，将创伤记忆融入新兴的以色列国民集体意识之中，然而其中的英雄主义内涵不言而喻。在这一时期的英雄是为国捐躯的国防军战士，以色列专门为之建立了国家公墓与阵亡将士纪念日。

对以华沙隔都起义为代表的武装反抗的歌颂几乎成为建国初期以色列关于大屠杀叙述的主导方向。当时的教育部部长本·锡安·迪努尔（Ben Zion Dinur）如此高度赞扬华沙隔都起义："这次起义，被围困在隔都中的少数剩余者，在与外部世界切断联系、孤立无援与没有装备、没有武器、没有任何胜利或突围希望的情况下，代表着以色列在大屠杀期间的英雄主义。"[①] 实际上，大屠杀发生期间，以色列国还没有诞生，但在武装反抗的英雄主义主流话语下，土生土长的"萨布拉"对数百万欧洲犹太人"像羔羊一样走进屠场"的软弱举动表示不解，认为他们是犹太人的耻辱，因而许多大屠杀幸存者的创伤记忆只能在暗地里默默流传。

阿肯松认为，大屠杀纪念日直到1959年才确立是因为它"所纪念的行为正是以色列的神话制造者想要消除的对象：在外邦敌人面前顺从地殉道。以色列正要成为大屠杀的解毒剂"。[②] 对大屠杀的矛盾心理还体现在大屠杀纪念日的早期遵守方式上。大屠杀纪念日与华沙隔都起义日联系起来，更加强化了犹太复国主义者对犹太人面对压迫时积极反抗的推崇。积极反抗是犹太复国主义者及"希伯来青年"的特征，而消极顺从则是与大屠杀及流散犹太人相连的。对大屠杀期间武装反抗的过分强调，是为了与现代以色列争取独立紧密联系："游击战士与隔都反抗者因而从'大屠杀'中脱离开来，作为在流散地与现代以色列之间搭起的一座象征之桥。与马萨达及特尔哈伊的守卫者一道，他们成为以色列英雄般过去的一部分。与之相反，大屠杀的其他经历被降格为流散时期并与'他者'相连，被称作

---

① Dalia Ofer, "Fifty Years of Israeli Discourse on the Holocaust: Characteristics and Dilemmas," in Anita Shapira, ed., *Israeli Identity in Transition*, p. 154.

② D. H. Akenson, *God's Peoples: Covenant and Land in South Africa, Israel, and Ulster*, Ithaca: Cornell University Press, 1992, p. 249.

屈辱的流散犹太人。”[①]

对大屠杀真相的不断揭露，使以色列人对大屠杀的反应不断增强，开始唤起他们对同胞灾难的记忆。在20世纪50年代中期，大屠杀的悲剧对以色列人的内部生活几乎没有产生特别重要的影响，但慢慢地这一切都在发生变化。20世纪60年代初，他们开始对灭绝犹太人的大屠杀敏感起来，1961年进行的“艾希曼审判”（Trial of Eichmann）对思考这场大灾难产生了重要影响，成为战后大屠杀创伤记忆的转折点。这次审判使许多以色列人特别是青年第一次知道了这场悲剧的全部恐怖真相。艾希曼审判还使许多幸存者站出来吐露大屠杀期间的悲惨经历，特别是埃利·威塞尔（Elie Wiesel）等人出版的许多关于灭绝营的著作也引发了人们的深刻反省。这一切使得在本土环境中成长起来的“萨布拉”一代为大屠杀的灾难所深深震撼。

直到20世纪70年代，大屠杀及其创伤记忆才毫不含糊地渗入以色列人的集体意识之中。韦法兹（Gad Vfaz）在1970年写道：“权力与无权的意识是相互平衡的，它们都有着单一的重要经历——大屠杀意识与对犹太民族命运的认同。我们中的许多人在成长过程中都曾反对我们的犹太教；至于我自己，我在20岁时，即艾希曼审判期间开始成为‘犹太人’。这是一个漫长的过程，它在‘六日战争’前的5、6月达到高潮。”[②] 1973年“赎罪日战争”的爆发，战争初期以色列军队节节败退、丧师失地，几乎再度面临大屠杀般的灭绝境地。以色列人虽然在后来反败为胜，但强烈的忧患意识与危机心理促使他们开始同情犹太人在大屠杀时期无力反抗的遭际。许多以色列人开始意识到，在集中营的极端条件中生存下来，这本身就需要极大的生存勇气。在此情形下，集中营死难者的生存磨难被赋予了新的意义，认为这也是一种英勇行为，即“争取生存的英雄主义”。[③]

---

① Yael Zerubavel, “The Death of Memory and the Memory of Death: Masada and the Holocaust as Historical Metaphors,” *Representations*, No. 45 (Winter, 1994), p. 80.

② Anita Shapira, “Whatever Became of ‘Negating Exile’,” in Anita Shapira, ed., *Israeli Identity in Transition*, p. 90.

③ 钟志清：《身份与记忆：论希伯来语大屠杀文学中的英雄主义》，《外国文学评论》2008年第4期。

第二节 由死到生：马萨达意义的转向

在经历大屠杀后，犹太人的存在获得了新的重要性，因为没有犹太人的存在，也就不会有以色列国存在和发展的可能性。特别是1973年“赎罪日战争”带来的垂危境地，使许多犹太人开始接受了奥斯维辛之于犹太民族和以色列的特殊意义，在大屠杀的压倒性事实面前，存在获得了前所未有的重要性，故而很难再从一般意义上来理解它。特别是大屠杀的空前惨剧发生之后，对生存的追求成为压倒一切的愿望。阿尔特就认为，“华沙隔都起义曾被视为马萨达，如今处在神话形象的双重揭露之中，以色列的困境被设想为一个为一群无法抵挡的敌人所包围的隔都，一座为聚集起来的帝国军团所围困的要塞”。[①]

在此情况下，马萨达所代表的意义也随之发生了微妙的转向。在以前，马萨达是一个死亡的象征，代表在面临被包围的局面时争取自由、不惜牺牲的精神。人们极力推崇马萨达的精神，是为了纪念它所隐含的死亡意味。有学者指出，从前“权威的观点将马萨达的集体自杀视为勇敢的行为、自由的象征。将这个故事用来庆祝自由与永生，但当触及这个事件结束于死亡时便产生了一个悖论。死亡的意义必须被包括在胜利超越死亡的马萨达叙述之中。自杀被矛盾地欢呼为对永恒力量的胜利、坚强决心的证明。正如以色列人在讲述马萨达的故事时，他们操控着这个悖论……它的故事是为了说明‘决不重演’”。[②] 而在大屠杀创伤记忆重新进入犹太集体意识之后，对于生存的渴望成为压倒一切的目标。以色列前总统夏加尔（Zalman Shazar）强调道：“对我们而言，马萨达意味着生存的愿望。”[③] 泽鲁巴弗尔对此评论道：“马萨达作为以色列处境之隐喻，以色列人发现他们自身结合了流散的经历并使大屠杀加入其意义之中。以色列人的集体记忆因而失去了一开始那种对传统犹太教的对立立场，而开始更加乐意接受

① Robert Alter, “The Masada Complex,” *Commentary*, Vol. 56, No. 1 (July, 1973), p. 23.

② E. M. Bruner & P. Gorfain, “Dialogic Narration and the Paradoxes of Masada,” in S. Plattner & E. M. Bruner, eds., *Text, Play, and Story: The Construction and Reconstruction of Self and Society*, p. 63.

③ Marie Syrkin, “The Paradox of Masada,” *Midstream*, Vol. 19, No. 8 (October, 1973), p. 67.

一种植根于犹太集体记忆中的教训：在围困状态下，不惜一切机会地争取生存的经历。"①

摩西·达扬与伊格尔·亚丁等马萨达神话的积极捍卫者也对马萨达所代表的内涵进行了新的阐述。在1973年4月11日马萨达举行的纪念马萨达陷落1900周年的典礼上，亚丁发表了主题为"马萨达陷落1900周年"的演讲，强调马萨达的精神是争取自由地活着，而不是像马萨达守卫者那样自由地死去："外国人错误地将以色列人的心理称作'马萨达综合征'，在这里他们指我们紧紧抓住'让我们与非利士人同死'的意识。但这不过是一种被歪曲的见解……当我们说'马萨达决不再次陷落'时，它意味着……我们决心获得自由和独立。而不是像以利亚撒·本·亚尔及其战友们那样宣誓自由地死去，我们是宣誓自由地活着。这是今天马萨达的新福音所在。"② 作为业余考古学家达扬将军在其最后一部著作、于去世后才出版的《马萨达》中强调"以利亚撒·本·亚尔永远活在我们的心灵与行动之中，我准备为青年一代写作一部关于马萨达整个故事的著作"。③ 在达扬看来，与马萨达守卫者一样，今天的以色列人要坚持战斗，但与马萨达守卫者不同，今天的以色列人最重要的目标是活着："以色列不是捷克斯洛伐克，我们这一代人不是马萨达那一代人，马萨达的守卫者在公元1世纪反抗罗马人的战争中坚守最后的犹太要塞到底，最后他们选择了集体自杀。我们将继续战斗并活着。"④

以民族建国为目标指向的民族主义，往往在实现建国理想后沦为实用主义的牺牲品，而普通民众在政治激情消退之后也丧失了当初的狂热，这种选择通常与争取生存的实际愿望结合起来。马萨达符号也不例外，逐渐转变为人们追求新希望的途径。在一个很重要的意义上，现代国家已经生活在一个后民族主义的时代，即使在相对年轻的以色列国，今天很少有人不加反思地宣扬民族主义。英雄主义固然值得称颂，但没有存在，一切都将无从谈起。越来越多的以色列民众已经开始意识到：

---

① Yael Zerubavel, "The Death of Memory and the Memory of Death: Masada and the Holocaust as Historical Metaphors," *Representations*, No. 45 (Winter, 1994), p. 89.

② Yigael Yadin, "1900 Years since the Fall of Masada," *Maariv*, April 16 (1973), p. 15.

③ Moshe Dayan, *Masada*, Pairs: Armand & Georges Israel, 1983, p. 47.

④ Moshe Dayan, *Story of My Life*, New York: William Morrow & Co., 1976, p. 450.

在以色列将不会有第二次马萨达，将不会有某些人围困我们三年并在最后我们陷于被迫自杀的处境。我们将一直铭记马萨达……作为一名战士，我们忠于马萨达的战士们，或许不是通向只需战斗和积极反抗的道路，但我们将命运掌握在自己的手中，这就是以色列的一切。在我们的文化中，我们将把来自马萨达过去的教训用于保护自己并教导我们关于未来的一切……

得以幸存的犹太人是那些前往亚弗内的犹太人，他们再度开创了犹太民族的文化与宗教，而非这些决心战斗到死的人们……狂热举动从来都行不通！这是如何延续的原因所在，而非以利亚撒·本·亚尔的道路……人们前往马萨达通常说“马萨达决不再次陷落”，这是正确的，它将不会陷落，因为以色列想要生存！他们不想死去！这就是它所传达的信息——“以色列人永存”（am Israel chai），以色列人活着并将继续活着。①

马萨达几乎已成为人们经常提及的一种反喻：永远不要处于这种境地，而是要使自己强大起来！马萨达是一处自杀与死亡之地，它不应该成为那样的典型。这是以色列人从历次灾难尤其是从大屠杀中得出的最大教训。马萨达神话的重要推动者——亚丁在1980年对马萨达所代表的英雄主义形象进行了深刻检思：“我们从马萨达所学到的真正教训就是不能盲目崇拜本·亚尔及其战友们的英勇行为。这个教训存在于伊扎克·拉姆丹的呼声之中：‘马萨达决不再次陷落！’我们将不会评判他们，不是因为我们总面临同样的处境，而是因为我们使自己强大有力从而不会面临这种抉择：作为奴隶而生还是作为自由人而死。”② 学者劳伦斯·迈耶发出了如此深刻的警示：

一个堡垒式的以色列的想法，虽然对沙文主义者有吸引力，将召来包围和孤立的幽灵，引到死胡同去，它的最后一段是消亡。当然，

① Theodore Sasson & Shaul Kelner, “From Shrine to Forum: Masada and the Politics of Jewish Extremism,” *Israel Studies*, Vol. 13, No. 2 (Summer, 2007), p. 152.

② Charles S. Liebman & Eliezer Don-Yehiya, *Civil Religion in Israel*, pp. 150 – 151.

这种幽灵不是史无先例的。历史上，严重分裂的以色列的犹太人民一度看到自己的国家落入罗马人的手中。大约一千名笃信宗教者在耶路撒冷陷落，第二圣殿被毁之后逃出这个城市，跑到山顶上的马萨达堡，在那里他们把罗马军队拖住了一年多。最后在失败、被俘、奴役或死亡面前，他们选择了集体自杀而不愿向罗马人屈服。共计有九百六十名男女和儿童用自己的手结束了自己的生命。

马萨达堡的传说，作为对一个为生存而战的初生国家的启示，在鼓动人民作出最大自我牺牲中帮了以色列大忙。不同的时代要求有不同的反应。生存，区别什么是最必需的和什么是理想的，重新参加历史的进程而不是设法重写历史——这一切也是美德。以色列生存的要素是两个截然相反的两极之间的剧烈的紧张关系。无论同哪一极太接近就会召来毁灭……

虽然以色列经常处于威胁之中，作着打仗的准备，但是一个忠实于自己道义和精神遗产的以色列，它的能力要超过仅仅在一个危险的世界里求得生存和繁荣。只是当以色列偏离它自己的原则的道路时，它才冒着最大的危险。总而言之，以色列最大的危险不在它的国境之外，而在它自己的灵魂和精神里。①

第三节　学术界对马萨达神话的解构

与宗教人士对马萨达符号的抗拒相比，学术界在 20 世纪 60 年代以后开始对这一问题进行理性的思考，从根本上解构马萨达的神话。在宗教人士那里，马萨达尽管遭受到质疑，但至少还是武力反抗的代表。一些学者通过对约瑟夫斯叙述的重新考索后发现，马萨达守卫者根本就没有进行任何反抗罗马人的正面战斗，有的只是不断地劫掠与谋杀犹太同胞的诸多劣迹；甚至有学者更为激进地否认约瑟夫斯的叙述，认为马萨达事件可能出自他的虚构；等等。这些学者被称为马萨达叙事的修正派。

在马萨达神话的框架中，马萨达守卫者通常被视为争取自由而不惜牺

---

① 劳伦斯·迈耶：《今日以色列》，第 395—396 页。

牲的战斗英雄，而修正派认为他们根本就没有进行任何战斗，从一开始就在逃避，不敢正面遭遇罗马军队：耶路撒冷被围前他们就逃到马萨达，到后来趁罗马防备松懈时洗劫犹太村庄隐基底，最后在马萨达被罗马军团包围时又选择了集体自杀以避免与之对抗。修正派认为，他们不应自相残杀，而应该集中力量与罗马人交战，只有牺牲在与罗马人的战斗中才是真正的英雄主义。这种集体自杀不仅是一种胆怯懦弱的行为，更是一种愚蠢可耻的做法。他们认为马萨达越来越不适合作为以色列的象征。这些学术领域的冲击对于神话的瓦解极其致命，使人们对之前不加质疑的神话叙事产生了疑惑与否定。修正派学者对马萨达的守卫者身份产生了质疑，他们根据约瑟夫斯的叙述，确认守卫者为西卡里人而非在犹太—罗马战争中从事抵抗活动的奋锐党人，① 进而通过深入的考究得出，驻守在马萨达堡的西卡里人根本就不是“自由战士”，而是不折不扣的“恐怖分子”，他们信奉的所谓“第四哲学”实际就是“恐怖主义哲学”。②

这种尖锐的质疑之声首先来自美国著名学者所罗门·泽特林（Solomon Zeitlin），他于马萨达考古正在进行之时在一系列文章中通过回到约瑟夫斯的历史叙事，将奋锐党人与西卡里人进行了区分，从而对神话叙事进行大胆的否定。③ 他通过严肃的考证指出，马萨达的守卫者并非奋锐党人，而是专门从事抢劫谋杀的西卡里人。他以伊格尔·亚丁正在主持的马萨达考古为批评对象，对马萨达神话的不实之处进行了深入解构。认为亚丁的研究存在许多概念模糊和常识错误，这场马萨达考古对于考古学者以及历史学者来说是完全误导之举：“这份发掘报告对于考古学家极其重要，但它对于第二联邦与马萨达的围困毫无历史价值，因为它没有提供任何新材料也没有为其他材料所证实。对于这个国家来说，它在很大程度上模糊着甚至有时歪曲着那一时期的历史。出现这种错误的原因仅在于亚丁教授尽管是一位杰出的考古学家，却不是一位研究希腊罗马时期犹地亚的历史学家……

---

① Morton Smith, "Zealots and Sicarii: Their Origins and Relation," *Harvard Theological Review*, Vol. 64 (1971), pp. 1 – 19.

② Richard A. Horsley, "The Sicarii: Ancient Jewish 'Terrorists'," *The Journal of Religion*, Vol. 59, No. 4 (October, 1979), pp. 435 – 458.

③ Solomon Zeitlin, "Masada and the Sicarii," *The Jewish Quarterly Review*, Vol. 56 (1965), pp. 299 – 317; idem, "The Sicarii and Masada," *The Jewish Quarterly Review*, Vol. 57 (1967), pp. 251 – 270.

因此，这本书包含大量的历史错误。”[1] 具体来说，他从以下几个主要方面指出了考古发掘所存在的历史错误。

首先，亚丁将马萨达守卫者的身份搞错了。亚丁始终将他们称为奋锐党人，在其考古发掘报告基础上推出的专著——《马萨达：希律的要塞与奋锐党人最后的抵抗》清楚地证实了这个错误。[2] 实际上，奋锐党人与西卡里人是两个完全不同的派别，前者在整个反罗马的战争中发挥了主要作用，而后者基本上完全龟缩在马萨达顶部没有与罗马人进行任何直接交锋，直到最后罗马军队包围马萨达时他们又选择了集体自杀以逃避战斗。在泽特林看来，亚丁所犯的这种错误等同于将俄国十月布尔什维克革命的领导者归为孟什维克一般。因此，“西卡里人没有保卫马萨达，他们没有抗击罗马人，他们也没有杀死一个罗马士兵，他们通过自杀而将要塞拱手让给了罗马人”。[3]

其次，在马萨达顶部发现的净身池是值得怀疑的。现有有关净身池的规定是从公元200年前后成书的《密释纳》才开始形成的，而马萨达要比这种律法规定早出一个多世纪。用后来形成的标准来衡量先前的事物并认为前者符合规定的做法显然是荒唐的。据此断定马萨达守卫者为虔诚的犹太教徒是错误的，而且他们谋杀同胞的行为绝非虔诚信徒所应有的：“那些从事杀害他们同胞甚至在圣殿中从事谋杀的犹太人不能被称为虔诚的犹太人。他们的确以其理想的名义甚至以他们宗教的名义杀死了犹太同胞，但法利赛人反对谋杀一切犹太人除非是在自卫的情况下。在法利赛人眼中，西卡里人就是谋杀者。”[4]

最后，考古发现的许多经文也值得质疑。亚丁将其中许多经文视为马萨达时代的遗留物，甚至将它们的主人断定为毁灭于那场战争的艾赛尼派，从而使经文的年代大大提前。但在泽特林看来，它们很可能出自6、7

---

① Solomon Zeitlin, "The Sicarii and Masada," *The Jewish Quarterly Review*, Vol. 57, No. 4 (April, 1967), p. 264.

② Solomon Zeitlin, "Masada and the Sicarii," *The Jewish Quarterly Review*, Vol. 55, No. 4 (April, 1965), p. 264.

③ Solomon Zeitlin, "The Sicarii and Masada," *The Jewish Quarterly Review*, Vol. 57, No. 4 (April, 1967), p. 265.

④ Solomon Zeitlin, "The Sicarii and Masada," *The Jewish Quarterly Review*, Vol. 57, No. 4 (April, 1967), p. 261.

世纪生活于马萨达的犹太人之手。而且，考古发现的遗骸极有可能是波斯与拜占庭统治时期来到马萨达避难的拜占庭修士或犹太教徒所留下的。

总之，泽特林认为驻守马萨达的西卡里人绝非英雄主义的代表，而且他们应该承担起导致整个犹太国家、第二圣殿毁灭的责任："西卡里人是狂热的，致力于通过恐怖活动将他们的观念强加于犹太同胞身上。这种行为摧毁了犹太国家的整个面貌。马萨达没有陷落于罗马人。西卡里人没有通过反攻来保卫马萨达，他们没有进行任何的抵抗。他们选择了自杀并据此将马萨达要塞拱手让给了罗马人。作为理想主义者的西卡里人给犹太人带来了巨大伤害并要为犹太国家的毁灭承担主要责任。可以说，这些狂热的理想主义者对国家的危害要比普通罪犯大得多。在犹太历史上，西卡里人被视为谋杀者而要为第二联邦的毁灭承担主要责任。约瑟夫斯与塔木德贤人都将他们称为谋杀者，并将国家灭亡与圣殿被毁的责任加于他们身上。"①

泽特林虽然反对马萨达神话，但还是认为约瑟夫斯的叙述是十分可靠的，而且他用来批驳亚丁考古发现的证据就主要来自约瑟夫斯的记载。对马萨达神话最为激进的怀疑与批判来自另一位美国学者罗莎玛丽（Trude Weiss-Rosmarim），她在一系列的研究中不仅完全将神话叙述束之高阁，而且对约瑟夫斯的历史叙述产生了怀疑。认为大规模的自杀行为根本就没有发生，这一切都是约瑟夫斯虚构的，实际情况是罗马人在攻入要塞之后极其残忍地杀害了包括妇女和儿童在内的所有人。② 将她的研究综合起来，可以看出以下几方面的否定。

第一，以利亚撒·本·亚尔的自杀演讲存在重大疑问。古典作家往往喜欢站在言说者的立场上，杜撰出一份长篇的叙述内容。不仅是约瑟夫斯，而且希罗多德、修昔底德等人都是如此。在马萨达陷落之时约瑟夫斯远在罗马，根本无法接触到作为事件见证者的那位幸存妇女，信息很可能

---

① Solomon Zeitlin, "The Sicarii and Masada," *The Jewish Quarterly Review*, Vol. 57, No. 4 (April, 1967), p. 262.

② Trude Weiss-Rosmarim, "Masada and Yavneh," *Jewish Spectator*, Vol. 31 (1966), pp. 4 - 7; idem, "Masada, Josephus and Yadin," *Jewish Spectator*, Vol. 32 (1967), pp. 2 - 8, 30 - 32; idem, "Masada Revisited," *Jewish Spectator*, Vol. 34 (1969), pp. 3 - 5, 29 - 32; idem, "Josephus's 'Eleazar Speech' and Historical Credibility," *Jewish Spectator*, Vol. 46 (1981), pp. 4 - 9.

是从罗马士兵那里道听途说而来。经过几番转手的信息，显然存在改编、虚构的可能。而且，从演说的修辞结构和语言风格来看，本·亚尔的自杀演讲与约瑟夫斯的自杀演讲及他在耶路撒冷城墙边的演讲[①]极其类似，这些演讲在文体与逻辑上酷似，都属于两段式。

第二，马萨达守卫者是游击战士而非殉道者，并很可能在马萨达顶部发生了一些战斗。当一处城门的被烧毁后，马萨达守卫者完全可以集中全力堵住，而且他们依靠马萨达有利的地势与充足的粮食，可以与罗马人进行一段时间的抗争。或者他们可以在夜晚趁罗马人不备进行偷袭，并在最后决战前将所有妇女儿童安全转移。在考古发掘中，一些房间的焚烧痕迹与约瑟夫斯的记载不同，表明一些守卫者必定死于惨烈的战斗之中。

第三，约瑟夫斯虚构这一自杀行为，意在免除罗马人的责任以讨好他的罗马庇护者。她还专门提醒人们注意，约瑟夫斯在圣殿被毁时一味为提图斯开脱责任。约瑟夫斯为他在约他帕塔的背叛所困扰，因而渴望通过将不朽的光荣赋予马萨达守卫者，从而制造出一种英雄主义的悲惨结局。这种虚构也能使罗马统帅弗拉维乌斯·席尔瓦得到满足，因为它证实了尽管西卡里人进行了激烈的反抗，但在席尔瓦面前却不堪一击，甚至在战斗之前就因恐惧而选择自杀。

学术界对马萨达历史真相的猛烈揭露，动摇了这一政治神话的根基。在他们的猛烈攻击下，马萨达的神圣性遭到了前所未有的冲击与解构。“在过去的 20 年间，奠基性神话的力量正在以色列的生活中急速下降。以色列可以被视为一个后革命的国家，新的一代逐渐削弱建国先辈们的神圣真理。在这个制度化的过程中，著名的开拓者与战士成为政治家，他们神话般的遗产在权力斗争中丧失了光芒。”[②] 夏加尔也指出：“到 20 世纪 70 年代中期，对于许多人来说，马萨达已经成为一种以色列人不想拥有的象征。”[③] 与马萨达符号衰退相伴的是，原先一直在马萨达顶部平台举行的新

---

① Josephus, *The Jewish War*, V. 362 – 374, 376 – 419.

② Michael Feige, “Rescuing the Person from the Symbol: ‘Peace Now’ and the Ironies of Modern Myth,” *History & Memory*, Vol. 11, No. 1 (Spring/Summer, 1999), p. 146.

③ Baila R. Shargel, “The Evolution of the Masada Myth,” *Judaism*, Vol. 28, No. 3 (Summer, 1979), p. 370.

兵入伍宣誓典礼改到拉特兰举行。[1] 拉姆丹《马萨达》诗篇的权威性也遭到挑战，自20世纪70年代以后就不再被指定为学校课程中的必读内容。在此情况下，马萨达遭到越来越多的质疑与挑战而开始跌落神坛。在马萨达能否代表犹太英雄主义的问题上，以色列学者本杰明·克达尔写道：

> 这是一个错误的类比，主要有两大原因：马萨达人可以设想的最痛苦命运要比隔都反抗者的命运好得多。毕竟韦斯巴芗、提图斯与席尔瓦并不打算灭绝一个民族而只是为了平息一场反抗……毫无疑问，《约西宾之书》的作者更接近于华沙隔都的摩迪凯·安厄勒维茨（Mordechai Anielewicz）以及1948年死于前往埃齐翁集团路上的35壮士，而不是接近于以利亚撒·本·亚尔……死海岸边的岩石是一个死亡的结局、死胡同、戏剧性的落幕。那些向马萨达顶部举行宣誓仪式的士兵讲述由于马萨达战士的英雄主义才使我们今天站立于此的说辞，既是在欺骗自己也是在欺骗他人。[2]

第四节　马萨达符号的旅游化和娱乐化

自20世纪70年代初以来，以色列社会的最大特征是向消费社会转型。马萨达考古活动所激起的热情，引发了使之成为大众活动空间的关键转型。为了便于开展考古发掘活动，以色列军队改善了前往马萨达的交通条件，以往的长途跋涉现在已被"轻车熟路"所代替；而且旅游设施的建造也使前往马萨达更加方便。亚丁仍在考古发掘时就设想了在考古发掘结束以后将马萨达遗址拓展为旅游胜地的计划："马萨达不是一处普通的场所，我们必须使自己不仅关注最近的发掘活动，还要关心未来——成千上万为马萨达戏剧性事件所吸引的参观者，他们希望看到一些马萨达过去的实际遗存。因此，我们决定在考古发掘后进行与通常所极其不同的程序。"[3] 什

① 值得指出的是，拉特兰战役在独立战争中也是一个失败的象征。

② Binyamin Kedar, "Masada: The Myth and the Complex," *Jerusalem Quarterly*, Vol. 24 (1982), p. 55.

③ Yigael Yadin, *Masada: Herod's Fortress and the Zealot's Last Stand*, p. 25.

么是亚丁所说的“不同的程序”？就是将马萨达打造成大众参观游览的对象。通过将“马萨达攀登”（Trek to Masada）变为“马萨达旅游”（Tour to Masada），马萨达符号的神圣性已大不如前。可以说，马萨达考古是马萨达走向大众化的转折点。

一　对马萨达旅游资源的开发

1966年，在马萨达考古结束后不久，以色列政府在马萨达遗址建立了马萨达国家公园（Masada's National Park），并向公众开放。随着马萨达考古的推广，为了使马萨达为更多的人所景仰、崇拜，以色列政府花费大量开支用于改善通往马萨达的道路等基础设施建设。以前到达马萨达通常需要3—5天，而现在只需3—5个小时。而且，人们逐渐强调马萨达的生态、自然价值，为了发掘马萨达的旅游价值，使参观马萨达更为便利和快速，在马萨达修筑缆车的提议由此被提出。这个提议早在1962年7月就曾被人提出，提议由瑞士公司出资建造一座通往马萨达顶部的缆车，以吸引更多游客前往，但很快就遭到强烈的反对。[①]

有位反对者这样写道：“一再有人尝试出卖这块极其美丽的风景。一再有势利的商人企图破坏这个国家仍然存在的最为美观的遗址之一。在这个古老的风景中加入钢缆和缆车使之丑陋是件极其糟糕之事。有人宣称阿尔卑斯山也有这样的缆车……但是，总结起来，整个世界只有一座马萨达。建造缆车将会对犹地亚的英雄们构成不敬与轻视。在他们的头上伸展着使游客滑行的巨大钢缆将使成千上万的攀登者做何感想？”[②] 结果，建造缆车的提议未能得到许多人的支持而暂时作罢。

伴随着马萨达考古发掘带来的轰动效应，为了方便更多人参观马萨达，1968年以色列政府决定兴建缆车，以充分开发马萨达作为旅游胜地的价值。由此引发了巨大的争论，支持方与反对方围绕马萨达精神展开了激烈的争辩。反对者认为，修建缆车势必破坏马萨达历史遗迹的古风原貌，而且现代的缆车与古老的建筑极不协调。支持者认为，这是使更多人前往马萨达的必然所需，从而使马萨达的精神通过更多人的到来而得到更好的

---

① Nachman Ben-Yehuda, *The Masada Myth: Collective Memory and Mythmaking in Israel*, p. 239.

② *Ha'aretz*, July 15 (1962), p. 2.

宣扬。而且，通过缆车吸引大量国内外游客前往，可以增加旅游门票的收入。政府决定按照原计划修建缆车，1970 年 1 月 14 日开始动工建造，次年 2 月 11 日正式建成通车。通过缆车，每小时可以运送 1200 人快速前往马萨达顶部，而无须进行艰苦吃力的攀登。在亚丁的建议下，缆车通往马萨达顶部的终点设定在马萨达顶部平台的十米以下，以不破坏马萨达顶部的神圣性。①

图 10－1　通往马萨达顶部的缆车

资料来源：Berthold Werner，"Photo of the Aereal Ropeway Leading to Masada in Israel，" https://commons. wikimedia. org/wiki/File：Israel_Aerial_Ropeway_Masada_BW_1. jpg。

缆车建成后也遭受到来自宗教方面的压力，再度体现了以色列极其复杂的宗教与世俗之争。极端正统派强烈要求缆车在安息日期间停止运行，因为马萨达顶部有犹太教极其神圣的会堂与净身池。实际上，正统派根本不可能在安息日前往马萨达，根据犹太教律法，安息日应该在会堂中进行祈祷，他们此举的实际目的是干预世俗事务的表现。这种过分的要求自然引起世俗人士的不满，以色列议会还专门就此事进行专场辩论，极端正统派的议员施罗摩·罗楼兹（Shlomo Lorentz）于 1970 年 3 月在议会中提出

① Nachman Ben-Yehuda，*The Masada Myth*：*Collective Memory and Mythmaking in Israel*，p. 240.

要求马萨达缆车在安息日停止运行的议案，副总理伊格尔·阿隆对此要求进行了反驳，使之未能通过。正如《国土报》上的评论文章所言："阿隆的回答……有望结束这场奇怪而乏味的辩论。奇怪是因为以色列正教党突然发现奋锐党人与匪徒是大祭司哈拿尼亚的谋害者，并向他们的神圣性被侵犯而宣战……那里的缆车是用来服务公众的。在周六攀登马萨达的游客中，超过50%的人是通过缆车进行的。这个事实本身表明了公众的需求……这是他们的权利，他们不愿接受宗教人士强加给他们的生活方式。"① 最后一句话充分道出了这场争论的实质所在。

据统计，在缆车通行仅仅4个月之后，就有10万人通过这种娱乐化的交通方式登上马萨达。缆车的修建为以色列旅游带来了可观的收入，但也遭到一些人的批评。有报纸批评通过缆车进入马萨达对于许多以色列家庭来说相当昂贵。有篇名为《马萨达再次陷落》的文章暗示马萨达的过度商业化造成曾经的民族象征的坍塌，旅游业的快速发展是以民族战斗精神的沦丧为代价的。

由于马萨达壮丽的自然景观，以及背后的深厚历史和政治神话，马萨达作为一个旅游场所获得了巨大的成功，从1965年和1966年每年大约4.2万名游客，到20世纪70年代和80年代，每年参观马萨达的游客达50万人之多。再到20世纪90年代，前往马萨达参观的游客进一步增多。②而且，自从20世纪70年代中期以后，前往马萨达的外国游客已远远超过了本国游客。根据1995年的统计数据，在74万名马萨达参观者中，外国游客占到绝对多数，达62.5万人之众。③ 马萨达日益成为一个国际旅游胜地，非犹太人来到马萨达很大程度上是为了满足猎奇心理，他们在马萨达显然很难体会到被围困的感觉。马萨达式的围困状态是一种犹太人特有的心理感受，而且只有在特定的时期才能得到彰显。

---

① *Ha'aretz*, March 26 (1971), p.8; Nachman Ben-Yehuda, *The Masada Myth: Collective Memory and Mythmaking in Israel*, p.241.

② Paul A. Cohen, *History and Popular Memory: The Power of Story in Moments of Crisis*, p.58.

③ Yael Zerubavel, "The Politics of Remembrance and the Consumption of Space: Masada in Israeli Memory," in Daniel J. Walkowitz & Lisa Maya Knauer, eds., *Memory and the Impact of Political Transformation in Public Space*, p.248.

值得注意的是，马萨达成为海外犹太人前往以色列游历的重要场所。马萨达通常仅次于西墙，成为海外犹太人游历以色列的第二大受欢迎的对象。[①] 马萨达不仅拥有壮观的自然景观，而且其背后蕴藏着厚重的历史，对于海外犹太人熟悉犹太民族历史具有天然的促进作用。更重要的是，一个人站在马萨达顶部，一眼望去，四周的荒漠更加衬托出这座要塞的孤立无援，从而对当代以色列的地缘政治环境有了深刻的理解和认同。

在马萨达发展为一个国际旅游胜地的同时，以色列政府对马萨达的政治运用以另一种形式得到了延续，将其蕴含的政治意味用于来以色列访问的外国元首身上。马萨达国家公园与大屠杀纪念馆一道成为向外国人展示以色列民族精神的重要场所。马萨达遗址通常被用来强调以色列处在重重包围之中的历史与现状，为避免马萨达历史悲剧的重演，以色列有权利采取进攻性防御以解除束缚于自身的马萨达魔咒。马萨达从而以一种特别的方式为以色列采取先发制人的强硬军事政策赋予了合法性与正当性。

几乎历任美国总统来到以色列，都必去马萨达参观。美国总统比尔·克林顿于 1998 年 12 月 15 日携夫人希拉里参观了马萨达，由时任以色列总理内塔尼亚胡全程陪同；美国总统乔治·布什在参加完以色列建国六十周年庆典后的 2008 年 5 月 15 日参观了马萨达，时任以色列总理埃胡德·奥尔默特也是全程陪同。外国元首置身马萨达顶部，放眼望去，四周为一座座赫然陈列的罗马军营所包围，从而对这种孤立感和包围感产生切实而深刻的体会，通过对历史上犹太人孤立处境的认同，转而对以色列在当前中东格局中被孤立、被包围的现实状态表达同情与理解。这一点可以从 2008 年 5 月 15 日布什参观马萨达之后在以色列议会的演讲中得到证明，他对马萨达及其所蕴含的精神特质大加赞赏："我十分荣幸能够看到以色列人积极向上的特征。我触摸了西墙，在加利利湖上观赏太阳，在亚德·瓦谢姆纪念馆做祈祷。今天早些时候，我参观了一处由于勇气与牺牲而激动人心的历史遗迹——马萨达。在此历史性的场所，以色列的士兵们如此宣誓：'马萨达决不再次陷落。'以色列的公民们：马萨达决不会再陷落，美国将

---

① Leonard Saxe & Barry I. Chazan, *Ten Days of Birthright Israel*: *A Journey in Young Adult Identity*, Lebanon, N. H.: Brandeis University Press, 2008, p. 41.

会站在你们一边。”[1] 最后一句尤为鲜明地表明，通过参观马萨达，布什深深感受到以色列正处在包围之中，不过不像当年马萨达因为孤立无援陷落于罗马人，今天马萨达（即以色列）由于有美国的支持与帮助而“决不会再陷落”。

随着马萨达的不断旅游化，与之相关的文化产业也得到了快速的发展与推广。在马萨达遗址周围出售的纪念品十分抢手，印有“马萨达决不再次陷落”字样及马萨达遗址图案的文化衫、纪念品几乎随处可见，以色列军队在马萨达宣誓的照片也被商家拿来作为卖点。在此商业化驱动下，曾经鼓动民族成员的魔力号召“马萨达决不再次陷落”已经日常化地展现于墙壁上或衣服、书本、茶杯等物品上，人们不再像之前那样对之肃然起敬，而是习以为常、见怪不怪。

图 10－2　马萨达文化衫及纪念杯

资料来源：Miri，“Tales of Masada，” Green Olive Tours，https://blog.toursinenglish.com/2013/02/masada-tour.html。

以色列建国的周年典礼往往占据着马萨达的空间。1978 年，为纪念以色列建国 30 周年，在马萨达举行了演出，以希伯来语、英语双语进行表演，面向以色列与非以色列的游客。1988 年 10 月 13 日，以色列著名的交响乐队爱乐乐队在梅塔（Zubin Mehta）的指挥下，演奏了马勒第二交响

① “President George W. Bush's Speech at the Knesset，” May 15，2008，http://www.pmo.gov.il. 次日的《耶路撒冷邮报》即以《布什对议会的演讲：马萨达永远不会再陷落》为题，强调布什以马萨达为譬喻以表达对以色列的支持与同情，因为布什在演讲中一再提及美国与以色列的同盟是“牢不可破的”。参见 Herb Keinon & Rebecca Anna Stoil，“Bush：Masada will Never Fall Again，” *The Jerusalem Post*，May 16，2008，https://www.jpost.com/Israel/Bush-Masada-will-never-fall-again。

曲，作为纪念以色列建国40周年系列活动之一。出席者有总统哈伊姆·赫尔佐克、总理伊扎克·沙米尔及其他许多政要，另有3000多名外国游客与1000多名以色列人参加。①

而且，娱乐界也对马萨达这个故事进行了利用。在围绕马萨达创作的许多歌曲中，1972—1973年由以色列·以利拉兹（Israel Eliraz）与约瑟夫·塔勒（Joseph Tal）创作的歌剧《马萨达967》（*Masada 967*）最为著名。“967”即指马萨达死亡的960人和7名幸存者的总数。在厄内斯特·加恩（Ernest Gann）小说基础上，美国导演波利斯·塞格尔（Boris Segal）执导的影片《马萨达》（*Masada*）于1979年正式公映。该影片的部分片段在马萨达原址取景。由彼得·奥图勒（Peter O'Toole）饰演弗拉维乌斯·席尔瓦将军、彼得·斯特劳斯（Peter Strauss）饰演本·亚尔，对原来的情节进行了大幅改编，杜撰了席尔瓦与本·亚尔的对话，而且加入了感人至深的爱情片段。此外，1988年乔尔·罗森博格以马萨达为题材写出了《不是为了光荣》（*Not for Glory*）的科幻小说。

二　马萨达作为世界文化遗产

新千年伊始，马萨达的形象进一步大众化。2000年6月30日，以色列政府宣布马萨达国家公园申报世界遗产名录，以色列国家公园管理部门在马萨达遗址申报世界遗产的报告中指出，“马萨达是一处文化与自然遗产，具有普遍的重要性。它是位于犹地亚沙漠深处的孤立山岩，正对着死海，体现着这个地区的独特地质和自然风貌。它的考古留存与人类居住在这个场所的三个时期相关，这些时期在年代上各自不同，其特征也存在差异”。② 该陈述报告还强调，马萨达遗址具有这些价值：（1）考古价值：马萨达有三个时期（大希律时期、犹太—罗马战争时期、早期基督教时期）的历史留存；（2）建筑价值：马萨达有许多第二圣殿时代的建筑；（3）民族价值：马萨达是犹太复国主义的重要象征；（4）宗教价值：马萨达遗址存在会堂、净身池等宗教设施；（5）审美价值：马萨达独特而壮观的地形地貌；（6）经

① Nachman Ben-Yehuda, *The Masada Myth: Collective Memory and Mythmaking in Israel*, pp. 204 - 205.

② Israel National Comission for UNESCO, *Masada: Proposed World Heritage Site by the State of Israel*, September, 2000, p. 2.

济价值：马萨达作为旅游场所吸引着许多游客；（7）自然价值：马萨达的地质地貌具有很高的研究价值。

2001 年 12 月，在芬兰赫尔辛基举行的第 25 届世界遗产大会上，马萨达与中国的云冈石窟等 25 处名胜一道被纳入世界文化遗产。在一开始，马萨达是作为自然遗产与文化遗产同时被提名，但委员会最后决定不将马萨达国家公园列入自然遗产，而是仅仅作为文化遗产。马萨达入选世界文化遗产主要有三个原因：“（1）马萨达是以色列人在古犹太王国的象征，也是以色列人在 1 世纪末期国家被暴力毁灭以及随后大流散期间的象征；（2）马萨达的大希律宫殿是罗马帝国早期奢华建筑的杰出代表，同时，环绕遗迹的营地与其他要塞构成留存至今最为杰出和最为完整的罗马围攻工事；（3）占据马萨达要塞和宫殿的犹太避难者在最后时刻的悲剧性事件，使之成为犹太文化认同以及更为普遍的人类反抗压迫、争取自由的永恒象征。”①

马萨达是被世界遗产委员会官方认定的以色列第一处被列入世界遗产的场所。实际上，早在 1981 年耶路撒冷老城就经约旦政府申报进而被选为世界文化遗产。1980 年，以色列通过了著名的《基本法：耶路撒冷》，做出了兼并耶路撒冷老城的决定，约旦政府把耶路撒冷老城申报世界文化遗产的举动很大程度上是对以色列政府兼并耶路撒冷的抗议，世界舆论的同情使这项由约旦政府推荐的提名得到世界遗产委员会的认可。由此造成世界遗产史上极其奇怪的一幕，由某国提议的遗产却不在该国实际控制范围内。在世界遗产网的官方名单上，如今马萨达依然是以色列的第一处世界遗产。

随后以色列政府发行了庆祝申遗成功的马萨达纪念币，这也充分体现了以色列多元文化主义的特性。除了在纪念币正面的左边加入了“UNESCO”这一联合国教科文组织的世界遗产标志外，位于正中央的马萨达图案已不再突出罗马军队营地，而是显著地勾勒出三层式的希律王宫轮廓，以强调马萨达遗址所代表的人类建筑智慧。而且，纪念币正面与反面的“马萨达”“以色列”字样均由英文、阿拉伯文、希伯来文组成，与建国初期的

---

① Honora Howell Chaponan, “Masada in the 1st and 21st Centuries,” in Zuleika Rodgers, ed., *Making History: Josephus and Historical Method*, p. 84.

马萨达纪念币相比，多了阿拉伯的元素，没有突出“马萨达决不再次陷落”，可以反映出以色列政府开始意识到阿拉伯元素也是以色列不可或缺的一部分。在纪念币背面，顶部有以色列国的国徽——以七杈烛台为主体的盾形徽标，象征着以色列国对于马萨达国家公园的主权属性。

图 10－3　马萨达入选世界遗产纪念币

资料来源：“10 New Sheqalim Masada,” Numista，https://en.numista.com/catalogue/pieces88725.html。

为了加强对马萨达的考古利用，2007 年，马萨达国家公园成立了伊格尔·亚丁马萨达博物馆（Yigael Yadin Masada Museum），该博物馆为了纪念著名考古学家伊格尔·亚丁而命名，陈列了许多由亚丁领导的考古发掘团队 20 世纪 60 年代在马萨达发掘的考古成果，向公众展示 2000 余年前马萨达守卫者遗留的珍贵文物。这些被展示的文物具体分为三类：分别属于大希律、马萨达守卫者和罗马军队，大希律遗留的主要是宫廷用品，马萨达守卫者的遗物相对简陋，而罗马军队的遗物多数是攻城器械，从而展示出罗马人强大的军事实力。

马萨达的过分商业化、娱乐化，引起了一些人的担忧。为了对抗马萨达的快速旅游化及商业化，不少青年团体、学校及军队试图重新提倡徒步攀登马萨达与开展纪念仪式的历史传统。在很大程度上，朝圣传统的缺失成为马萨达魅力不再、神奇不复的重要原因。以下可见其复古与怀旧情调之一斑：

> 为什么需要徒步攀登马萨达？这可能被视为一项不必要的努力与浪费时间的行为。然而，我们通常选择与一些群体“徒步攀登”。为

什么？

首先，这是一项神圣的行为。马萨达的价值通过那些徒步攀登的人而得以提升。不能只是到达了马萨达，而只有在证明了自己、准备了自己、圣化了自己后，才适于踏上这方令人敬畏的土地。

其次，这是在过去进行攀登的方式。马萨达的神秘魅力与吸引力之一就是能够忘记现在而生活于过去之中。通过缆车攀登将破坏这种感觉。

最后，参观者将在20年之内牢记它。或许是精美的拼花，或许是日落时分死海的颜色、会堂的长凳，或许是复杂的浴室。每一件事物都有自己独特的印象。当他们徒步攀登时，或许有相当多的人会记得，他们是如何通过自己的汗水“赢得”参观马萨达的权利的。①

① Yael Zerubavel, *Recovered Roots: Collective Memory and the Making of Israel National Tradition*, p. 136.

结语　在真实与虚构之间：以色列民族国家构建的迷思

尽管本书大体以时间为线索对马萨达神话的由来及演变进行了研究，但其目的并不在于书写一部关于马萨达的编年史。相反地，本书重在探讨作为一个“记忆之场”的马萨达如何与现代犹太认同的变迁密切相关，又借此厘清马萨达历史记忆的政治运用建立在何种动机之上。透过以上分析，尝试探寻马萨达在政治文化转型下作为国族象征所蕴含的政治隐喻与文化认同。更进一步提出，马萨达从被遗忘的边缘进入认同的中心，被纳入犹太复国主义的论述模式，是一种“自然国族化”的过程；然而，在马萨达被民族主义者运用、规训、推广的同时，它也成为以色列的物化象征，代表着他们被包围的绝望处境，可以说马萨达堡即以色列的缩影，以色列是放大了的马萨达堡，这可以称为“国族自然化”。寻踪觅迹，马萨达作为集体性历史记忆的断裂与延续，它伴随着现代民族主义在兴起过程中寻找传统资源的努力。因此，必须将“马萨达神话”放在犹太复国主义对犹太身份重新界定的框架中进行理解。

犹太复国主义出现之时，犹太人正处于反犹主义狂热攻击的旋涡之中，它的出现是对长期以来的“犹太人问题”的回应，反犹主义的迅猛发展致使一部分受到现代西欧民族主义思想影响的犹太知识分子开始思考自身的民族命运，而且同化通婚的快速发展给犹太认同造成极大的冲击与削弱，致使他们产生了空前的危机感与忧患感。在此情形之下，作为民族主义形式的犹太复国主义应运而生。有学者指出，“犹太复国主义基本上是一次革命，这不仅……要在以色列之地上建立一个犹太国，而且要为在后解放时代的现代犹太人建立一个新的认同和自我身份的焦点，在此意义上也是一次革命”。[①]

为了重新定义自身的民族命运，犹太复国主义者对犹太集体记忆进行了根本性的重构。在流散地不断遭受苦难和创伤的经历，致使他们决心与痛苦的流散时代相决裂，创造一种新的集体记忆，以赋予犹太人新的民族身份。实际上，以色列作为一个再造的国家，其内部存在文化、种族、肤色、语言等方面的多样性，用诺亚·卢卡斯的话来说，以色列是“用欧洲的手术在亚洲腹地用剖腹产生的方法诞生”的新国家。[②] 因此，打造一个统一、凝聚力强的民族国家极其艰辛。而且，由于以色列民族国家构建的过程中伴随着与阿拉伯人的冲突、战争，这个过程就显得更为迫切。重新发现英雄般的过去，并将其转化为当前重建民族国家的历史资源与精神动力。正如罗伯特·阿尔特所说：“以色列孕育于民族神话之中，如果赫茨尔与他的早期继承人通过他们的组织与外交活动创造了民族运动的机器，那么锡安的古老神话提供了必要的动力……犹太复国主义者能够创造一种英雄的现在，是因为他们从一开始就发现了一个英雄的过去从而为犹太人存在的新模式提供心理平台。”[③]

犹太复国主义者对犹太历史进行了重新分期，这种分期为犹太集体记忆的重构奠定了基础。犹太复国主义者将犹太历史划分为三大时期：古代时期、流散时代与民族复兴时期。他们通过对漫长流散时代的贬低和否定，在古代民族辉煌与现代民族复兴之间建立起一种象征上的延续。[④] 不仅现代是对流散时代的否定，而且古代也与流散时代对立，他们在这种“否定之否定”的逻辑中找到了对应，古代辉煌与现代复兴之间的历史重要性也得到了强调。而且这两大时期人们的活动中心都是以色列故土。本·古里安曾经强调道：

> 我们先辈4000年前的故事，亚伯拉罕的事迹和生平；出埃及后以色列在沙漠中的流浪；约书亚以及之后士师的争战；扫罗、大卫与所

---

① 凯马尔·H. 卡尔帕特编《当代中东的政治和社会思想》，第377页。

② 诺亚·卢卡斯：《以色列现代史》，第402页。

③ Robert Alter, “The Masada Complex,” *Commentary*, Vol. 56, No. 1 (July, 1973), p. 20.

④ 类似于这种历史分期的政治使用最显著的就是“中世纪”（Medieval）一词，它也成为“黑暗时代”的同义词，人们通常不假思索地接受了这种预设。

罗门王的生平与业绩；犹大王耶户与以色列王耶罗波安二世的事迹，所有这些都极其重要，对于出生与成长在以色列地的青年一代而言要比在巴塞尔会议上的一切演讲与辩论更有启发和意义。①

对于犹太复国主义者来说，古代的范围是从以色列人征服迦南到公元1、2世纪反抗罗马失败被逐出家园为止，而流散则是从此之后一直到现代犹太复国主义运动兴起之前的一切历史。流散不仅意味着与古老的故土失去物质的联系，而且意味着犹太人民族整体性的丧失。犹太复国主义将自身定义为对流散时代耻辱与消极存在的否定。犹太复国主义不仅否定整个流散时期，而且贬低那些居住在流散地的犹太人，并认为流散生活使犹太人屈服、虚弱与胆怯，养成对任何外力强加的迫害与杀戮不加反抗的性格。与流散时代形成鲜明反差的是，古代时期代表着民族复兴的理想状态。古代是犹太历史的黄金时代，而流散则是黑暗时代：

犹太复国主义的集体记忆……将流散建构为一个充满苦难与迫害的漫长而黑暗的时期。流散地的犹太人生活由受压迫的历史所构成，并不时为经常性的集体迫害与驱逐所打断，它是一种有着恐惧与耻辱的脆弱存在……犹太复国主义的集体记忆将古代建构为古希伯来民族繁荣的时代，那时犹太人享受着政治、社会与文化生活上的独立自治。因此，古代被视为民族的黄金时代，它是犹太复国主义者希望返回的时代，以找回他们已经失落的民族之根：民族精神、希伯来认同、希伯来语、他们的故土与独立民族的社会、经济与政治结构。②

古代的黄金时代为犹太复国主义者所设想的民族复兴提供了理想的典范与合法的依据。希伯来人不仅对土地强烈依恋，而且愿意为捍卫土地而战斗，反抗罗马的几次战斗就是鲜明的例证。古代英雄们提供了不惜牺牲来保卫土地的先例。他们从古代历史中力求找回失落已久的战斗精神，借

① Mitchell Cohen, *Zion and State: Nation, Class and the Shaping of Modern Israel*, New York: Basil Blackwell, 1987, p. 215.

② Yael Zerubavel, *Recovered Roots: Collective Memory and the Making of Israel National Tradition*, pp. 18, 22.

此武装在流散中变得虚弱不堪的犹太人，以为现代国家建立过程中的军事斗争做好准备。为国家、为土地而奉献乃至牺牲的精神在此得到了极大的张扬与凸显。而在马萨达的实例中，马萨达原本是一个逃避战斗、没有牺牲的历史事件，但在犹太复国主义的思想操控与权力运作之下，一跃成为现代以色列国族认同的重要象征符号。这种内在的不实性埋下了神话在后来被解构的隐患。

每个民族尤其在国家建立之初，都力图去创造体现自身历史与认同的神话、象征与仪式，援用与过去事件相关的人物、场所与对象，通过这些象征形式创造一种共同的根源与延续的传统。他们对于民族历史延续性的强调不仅确认了共同的过去，而且提供了共同未来的意识。通过对民族边界与其他群体的区分，它们提供了支持维系不同民族认同的证据。其结果是，神话、象征与仪式成为给民族提供一种不可逃避的现实的重要手段，使得本尼迪克特·安德森所谓的“想象的共同体”成为一个更加确实的集体经历。安东尼·史密斯强调，现代民族具有神圣性，可以说是一种政治宗教，通过一系列神话、象征、仪式而将共同体成员维系成一个整体。特别是崇拜为民族献身的英雄与强调民族辉煌时代的记忆，使得群体成员为之激动、发奋韬励，甚至不惜为之流血牺牲、战斗至死。[①]

这些象征形式属于社会生活的神圣领域，能够将其成员维系在一个历史、政治与道德的共同体之中。因此，对于这些象征形式的建构通常出现在民族国家的形成年代。而且，这种对于共同体起源的强调为捍卫这一集体的认同，在反对外在压力、争取民族独立的过程中得到了强化，这种民族斗争的经历增强了创造支持民族存在的象征形式的需要。因此，神话、象征与仪式在塑造民族的爱国精神与自主意识上有极其重要的作用。国家建立后，不断变化的政治形势使这些象征形式的地位与意义发生改变。这种正规化标志着它们的成功，但也可能导致一种偏离。过度的正规化将导致其丧失大众热情与政治中心的地位，使其在发展中遭受到越来越多的批评责难，因而导致对其意义的重大修改与改变。著名民族主义理论家勒南一针见血地指出，历史真相是民族构建进程中的重要威胁：“遗忘，甚至可以说历史的错误，是创造一个民族的关键，这也是为什么历史研究的进

① 安东尼·史密斯：《民族主义：理论，意识形态，历史》，叶江译，上海人民出版社，2006。

步通常对民族性构成威胁。事实上，历史研究常常揭露那些发生在政治体初创时期的暴力事件，即使它们的结果是有益的。”① 这种威胁在马萨达的实例中尤为明显，从历史事实出发对马萨达神话提出质疑是它最后被解构的致命问题所在。

作为现代以色列民族国家构建过程中重要的政治“迷思”之一，马萨达神话深刻地揭示了历史、记忆与认同之间纠缠不清的复杂关系。在现代犹太民族国家构建的过程中，历史资源的政治化运用发挥了不可估量的作用，通过发掘英雄般的过去，以作为激励当前重建民族国家的强大精神动力；加上犹太民族国家的构建伴随着大屠杀和与阿拉伯人的冲突，这个发掘历史资源的过程就显得尤为迫切。在此情况下，与古代犹太历史相关的大量人物、地名、符号等被重新发掘出来，在塑造认同的目标下往往模糊了真实与虚构之间的界限，而马萨达神话的形成、接受与传播即是其中的关键案例。从马萨达神话变迁与以色列民族国家构建的互动来看，不是“从民族国家拯救历史”，而是“以历史拯救民族国家”，这种以塑造认同为导向的历史/记忆往往充满了虚构和想象。在马萨达神话落幕的今天，我们有充分的理由去假想：如果拉姆丹仍然在世，是否还会写出“马萨达决不再次陷落”的诗篇？

① Ernest Renan, “What Is a Nation?” in Homik Bbabha, ed., *Nation and Narration*, p. 12.

附录　马萨达历史年表

公元前 37—公元前 4 年　大希律在位。据约瑟夫斯记载，大希律对马萨达堡进行了大规模的改建，修筑了城墙、宫殿等设施。

公元 66—73 年　犹太—罗马战争。在战争一开始，一伙西卡里人占据了马萨达。

公元 70 年　罗马军队焚毁第二圣殿。犹太人自此开始了世界性的大流散。

公元 73 年 4 月 15 日　马萨达堡陷落，马萨达事件的历史原点。

公元 132—135 年　巴尔·科赫巴反罗马大起义，起义的失败致使犹太人流散世界各地。

10 世纪中叶　《约西宾之书》问世，以非历史的形式展示了马萨达记忆，将之构建为一个殉道的英雄行为。

19 世纪中叶至 20 世纪初　非犹太的考古探险家发现了马萨达遗址，并首次在地图上加以确认。

19 世纪末　现代犹太复国主义运动兴起，一些东欧犹太人开始返回以色列故土。

1912 年　来自耶路撒冷的体育团体“马卡比”来到马萨达，是现代犹太人参观马萨达之始。

1920 年前后　就马萨达是否为犹太英雄主义的代表，在别尔季切夫斯基与阿哈德·哈姆之间展开了论战。

1923 年　约瑟夫斯的著作首次由 Y. N. 西姆奇奥尼从希腊文译成希伯来文。

1927 年　以撒·拉姆丹发表了著名的《马萨达》诗篇（开始创作于 1923—1924 年）。

1933 年　施玛里亚·古特曼攀登了马萨达，并使人们确信马萨达应该成为一个国族象征符号。同年，希特勒在德国上台，开始了针对犹太人的大迫害行动。

1937 年　皮尔分治计划中，马萨达不在划给犹太国家的领土以内，引发了伊休夫内部的争论。

1940 年　由亚伯拉罕·本·亚尔领导的“莱希”组织（也称“斯特恩邦”）成立。

1941—1942 年　“沙漠之狐”隆美尔在北非战场势如破竹，兵锋直指巴勒斯坦；拯救圣地、保卫家园的“马萨达计划”由是被提出。

1942 年　施玛里亚·古特曼在马萨达组织、开办了一个青年讲习班。参加者包括后来的以色列领导人西蒙·佩雷斯等人。

1942—1948 年　在纳粹入侵的威胁下，青年运动频频前往马萨达朝圣。马萨达开始上升为全民性崇拜。

1945 年 5 月　第二次世界大战欧洲战场正式结束。

1948 年 5 月　以色列国成立。

1949 年　第一次中东战争后，马萨达正式被纳入以色列国版图，马萨达崇拜开始被纳入国家权力的规范之下。

1953 年　通往马萨达的蛇道被施玛里亚·古特曼发现。

1955—1956 年　以色列政府在马萨达进行了首次有组织的考古发掘活动。

1956 年　以色列国防军开始在马萨达举行宣誓仪式。各种团体纷纷在马萨达举行活动。

1960 年　施玛里亚·古特曼在马萨达周围发掘了罗马军团当年的营地。

1962 年　通往马萨达的一条新道路正式开通。

1963—1965 年　由伊格尔·亚丁领导的考古团队先后两次对马萨达进行了为期 11 个月的大规模发掘活动。

1963 年 11 月　在马萨达考古发掘中发现了许多遗体残骸。

1963 年与 1965 年　以色列总理本·古里安两次参观了马萨达遗址。

1965 年　所罗门·泽特林发表文章对伊格尔·亚丁领导的马萨达考古发掘提出了质疑。

1966 年　以色列政府在马萨达遗址建造了马萨达国家公园。以色列国内举行了许多关于马萨达的展览活动。伊格尔·亚丁出版了《马萨达：希律的要塞与奋锐党人最后的抵抗》。

1966—1967 年　围绕该不该修建通往马萨达的缆车在以色列国内引发了争论。

1967 年　以色列取得了“六日战争”闪电式的胜利。收复东耶路撒冷，使统一的耶路撒冷在时隔 2000 余年后再度置于犹太人的控制之下。罗莎玛丽在《犹太观察家》上发表文章，认为马萨达根本不存在自杀行为，纯粹是约瑟夫斯的虚构。

1967—1968 年　围绕马萨达发现的遗骸在以色列国内再起争端。

1969 年 7 月　有关马萨达遗骸的争论最终以官方举行隆重的军事葬礼而宣告结束。

1971 年　通往马萨达的缆车正式修建完毕。在与著名记者斯图尔特·阿尔索普的访谈中，以色列总理果尔达·梅厄首次承认了以色列的“马萨达情结”。

1973 年　马萨达事件 1900 周年之际，以色列官方在马萨达举行了纪念典礼。关于“马萨达情结”的讨论仍在继续。

1974 年　以色列士兵入伍宣誓仪式不再于马萨达举行。

1979—1981 年　影片《马萨达》开拍并正式公映。

1984 年　伊格尔·亚丁去世。

1989—2006 年　七卷本的马萨达考古发掘最终报告正式出版。对于马萨达的叙述已经基本回归历史。

1995 年 11 月 4 日　以色列总理伊扎克·拉宾在特拉维夫国王广场不幸遇刺身亡，凶手伊格尔·阿米尔被称为当代的“西卡里人”。

2001 年　马萨达遗址被列入“世界文化遗产名录”，成为以色列的第一处“世界遗产”。

2007 年　马萨达国家公园成立了伊格尔·亚丁马萨达博物馆，陈列了 20 世纪 60 年代亚丁领导的马萨达考古发掘的许多文物。

参考文献

一　原始文献

Aviram, Joseph, Gideon Foerster, and Ehud Netzer, eds. *MASADA I – VII: The Yigael Yadin Excavations 1963 – 1965, Final Report*. Jerusalem: Israel Exploration Society and Hebrew University of Jerusalem, 1989 – 2006.

Avi-Yonah, Michael, Nahman Avigad, Yohanan Aharoni, I. Dunayevsky, Shmaryahu Gutman. "The Archaeological Survey of Masada, 1955 – 1956," *Israel Exploration Journal*, Vol. 7 (1957), pp. 1 – 60.

Cassius, Dio, *Roman History*. The Loeb Classical Library. Cambridge, Mass.: Harvard University Press, 1961 – 1970.

Hertzberg, Arthur, ed. *The Zionist Idea: A Historical Analysis and Reader*. Philadelphia: The Jewish Publication Society, 1997.

Josephus, *Jewish Antiquities*. The Loeb Classical Library. Cambridge, Mass.: Harvard University Press, 1952.

Josephus, *The Jewish War*. The Loeb Classical Library. Cambridge, Mass.: Harvard University Press, 1927 – 1928.

Lamdan, Issac, "Masada," in Yudkin, Leon I., ed. *Isaac Lamdan: A Study in Twentieth-Century Hebrew Poetry*. Ithaca, N. Y.: Cornell University Press, 1971, pp. 199 – 234.

Mendes-Flohr, Paul R., & Jehuda Reinharz, eds. *The Jew in the Modern World: A Documentary History*. New York: Oxford University Press, 1980.

Reich, Bernard, ed. *Arab-Israeli Conflict and Conciliation: A Documentary History*. Westport, C. T.: Praeger, 1995.

Sefer Yosippon, ed. David Flusser, 2 vols, Jerusalem: The Bialik Institute,

1978 - 1980.

Strabo, *Geography*. The Loeb Classical Library. Cambridge, Mass.: Harvard University Press, 1929.

Yadin, Yigael, *The Message of the Scrolls*. New York: Simon and Schuster, 1957.

Yadin, Yigael, "The Excavation of Masada - 1963/64, Preliminary Report," *Israel Exploration Journal*, Vol. 15 (1965), pp. 1 - 120.

二 外文论著

Abu El-Haj, Nadia, *Facts on the Ground: Archaeological Practice and Territorial Self-Fashioning in Israeli Society*. Chicago: University of Chicago Press, 2001.

Abu El-Haj, Nadia, "Producing (Anti) Facts: Archaeology and Power during the British Mandate of Palestine," *Israel Studies*, Vol. 7, No. 2 (Summer, 2002), pp. 33 - 61.

Akenson, D. H., *God's Peoples: Covenant and Land in South Africa, Israel, and Ulster*. Ithaca: Cornell University Press, 1992.

Albright, W. F., "To Engedi and Masada," *Bulletin of the American Schools of Oriental Research*, Vol. 18 (1925), pp. 11 - 14.

Almog, Oz, *The Sabra: The Creation of the New Jew*. Trans. Haim Watzman, Berkeley, Los Angeles & London: University of California Press, 2000.

Alonso, Ana Maria, "The Effects of Truth: Re-Presentations of the Past and the Imagining of Community," *Journal of Historical Sociology*, Vol. 1, No. 1 (March, 1985), pp. 33 - 57.

Alter, Robert, "The Masada Complex," *Commentary*, Vol. 56, No. 1 (July, 1973), pp. 19 - 24.

Arian, Asher, "A People Apart: Coping with National Security Problems in Israel," *The Journal of Conflict Resolution*, Vol. 33, No. 4 (December, 1989), pp. 605 - 631.

Arian, Asher, *Security Threatened: Surveying Israeli Opinion on Peace and War*. Cambridge: Cambridge University Press, 1995.

Assmann, Jan, *Moses the Egyptian: The Memory of Egypt in Western Monothe-*

ism. Cambridge, Mass. : Harvard University Press, 1997.

Avineri, Shlomo, *The Making of Modern Zionism: The Intellectual Origins of the Jewish State.* New York: Basic Books, 1981.

Azaryahu, Maoz, & Aharon Kellerman, "Symbolic Places of National History and Revival: A Study in Zionist Mythical Geography," *Transactions of the Institute of British Geographers*, Vol. 24, No. 1 (1999), pp. 109 - 123.

Azaryahu, Maoz, & Arnon Golan, "(Re) naming the Landscape: The Formation of the Hebrew Map of Israel, 1949 - 1960," *Journal of Historical Geography*, Vol. 27, No. 2 (2001), pp. 178 - 195.

Baile, David, *Power and Powerless in Jewish History.* New York: Schocken Books, 1986.

Bar, Doron, "Holocaust Commemoration in Israel during the 1950s: The Holocaust Cellar on Mount Zion," *Jewish Social Studies*, Vol. 12, No. 1 (Fall, 2005), pp. 16 - 38.

Bar, Gideon, "Reconstructing the Past: The Creation of Jewish Sacred Space in the State of Israel, 1948 - 1967," *Israel Studies*, Vol. 13, No. 3 (Fall, 2008), pp. 1 - 21.

Bar-Gal, Yoram, "The Blue Box and JNF Propaganda Maps, 1930 - 1947," *Israel Studies*, Vol. 8, No. 1 (Spring, 2003), pp. 1 - 19.

Bar-Tal, Daniel, "The Masada Syndrome: A Case of Central Belief," in Norman Milgram, ed. *Stress and Coping in Time of War.* New York: Brunner/Mazel, 1986, pp. 32 - 51.

Bar-Tal, Daniel, *Intractable Conflicts: Socio-Psychological Foundations and Dynamics.* Cambridge: Cambridge University Press, 2013.

Bar-Tal, Daniel, and D. Antebi, "Siege Mentality in Israeli," *Ongoing Production on Social Representations*, Vol. 1, No. 1 (1992), pp. 49 - 67.

Bar-Tal, Daniel, Dan Jacobson, and Aharon Klieman, eds. *Security Concerns: Insights from the Israeli Experience.* London: JAI Press, 1998.

Bar-Tal, Danieland Yona Teichman, *Stereotypes and Prejudice in Conflict: Representations of Arabs in Israeli Jewish Society.* Cambridge: Cambridge University Press, 2005.

Bauer, Yehuda, *From Diplomacy to Resistance: A History of Jewish Palestine, 1939 - 1945*. Skokie, Illinois: Varda Books, 2001.

Baumel, Judith Tydor, "The Heroism of Hannah Senesz: An Exercise in Creating Collective National Memory in the State of Israel," *Journal of Contemporary History*, Vol. 31, No. 3 (July, 1996), pp. 521 - 546.

Bbabha, Homik, ed. *Nation and Narration*. London: Routledge, 1990.

Beit-Hallakmi, Benjamin, *Original Sins: Reflections on the History of Zionism and Israel*. London: Pluto Press, 1992.

Ben-Eliezer, Uri, *The Making of Israeli Militarism*. Bloomington: Indiana University Press, 1998.

Ben-Yehuda, Nachman, *Political Assassinations by Jews: A Rhetorical Device for Justice*. Albany: State University of New York Press, 1993.

Ben-Yehuda, Nachman, *The Masada Myth: Collective Memory and Mythmaking in Israel*. Madison: The University of Wisconsin Press, 1995.

Ben-Yehuda, Nachman, "Political Assassination Events as a Cross-cultural Form of Alternative Justice," *International Journal of Comparative Sociology*, Vol. 38, No. 1 - 2 (1997), pp. 25 - 47.

Ben-Yehuda, Nachman, *Sacrificing Truth: Archaeology and the Myth of Masada*. New York: Humanity Books, 2002.

Ben-Yehuda, Nachman, "Excavating Masada: The Politics-Archaeology Connection at Work," in Philip L. Kohl, Mara Kozelsky & Nachman Ben-Yehuda, eds. *Selective Remembrances: Archaeology in the Construction, Commemoration, and Consecration of National Pasts*. Chicago and London: The University of Chicago Press, 2007, pp. 247 - 276.

Berlin, Andrea M., & J. Andrew Overman, eds. *The First Jewish Revolt: Archaeology, History, and Ideology*. London: Routledge, 2002.

Bodnar, John, *Remaking America: Public Memory, Commemoration, and Patriotism in the Twentieth Century*. Princeton, N. J.: Princeton University Press, 1992.

Boyarin, Jonathan & Daniel Boyarin, *Powers of Diaspora: Two Essays on the Relevance of Jewish Culture*. Minneapolis, Minn.: University of Minnesota

Press, 2002.

Brug, M., "From the Top of Masada to the Heart of the Ghetto: Myth as History," in David Ohana & Robert Wistrich, eds. *Myth and Memory: Transfigurations of Israeli Consciousness*. Jerusalem: Van Leer Institute, 1996, pp. 203 – 227.

Bruner, E. M., & P. Gorfain, "Dialogic Narration and the Paradoxes of Masada," in S. Plattner & E. M. Bruner, eds. *Text, Play, and Story: The Construction and Reconstruction of Self and Society*. Washington: The American Ethnological Society, 1984, pp. 56 – 75.

Chapman, Honora H., and Zuleika Rodgers, eds. *A Companion to Josephus*. Oxford: Wiley Blackwell, 2016.

Cohen, Mitchell, *Zion and State: Nation, Class and the Shaping of Modern Israel*. New York: Basil Blackwell, 1987.

Cohen, Paul A., *History and Popular Memory: The Power of Story in Moments of Crisis*. New York: Columbia University Press, 2014.

Cohen, Shaye D., "Masada: Literary Tradition, Archaeological Remains, and the Credibility of Josephus," *Journal of Jewish Studies*, Vol. 33, No. 1 – 2 (Spring-Autumn, 1982), pp. 385 – 405.

Cohen-Hattab, Kobi, "Zionism, Tourism, and the Battle for Palestine: Tourism as a Political-Propaganda Tool," *Israel Studies*, Vol. 9, No. 1 (Spring, 2004), pp. 61 – 85.

Dayan, Moshe, *Masada*. Pairs: Armand & Georges Israel, 1983.

Dieckhoff, Alain, *The Invention of a Nation: Zionist Thought and the Making of Modern Israel*. London: Hurst & Company, 2003.

Don-Yehiya, Eliezer, & Charles S. Liebman, "The Symbol System of Zionist-Socialism: An Aspect of Israeli Civil Religion," *Modern Judaism*, Vol. 1 (1981), pp. 121 – 148.

Drory, Ze'ev, *The Israel Defence Force and the Foundation of Israel: Utopia in Uniform*. London: Routledge Curzon, 2005.

Elon, Amos, *The Israelis: Founders and Sons*. New York: Holt, 1971.

Feige, Michael, "Rescuing the Person from the Symbol: 'Peace Now' and the

Ironies of Modern Myth," *History & Memory*, Vol. 11, No. 1 (Spring/Summer, 1999), pp. 141 - 168.

Feige, Michael, "Introduction: Rethinking Israeli Memory and Identity," *Israel Studies*, Vol. 7, No. 2 (Summer, 2002), pp. v - xiv.

Feldman, Louis H., "Masada: A Critique of Recent Scholarship," *Commentary*, Vol. 53 (1973), pp. 218 - 248.

Feldman, Louis H., *Josephus and Modern Scholarship (1937 - 1980)*. New York: Walter de Gruyter, 1984.

Feldman, Yael S., "'Not as Sheep Led to Slaughter'? On Trauma, Selective Memory, and the Making of Historical Consciousness," *Jewish Social Studies*, Vol. 19, No. 3 (Spring/Summer, 2013), pp. 139 - 169.

Frimer, Dov I., "Masada-In the Light of Halakhah," *Tradition*, Vol. 12, No. 1 (Summer, 1971), pp. 27 - 43.

Funk, Alfred A., "A Durkheimian Analysis of the Event at Masada," *Communication Monographs*, Vol. 41, No. 4 (1974), pp. 339 - 347.

Gartman, Eric, *Return to Zion: The History of Modern Israel*. Philadelphia: The Jewish Publication Society, 2015.

Gavriely-Nuri, Dalia, "The Social Construction of 'Jerusalem of Gold' as Israel's Unofficial National Anthem," *Israel Studies*, Vol. 12, No. 2 (Summer, 2007), pp. 104 - 120.

Geisler, Michael E., ed. *National Symbols, Fractured Identities: Contesting the National Narrative*. Hanover & London: University Press of New England, 2005.

Gero, Joan, "Socio-Politics of Archaeology and the Woman-at-Home Ideology," *American Antiquity*, Vol. 50 (1985), pp. 342 - 350.

Gillis, John R., ed. *Commemorations: The Politics of Nation Identity*. Princeton, N. J.: Princeton University Press, 1994.

Gleeson, D., ed. *Identity and Structure*. Briffield: Nafferton Books, 1977.

Gonen, Jay Y., *A Psychohistory of Zionism*. New York: Mason/Charter, 1975.

Goodman, Martin, ed. *The Oxford Handbook of Jewish Studies*. Oxford: Oxford University Press, 2002.

Goodman, Martin, *Judaism in the Roman World: Collected Essays.* Leiden & Boston: Brill, 2007.

Gorni, Yosef, "The 'Melting Pot' in Zionist Thought," *Israel Studies*, Vol. 6, No. 3 (Fall, 2001), pp. 54 - 70.

Gratch, Ariel, "Masada Performances: The Contested Identities of Touristic Spaces," Ph. D. Dissertation, Baton Rouge: Louisiana State University, 2013.

Habib, Jasmin, *Israel, Diaspora, and the Routes of National Belonging.* Toronto: University of Toronto Press, 2004.

Hallote, Rachel S., and Alexander H. Joffe, "The Politics of Israeli Archaeology: Between 'Nationalism' and 'Science' in the Age of the Second Republic," *Israel Studies*, Vol. 7, No. 3 (Fall, 2003), pp. 84 - 116.

Hankoff, L. D., "The Theme of Suicide in the Works of Flavius Josephus," *Clio Med*, Vol. 11, No. 1 (April, 1976), pp. 15 - 24.

Hankoff, L. D., "Flavius Josephus-First Century A. D. View of Suicide," *New York State Journal of Medicine*, Vol. 77, No. 12 (October, 1977), pp. 1986 - 1992.

Harkabi, Yehoshafat, *The Bar Kokhba Syndrome: Risk and Realism in International Politics.* Chappaqua, N. Y.: Rossel Books, 1983.

Harley, J. B., and David Wooward, eds. *History of Cartography*, Vol. 1, Chicago: University of Chicago Press, 1987.

Harpaz, Guy, and Elisha Jacobsen, "The Israeli Collective Memory and the Masada Syndrome," *Mediterranean Politics*, Vol. 22, No. 2 (2017), pp. 257 - 277.

Hazony, Yoram, *The Jewish State: Struggle for Israel's Soul.* New York: Basic Books, 2000.

Hechter, Tirza, "Historical Traumas, Ideological Conflicts, and the Process of Mythologizing," *International Journal of Middle East Studies*, Vol. 35, No. 3 (August, 2003), pp. 439 - 460.

Heller, Bernard, "Masada and the Talmud," *Tradition*, Vol. 10, No. 2 (Winter, 1968), pp. 31 - 34.

Heller, Joseph, " 'Neither Masada-Nor Vichy': Diplomacy and Resistance in

Zionist Politics, 1945 - 1947," *The International History Review*, Vol. 3, No. 4 (October, 1981), pp. 540 - 564.

Hoenig, Sidney B., "The Sicarii in Masada-Glory or Infamy?" *Tradition*, Vol. 11, No. 1 (Spring, 1970), pp. 5 - 30.

Hoenig, Sidney B., "Historical Masada and the Halakhah," *Tradition*, Vol. 13, No. 2 (Fall, 1972), pp. 100 - 116.

Horsley, Richard A., "The Sicarii: Ancient Jewish 'Terrorists'," *The Journal of Religion*, Vol. 59, No. 4 (October, 1979), pp. 435 - 458.

Inbar, Efraim, *Israel's National Security: Issues and Challenges since the Yom Kippur War*. London & New York: Routledge, 2008.

Kedar, Binyamin, "Masada: The Myth and the Complex," *Jerusalem Quarterly*, Vol. 24 (1982), pp. 57 - 63.

Kedar, Nir, "Ben-Gurion's *Mamlakhtiyut*: Etymological and Theoretical Roots," *Israel Studies*, Vol. 7, No. 3 (Fall, 2002), pp. 117 - 133.

Khalili, Laleh, *Heroes and Martyrs of Palestine: The Politics of National Commemoration*. Cambridge: Cambridge University Press, 2007.

Kimmerling, Baruch, "Academic History Caught in the Cross-Fire: The Case of Israeli-Jewish Historiography," *History & Memory*, Vol. 7, No. 1 (Spring/Summer, 1995), pp. 41 - 65.

Kimmerling, Baruch, *The Invention and Decline of Israeliness: State, Society, and the Military*. Berkeley, Los Angeles & London: University of California Press, 2001.

Kohl, Philip L., "Nationalism and Archaeology: On the Constructions of Nations and the Reconstructions of the Remote Past," *Annual Review of Anthropology*, Vol. 27 (1998), pp. 223 - 246.

Kohl, Philip L., Clare Fawcett, eds. *Nationalism, Politics, and the Practice of Archaeology*. Cambridge: Cambridge University Press, 1995.

Kohl, Philip L., Mara Kozelsky, and Nachman Ben-Yehuda, eds. *Selective Remembrances: Archaeology in the Construction, Commemoration, and Consecration of National Pasts*. Chicago: The University of Chicago Press, 2007.

Kolitz, Zvi, "Masada-Suicide or Murder?" *Tradition*, Vol. 12, No. 1 (Summer, 1971), pp. 5 – 26.

Koshar, Rudy J., *Germany's Transient Pasts: Preservation and National Memory in the Twentieth Century*. Chapel Hill: University of North Carolina Press, 1998.

Lasswell, Harold D., & Abraham Kaplan, *Power and Society-A Frame Work for Political Inquiry*. New Haven, Connecticut: Yale University Press, 1963.

Leoussi, Athena S., & Steven Grosby, eds. *Nationalism and Ethnosymbolism: History, Culture and Ethnicity in the Formation of Nations*. Edinburgh: Edinburgh University Press, 2007.

Lewis, Bernard, *History: Remembered, Recovered, Invented*. Princeton: Princeton University Press, 1975.

Lewis, James R., and Carole M. Cusack, eds. *Sacred Suicide*. Burlington, VT: Ashgate Publishing Company, 2014.

Liebman, Charles S., "Myth, Tradition and Values in Israeli Society," *Midstream*, Vol. 24 (1978), pp. 44 – 53.

Liebman, Charles S., "The Myth of Defeat: The Memory of the Yom Kippur War in Israeli Society," *Middle Eastern Studies*, Vol. 29, No. 3 (July, 1993), pp. 399 – 418.

Liebman, Charles S., & Eliezer Don-Yehiya, *Civil Religion in Israel: Traditional Judaism and Political Culture in the Jewish State*. Berkeley, Calif.: University of California Press, 1983.

Lomsky-Feder, Edna, & Eyal Ben-Ari, eds. *The Military and Militarism in Israeli Society*. New York: State University of New York Press, 1999.

Luz, Menahem, "Eleazar's Second Speech on Masada and Its Literary Precedents," *Rheinisches Museum für Philologie*, Vol. 126 (1983), pp. 25 – 43.

Magness, Jodi, "Masada-Arms and the Men," *Biblical Archaeology Review*, Vol. 18, No. 4 (1992), pp. 58 – 67.

Magness, Jodi, *Masada: From Jewish Revolt to Modern Myth*. Princeton: Princeton University Press, 2019.

Mallmann, Klaus-Michael, & Martin Cüppers, "Elimination of the Jewish National Home in Palestine: The Einsatzkommando of the Panzer Army Africa,

1942," *Yad Vashem Studies*, Vol. 35, No. 1 (2007), pp. 1 - 31.

Marks, Richard G., *The Image of Bar Kokhba in Traditional Jewish Literature: False Messiah and National Hero*. University Park, Pa.: Pennsylvania State University Press, 1994.

Mashiach, Amir, "The Ethos of Masada in Halakhic Literature," *The Review Rabbinic Judaism*, Vol. 19 (2016), pp. 54 - 77.

Medding, Peter Y., *The Founding of Israeli Democracy, 1948 - 1967*. New York: Oxford University Press, 1990.

Merom, Gil, "Israel's National Security and the Myth of Exceptionalism," *Political Science Quarterly*, Vol. 114, No. 3 (Autumn, 1999), pp. 409 - 434.

Merriam, Charles E., *Systematic Politics*. Chicago: Chicago University Press, 1947.

Mosse, George L., *Fallen Soldiers: Reshaping the Memory of the World Wars*. New York: Oxford University Press, 1990.

Newell, Raymond, "Suicide Accounts in Josephus: A Form Critical Study," *Society of Biblical Literature*, 1982, Seminar Papers.

Neusner, Jacob, *The Way of Torah: An Introduction to Judaism*. Belmont, Calif.: Wadsworth, 1993.

Nora, Pierre, ed. *Realms of Memory*, 3 vols, New York: Columbia University Press, 1996 - 1998.

Nora, Pierre, "Between Memory and History: *Les Lieux de Mémoire*," *Representations*, No. 26 (Spring, 1989), pp. 7 - 24.

Noy, Chaim, and Eric Cohen, eds. *Israeli Backpackers: From Tourism to Rite of Passage*. Albany: State University of New York Press, 2005.

Ofer, Dalia, "The Past That Does Not Pass: Israelis and Holocaust Memory," *Israel Studies*, Vol. 14, No. 1 (Spring, 2009), pp. 1 - 35.

Ohana, David, "Kfar Etzion: The Community of Memory and the Myth of Return," *Israel Studies*, Vol. 7, No. 2 (Summer, 2002), pp. 145 - 174.

Owen, Stephen, *Remembrances: The Experience of the Past in Classic Chinese Literature*. Cambridge, Mass.: Harvard University Press, 1986.

Paine, Robert, "Masada: A History of a Memory," *History and Anthropology*,

Vol. 6, No. 4 (1994), pp. 371 – 409.

Pearlman, Moshe, *The Zealots of Masada*. London: Hamish Hamilton, 1967.

Pennehaker, J. M., B. Paez & B. Rimé, eds. *Collective Memory of Political Events: Social Psychological Perspectives*. New Jersey: Mahwah, Lawrence Erlbaum Associates, Inc., 1997.

Plattner, S., & E. M. Bruner, eds. *Text, Play, and Story: The Construction and Reconstruction of Self and Socie*ty. Washington, D. C.: The American Ethnological Society, 1984.

Podeh, Elie, "History and Memory in the Israeli Educational System: The Portrayal of the Arab-Israeli Conflict in History Textbooks (1948 – 2000)," *History & Memory*, Vol. 12, No. 1 (Spring/Summer, 2000), pp. 65 – 100.

Rabinowitz, Louis I., "The Masada Martyrs According to the Halakhah," *Tradition*, Vol. 11, No. 3 (Fall, 1970), pp. 31 – 37.

Raz-Krakotzkin, Amnon, "Jewish Memory between Exile and History," *Jewish Quarterly Review*, Vol. 97, No. 4 (Fall, 2007), pp. 530 – 543.

Reinharz, Jehuda, & Anita Shapira, eds. *Essential Papers on Zionism*. New York & London: New York University Press, 1996.

Resnik, Julia, "'Sites of Memory' of the Holocaust: Shaping National Memory in the Education System in Israel," *Nations and Nationalism*, Vol. 9, No. 2 (2003), pp. 297 – 317.

Richmond Ian A., "The Roman Siege-works of Masada, Israel," *Journal of Roman Studies*, Vol. 52 (1962), pp. 142 – 155.

Ricketson, Peter, "Political Myth: The Political Uses of History, Tradition and Memory," Ph. D. Dissertation, Wollongong: University of Wollongong, 2001.

Ricoeur, Paul, *Memory, History, Forgetting*. Trans. Kadileen Blarney & David Pellauer, Chicago: The University of Chicago Press, 2004.

Rodgers, Zuleika, ed. *Making History: Josephus and Historical Method*. Leiden: Brill, 2007.

Roth, Jonathan, "The Length of the Siege of Masada," *Scripta Classica Israelica*, Vol. 14 (1995), pp. 87 – 110.

Rowland, Robert C., David A. Frank, *Shared Land/Conflicting Identity: Trajectories of Israeli and Palestinian Symbol Use*. Michigan: Michigan State University Press, 2002.

Sa'di, Ahmad H., "Catastrophe, Memory and Identity: Al-Nakbah as a Component of Palestinian Identity," *Israel Studies*, Vol. 7, No. 2 (Summer, 2002), pp. 175 - 198.

Sasson, Theodore, & Shaul Kelner, "From Shrine to Forum: Masada and the Politics of Jewish Extremism," *Israel Studies*, Vol. 13, No. 2 (Summer, 2007), pp. 146 - 163.

Schama, Simon, *Landscape and Memory*. New York: Alfred A. Knopf, 1995.

Schwartz, Barry, "The Social Context of Commemoration: A Study in Collective Memory," *Social Forces*, Vol. 61 (1982), pp. 374 - 402.

Schwartz, Barry, *Abraham Lincoln and the Forge of National Memory*. Chicago: University of Chicago Press, 2000.

Schwartz, Barry, Yael Zerubavel, Bernice M. Barnett, "The Recovery of Masada: A Study in Collective Memory," *The Sociological Quarterly*, Vol. 27, No. 2 (1986), pp. 147 - 164.

Schwartz, Matthew, & Kalman J. Kaplan. "Judaism, Masada, and Suicide: A Critical Analysis," *Journal of Death and Dying*, Vol. 25, No. 2 (1992), pp. 127 - 132.

Segev, Tom, *The Seventh Million: The Israelis and the Holocaust*. New York: Hill and Wang, 1993.

Seton-Watson, Hugh, *Nations and States*. London: Menthuen, 1977.

Shapira, Anita, *Land and Power: The Zionist Resort to Force, 1881 - 1948*. Trans. William Templer, Stanford, California: Stanford University Press, 1992.

Shapira, Anita, "Ben-Gurion and the Bible: The Forging of an Historical Narrative?" *Middle Eastern Studies*, Vol. 33, No. 4 (October, 1997), pp. 645 - 674.

Shapira, Anita, & Derek J. Penslar, eds. *Israeli Historical Revisionism: From Left to Right*. London: Frank Cass Publishers, 2003.

Shapira, Anita, "The Bible and Israeli Identity," *AJS Review*, Vol. 28, No. 1

(2004), pp. 11 -42.

Shapira, Anita, ed. *Israeli Identity in Transition.* London: Praeger Publishers, 2004.

Shargel, Baila R., "The Evolution of the Masada Myth," *Judaism*, Vol. 28, No. 3 (Summer, 1979), pp. 357 -371.

Sheffi, Na'ama, "Israeli Education System in Search of a Pantheon of Heroes, 1948 - 1967," *Israel Studies*, Vol. 7, No. 2 (Summer, 2002), pp. 62 - 83.

Shimony, Tali Tadmor, "The Pantheon of National Hero Prototypes in Educational Texts Understanding Curriculum as a Narrative of National Heroism," *Jewish History*, Vol. 17, No. 3 (2003), pp. 309 -322.

Silberman, Neil Asher, *Between Past and Present: Archeology, Ideology, and Nationalism in the Modern Middle East.* New York: Anchor Books, 1989.

Silberman, Neil Asher, *A Prophet from amongst You: The Life of Yigal Yadin: Soldier, Scholar, and Mythmaker of Modern Israel.* Reading, Mass.: Addison-Wesley, 1993.

Silberman, Neil Asher, "Promised Lands and Chosen Peoples: The Politics and Poetics of Archaeological Narrative," in Philip L. Kohl & Clare Fawcett, eds. *Nationalism, Politics, and the Practice of Archaeology.* Cambridge: Cambridge University Press, 1995, pp. 249 -262.

Silberman, Neil Asher, "From Masada to the Little Bighorn: The Role of Archaeological Site Interpretation in the Shaping of National Myths," *Conservation and Management of Archaeological Sites*, Vol. 3, No. 1 -2 (1999), pp. 9 -15.

Silberman, Neil Asher, & David Small, eds. *The Archaeology of Israel: Constructing the Past, Interpreting the Present.* Sheffield: Sheffield Academic Press, 1997.

Silberstein, Laurence J., *The Postzionism Debates: Knowledge and Power in Israeli Culture.* New York & London: Routledge, 1999.

Silberstein, Laurence J., ed. *New Perspectives on Israeli History: The Early Years of the State.* New York: New York University Press, 1991.

Smith, Anthony D., *National Identity*. London: Penguin Books, 1991.

Spero, Moshe Halevi, "Samson and Masada: Altruistic Suicides Reconsidered," *Psychoanalytic Review*, Vol. 65, No. 4 (Winter, 1978), pp. 631 - 639.

Spero, Shubert, "In Defense of the Defenders of Masada," *Tradition*, Vol. 11, No. 1 (Spring, 1970), pp. 31 - 43.

Sternhell, Zeev, *The Founding Myths of Israel: Nationalism, Socialism, and the Making of the Jewish State*. Trans. David Maisel, Princeton, New Jersey: Princeton University Press, 1998.

Syrkin, Marie, "The Paradox of Masada," *Midstream*, Vol. 19, No. 8 (October, 1973), pp. 66 - 70.

Troen, S. Ilan, & Noah Lucas, eds. *Israel: The First Decade of Independence*. New York: State University of New York Press, 1995.

Tropper, Amram, "Yohanan ben Zakkai, *Amicus Caesaris*: A Jewish Hero in Rabbinic Eyes," *JSIJ.*, Vol. 4 (2005), pp. 133 - 149.

Vidal-Naquet, Pierre, *The Jews: History, Memory, and the Present*. Trans. David A. Curtis, New York: Columbia University Press, 1996.

Vinitzky-Seroussi, Vered, "Jerusalem Assassinated Rabin and Tel Aviv Commemorated Him: Rabin Memorials and the Discourse of National Identity in Israel," *City and Society*, Vol. 10, No. 1 (June, 1998), pp. 182 - 203.

Vinitzky-Seroussi, Vered, "Commemorating Narratives of Violence: The Yitzhak Rabin Memorial Day in Israeli Schools," *Qualitative Sociology*, Vol. 24, No. 2 (2001), pp. 245 - 268.

Vinitzky-Seroussi, Vered, "Commemorating a Difficult Past: Yitzhak Rabin's Memorials," *American Sociological Review*, Vol. 67, No. 1 (February, 2002), pp. 30 - 51.

Walker, Cameron, and Neil Carr, eds. *Tourism and Archaeology: Sustainable Meeting Grounds*. Walnut Creek, C. A.: Left Coast Press, 2013.

Walkowitz, Daniel J., & Lisa Maya Knauer, eds. *Memory and the Impact of Political Transformation in Public Space*. Durham & London: Duke University Press, 2004.

Weingrod, Alen, "How Israeli Culture was Constructed: Memory, History and the Israel Past," *Israel Studies*, Vol. 2, No. 1 (Spring, 1997), pp. 228 - 237.

Weissbrod, Lilly, *Israeli Identity: In Search of a Successor to the Pioneer, Tsabar and Settler*. London: Frank Cass, 2002.

Weiss-Rosmarin, Trude, "Masada and Yavneh," *Jewish Spectator*, Vol. 31, No. 9 (1966), pp. 4 - 7.

Weiss-Rosmarin, Trude, "Masada, Josephus, and Yadin," *Jewish Spectator*, Vol. 32, No. 8 (1967), pp. 2 - 8, 30 - 32.

Weiss-Rosmarin, Trude, "Masada Revisited," *Jewish Spectator*, Vol. 34 (1969), pp. 3 - 5, 29 - 32.

Weiss-Rosmarin, Trude, "Josephus's 'Eleazar Speech' and Historical Credibility," *Jewish Spectator*, Vol. 46 (1981), pp. 4 - 9.

Winnichakul, Thongchai, *Siam Mapped: A History of the Geo-Body of a Nation*. Honolulu: University of Hawaii Press, 1994.

Wisrich, Robert, & David Ohana, eds. *The Shaping of Israeli Identity: Myth, Memory and Trauma*. London: Frank Cass, 1995.

Yablonka, Hanna, "The Development of Holocaust Consciousness in Israel: The Nuremberg, Kapos, Kastner, and Eichmann Trials," *Israel Studies*, Vol. 8, No. 3 (Fall, 2003), pp. 1 - 24.

Yadin, Yigael, *Masada: Herod's Fortress and Zealots Last Stand*. Trans. Moshe Pearlman, New York: Random House, 1966.

Yadin, Yigael, *Bar-Kokhba: The Rediscovery of the Legendary Hero of the Second Jewish Revolt against Rome*. New York: Random House, 1971.

Yadin, Yigael, "Masada," *Encyclopedia Judaic*, Vol. 11, Jerusalem: Keter Publishing House Ltd., 1971, pp. 1078 - 1091.

Yair, Gad, "Israeli Existential Anxiety: Cultural Trauma and the Constitution of National Character," *Social Identities*, Vol. 20, No. 4 - 5 (2014), pp. 346 - 362.

Yerushalmi, Yoseph Hayim, *Zakhor: Jewish History and Jewish Memory*. Seattle: University of Washington Press, 1982.

Yuchtman-Yaar, Ephraim, "Continuity and Change in Israeli Society: The Test of the Melting Pot," *Israel Studies*, Vol. 10, No. 2 (Summer, 2005), pp. 91 – 128.

Yudkin, Leon I., *Isaac Lamdan: A Study in Twentieth-Century Hebrew Poetry*. Ithaca, N. Y.: Cornell University Press, 1971.

Zeitlin, Solomon, "Zealots and Sicarii," *Journal of Biblical Literature*, Vol. 81, No. 4 (December, 1962), pp. 395 – 398.

Zeitlin, Solomon, "Masada and the Sicarii," *Jewish Quarterly Review*, Vol. 55 (1965), pp. 299 – 317.

Zeitlin, Solomon, "The Sicarii and Masada," *Jewish Quarterly Review*, Vol. 57 (1967), pp. 251 – 270.

Zerubavel, Yael, "The Last Stand: On the Transformation of Symbols in Modern Israeli Culture," Ph. D. Dissertation, Philadelphia: University of Pennsylvania, 1980.

Zerubavel, Yael, "The Politics of Interpretation: Tel Hai in Israel's Collective Memory," *American Jewish Society Review*, Vol. 16 (1991), pp. 133 – 159.

Zerubavel, Yael, "New Beginning, Old Past: The Collective Memory of Pioneering in Israeli Culture," in Laurence J. Silberstein, ed. *New Perspective on Israeli History*. New York: New York University Press, 1991, pp. 193 – 215.

Zerubavel, Yael, "The Death of Memory and the Memory of Death: Masada and the Holocaust as Historical Metaphors," *Representations*, No. 45 (Winter, 1994), pp. 72 – 100.

Zerubavel, Yael, *Recovered Roots: Collective Memory and the Making of Israel National Tradition*. Chicago & London: The University of Chicago Press, 1995.

Zerubavel, Yael, "The Multivocality of a National Myth: Memory and Counter-Memories of Masada," *Israel Affairs*, Vol. 1, No. 3 (1995), pp. 110 – 128.

Zerubavel, Yael, "The Forest as a National Icon: Literature, Politics, and the Archeology of Memory," *Israel Studies*, No. 1 (Spring, 1996), pp. 60 – 99.

Zerubavel, Yael, "Bar Kokhba's Image in Modern Israeli Culture," in Peter Schäfer, ed. *The Bar Kokhba War Reconsidered: New Perspectives on the Sec-*

ond Jewish Revolt against Rome. Tübingen: Mohr Siebeck, 2003, pp. 279 – 298.

Zerubavel, Yael, "The Politics of Remembrance and the Consumption of Space: Masada in Israeli Memory," in Daniel J. Walkowitz & Lisa Maya Knauer, eds. *Memory and the Impact of Political Transformation in Public Space*, pp. 233 – 252.

Zerubavel, Yael, "Trans-Historical Encounters in the Land of Israel: National Memory, Symbolic Bridges, and the Literary Imagination," *Jewish Social Studies*, No. 11 (Spring/Summer, 2005), pp. 115 – 140.

Zimmer, Oliver, "In Search of Natural Identity: Alpine Landscape and the Reconstruction of the Swiss Nation," *Comparative Studies in Society and History*, Vol. 40, No. 4 (October, 1998), pp. 637 – 665.

三　中文译著

本尼迪克特·安德森:《想象的共同体:民族主义的起源与散布》,吴叡人译,上海人民出版社,2005。

肯尼斯·博克等:《当代西方修辞学:演讲与话语批评》,常昌富等译,中国社会科学出版社,1998。

查姆·伯曼特:《犹太人》,冯玮译,上海三联书店,1991。

米歇尔·福柯:《规训与惩罚》,刘北成等译,三联书店,1999。

哈伊姆·格瓦蒂:《以色列移民与开发百年史:1880—1980》,何大明译,中国社会科学出版社,1996。

莫里斯·哈布瓦赫:《论集体记忆》,毕然、郭金华译,上海人民出版社,2002。

西奥多·赫茨尔:《犹太国》,肖宪译,商务印书馆,1993。

埃里克·霍布斯鲍姆:《民族与民族主义》,李金梅译,上海人民出版社,2000。

埃里克·霍布斯鲍姆等编《传统的发明》,顾杭、庞冠群译,译林出版社,2004。

加达默尔:《真理与方法——哲学诠释学的基本特征》,洪汉鼎译,上海译文出版社,1999。

亨利·卡坦：《巴勒斯坦，阿拉伯人和以色列》，西北大学伊斯兰教研究所译，人民出版社，1975。

卡西尔：《符号·神话·文化》，李小兵译，东方出版社，1988。

卡西尔：《国家的神话》，范进等译，华夏出版社，1999。

凯马尔·H. 卡尔帕特编《当代中东的政治和社会思想》，陈和丰等译，中国社会科学出版社，1992。

保罗·康纳顿：《社会如何记忆》，纳日碧力戈译，上海人民出版社，2000。

乔治·柯克：《战时中东》，上海外国语学院英语系翻译组译，上海译文出版社，1980。

沃尔特·拉克：《犹太复国主义史》，徐方、阎瑞松译，上海三联书店，1992。

哈罗德·D. 拉斯韦尔：《世界大战中的宣传技巧》，张洁、田青译，中国人民大学出版社，2003。

哈罗德·D. 拉斯韦尔：《政治学：谁得到什么？何时和如何得到?》，杨昌裕译，商务印书馆，2003。

雅克·勒高夫：《历史与记忆》，方仁杰、倪复生译，中国人民大学出版社，2009。

诺亚·卢卡斯：《以色列现代史》，杜先菊、彭艳译，商务印书馆，1997。

劳伦斯·迈耶：《今日以色列》，钱乃复等译，新华出版社，1987。

保罗·梅尔编译《约瑟夫著作精选：〈犹太古史〉、〈犹太战记〉节本》，王志勇中译，北京大学出版社，2004。

威廉森·默里等编《缔造战略：统治者、国家与战争》，时殷弘等译，世界知识出版社，2004。

皮埃尔·诺拉主编《记忆之场：法国国民意识的文化社会史》，黄艳红等译，南京大学出版社，2015。

纳达夫·萨弗兰：《以色列的历史和概况》，北京大学历史系翻译小组译，人民出版社，1973。

阿里·沙维特：《我的应许之地：以色列的荣耀与悲情》，简扬译，中信出版社，2016。

安东尼·史密斯：《民族主义：理论，意识形态，历史》，叶江译，上海人民出版社，2006。
哈拉尔德·韦尔策编《社会记忆：历史、回忆、传承》，季斌等译，北京大学出版社，2007。
约瑟福斯：《犹太战争》，王丽丽等译，山东大学出版社，2007。
米迦勒·巴尔－祖海尔：《现代以色列之父：本－古里安传》，刘瑞祥等译，中国社会科学出版社，1994。

四 中文论著

艾仁贵：《亚德·瓦谢姆纪念馆与以色列国家记忆场所的形成》，《史林》2014年第3期。
艾仁贵：《纳粹大屠杀纪念日的确立及其英雄主义内涵》，《学海》2014年第3期。
艾仁贵：《塑造“新人”：现代犹太民族构建的身体史》，《历史研究》2020年第5期。
李恭忠：《中山陵：一个现代政治符号的诞生》，社会科学文献出版社，2009。
潘光主编《犹太研究在中国——三十年回顾：1978—2008》，上海社会科学院出版社，2008。
沈坚：《法国史学的新发展》，《史学理论研究》2000年第3期。
沈坚：《记忆与历史的博弈：法国记忆史的建构》，《中国社会科学》2010年第3期。
宋立宏：《犹太战争与巴勒斯坦罗马化之两难》，《世界历史》2002年第1期。
宋立宏：《犹太集体记忆视域下的巴尔·科赫巴书信》，《历史研究》2011年第2期。
王炎：《奥斯威辛之后：犹太大屠杀记忆的影像生产》，三联书店，2007。
殷罡主编《阿以冲突——问题与出路》，国际文化出版公司，2002。
张倩红：《后大屠杀时代：纳粹屠犹的社会后果分析》，《史学月刊》2005年第9期。
张倩红等：《犹太史研究新维度》，人民出版社，2015。
张倩红、艾仁贵：《犹太史研究入门》，北京大学出版社，2017。

钟志清:《旧式犹太人与新型希伯来人》,《读书》2007 年第 7 期。
钟志清:《身份与记忆:论希伯来语大屠杀文学中的英雄主义》,《外国文学评论》2008 年第 4 期。
钟志清:《希伯来语复兴与犹太民族国家建立》,《历史研究》2010 年第 2 期。
钟志清:《拉姆丹的〈马萨达〉与历史叙事的变形》,《人文杂志》2020 年第 10 期。

五 网络资源

Haaretz (Internet), www. haaretz. com.
Jerusalem Post (Internet), www. jpost. com.
Jerusalem Report (Internet), www. jrep. com.
Israel21c (Internet), www. israel21c. org.
World Heritage Centre, www. unesco. org.

后记

对于现代以色列而言，马萨达不仅是一处场所、一段历史，更是一个神话，甚至是一种情结。倘若说马萨达对于现代以色列人是一种民族情结，那么对我而言，关于马萨达在现代以色列的集体记忆则是个人的一种学术情结。自从 2011 年以《马萨达神话的建构与解构：一项集体记忆研究》为题形成初步研究以来，我一直有个心愿：待到时机和条件成熟时，把这项关于马萨达神话的研究扩展成一部著作。怎奈这十余年来，纷繁琐事再三缠身，研究兴趣也不断变换，对马萨达神话的研究时断时续。2019 年初，河南大学启动“哲学社会科学优秀成果文库”工作，使我有机会重拾这份初心。

与初稿相比，如今呈现在读者面前的这部著作，总体上反映了本人近十年的学术历程和点滴思考。这种补充主要来自两个方面。一是我有幸在 2012 年前往以色列学习，登上马萨达开展实地田野考察，对这一历史遗迹及其背后蕴藏的象征力量有了更为直观的感知和系统的认识。站在马萨达的顶部平台上，一眼望去四周尽是荒凉空旷的沙漠，那种孤立感油然而生，从而对这种马萨达式的围困状态有了实地的体会。二是由于研究的需要，近年来我的学术兴趣涉及当代以色列的国家安全问题，尤其是以色列独特国家安全观念的历史由来及现实基础；在此过程中，我注意到了马萨达人的被围困经历与当下以色列被包围的现实处境之间的深刻对应，这促使我进一步从政治心理层面探究马萨达神话为何被认同、被接受。可以说，马萨达不仅是以色列现实处境的历史投射，而且这种认知塑造了以色列人的精神气质，为其强硬政策提供了心理基础。

本书的写作、成稿和最终出版，得到了许多师长和朋友的支持、关心与帮助。承蒙河南大学人文社会科学研究院院长展龙教授将本书列入“河南大学哲学社会科学优秀成果文库”，为本书的出版提供了切实的保障。

南京大学的张红教授、宋立宏教授等在最初的研究阶段给予我许多指导；郑州大学的张倩红教授在本人求学过程中一直关照有加；河南大学历史文化学院的各位领导和同事，尤其是苗书梅教授、张礼刚教授等，在工作中给予我许多帮助；河南大学以色列研究中心和世界史系的诸位同人和同学，为本书的完成提供了不少便利条件。本书责编赵晨老师，对书稿进行了大量细致的校订工作，付出了许多心血，在此深表感谢。最后还需指出的是，我的家人一直为我提供着巨大的精神支撑。由于研究马萨达的史料异常繁杂琐碎，需要讨论的问题难以完全掌握，加上我的学识与能力所限，疏漏不周之处在所难免；希望能就此引发读者的兴趣与思考，继而发掘出相关的问题，这或许正是本书最大的努力与微薄的贡献之所在。

艾仁贵

2019 年 6 月 26 日于开封河南大学东五斋

2020 年 12 月 20 日改定

图书在版编目(CIP)数据

马萨达神话与以色列集体记忆塑造 / 艾仁贵著. --
北京：社会科学文献出版社，2021.5
（河南大学哲学社会科学优秀成果文库）
ISBN 978 -7 -5201 -8139 -6

Ⅰ.①马… Ⅱ.①艾… Ⅲ.①神话 - 研究 - 以色列②
以色列 - 历史 - 研究 Ⅳ.①B932.382②K382

中国版本图书馆 CIP 数据核字（2021）第 050887 号

河南大学哲学社会科学优秀成果文库
马萨达神话与以色列集体记忆塑造

著　　者 / 艾仁贵

出 版 人 / 王利民
责任编辑 / 赵　晨
文稿编辑 / 梁　赟　郭锡超

出　　版 / 社会科学文献出版社 · 历史学分社（010）59367256
地址：北京市北三环中路甲 29 号院华龙大厦　邮编：100029
网址：www.ssap.com.cn
发　　行 / 市场营销中心（010）59367081　59367083
印　　装 / 三河市东方印刷有限公司

规　　格 / 开 本：787mm × 1092mm　1/16
印 张：15.5　字 数：246 千字
版　　次 / 2021 年 5 月第 1 版　2021 年 5 月第 1 次印刷
书　　号 / ISBN 978 -7 -5201 -8139 -6
定　　价 / 128.00 元